新时代

绿色经济与可持续发展报告

(2021 ~ 2022)

REPORT ON GREEN ECONOMY AND SUSTAINABLE DEVELOPMENT IN
THE CHINA'S NEW ERA (2021-2022)

气候变化的影响与应对

THE IMPACTS AND RESPONSES TO CLIMATE CHANGE

主　编　王辉耀

副主编　余津婳　李起铨

社会科学文献出版社

SOCIAL SCIENCES ACADEMIC PRESS (CHINA)

西南财经大学简介

　　西南财经大学是教育部直属的国家"211 工程"和"985 工程"优势学科创新平台建设的全国重点大学，也是国家首批"双一流"建设高校。学校始于 1925 年在上海创建的光华大学。1938 年，因抗战内迁建立光华大学成都分部。1952～1953 年，先后汇聚西南地区 17 所院校的财经系科组建成四川财经学院，是新中国成立之初全国高等院校分区布局的 4 所财经高校之一。1960 年后历经分设、合并、更名等，于 1978 年恢复为四川财经学院。1979 年由四川省人民政府划归中国人民银行主管，逐渐形成了独特的金融行业背景和出色的金融学科优势。1985 年更名为西南财经大学，1997 年成为国家"211 工程"重点建设高校，2000 年以独立建制划转教育部管理，2010 年成为国家教育体制改革试点高校，2011 年成为国家"985 工程"优势学科创新平台建设高校，2017 年成为国家首批"双一流"建设高校。

　　学校设有 28 个学院（中心）等教学单位，41 个本科专业。现有教职工2000 余人，专任教师 1300 余人，其中，教授 336 人、副教授 567 人，博士生导师 320 余人，全职海归博士 300 余人，国家级人才 113 人，形成了海内外人才的"群聚效应"。有全日制在校学生 24600 余人，其中普通全日制本科生 15800 余人，硕士研究生 7900 余人，博士研究生 820 余人。现有理论经济学、应用经济学、工商管理、管理科学与工程、统计学、社会学、法学 7 个博士学位授权一级学科，6 个硕士学位授权一级学科，19 个专业学位授权点。拥有金融学、政治经济学、会计学和统计学 4 个国家重点学科，5 个省级重点一级学科；有理论经济学、应用经济学、工商管理、管理科学与工程、统计学 5 个博士后流动站。应用经济学进入世界一流学科建设行列，"经济学与商学""社会科学总论""工程学"3 个学科进入 ESI 全球前 1% 学科；工商管理通过 EQUIS 和中国高质量 MBA 双认证；中国大陆首家通过 AACSB 商科和会计双认证。

学校深入实施创新驱动战略，坚持将服务国家重大需求与学科前沿相结合，以重大现实问题为主攻方向，加强应用研究，产出一大批高水平的研究成果。获批中宣部首批"全国中国特色社会主义政治经济学研究中心"，拥有教育部人文社会科学重点研究基地"中国金融研究中心""金融安全与发展学科创新引智基地""金融安全协同创新中心""中国家庭金融调查与研究中心""西财智库"等一批新型高端智库。加强对国家、行业、区域经济社会发展重大理论和实践问题的研究，着力打造国家"金融智库"和"西部财经智库"。发挥学科专业和人才优势，主动响应国家精准扶贫战略，积极开展对口帮扶工作，勇担大学社会责任。

西南财经大学公共管理学院简介

　　西南财经大学公共管理学院于 2001 年成立，是全国最早成立公共管理学院的高校之一。学院公共管理一级学科包括行政管理、社会医学与卫生事业管理、社会保障、政策科学与公共管理创新、公共经济制度与政策 5 个学科方向。学院建有四川省哲学社会科学重点研究基地"公共经济政策研究中心""老龄化与社会保障研究中心""我国居民收入分配政策研究中心"，校级理论创新类科研机构"收入分配与反贫困研究中心"，与民政部合作共建科研机构"全国民政政策理论研究基地"，等。学院拥有行政管理、社会保障两个本科专业，行政管理、社会保障、社会医学与卫生事业管理、政策科学与公共管理创新、公共经济、劳动经济学、教育经济与管理 7 个硕士学位授权点及公共管理硕士（MPA）学位授权点，政策科学与公共管理创新、劳动经济学、公共经济制度与政策 3 个博士学位授权点，并形成了"以经济学为背景，培养复合型、应用型高级公共管理人才"的人才培养特色。其中，学院行政管理本科专业在上海软科学排名中进入 A 类专业（2021 年）。

西南财经大学发展研究院简介

西南财经大学发展研究院成立于 2009 年 9 月 12 日，是西南财经大学四个学术特区之一。发展研究院是一家以服务国家、行业和地方的发展需要为己任的财经智库机构，着力研究经济社会发展中具有全局性、战略性、前瞻性的重大理论和实践问题，以不断增强西南财经大学服务社会的能力。发展研究院由国务院参事、欧美同学会副会长、全球化智库（CCG）主任王辉耀担任院长，第一任院长、著名经济学家李晓西教授现担任名誉院长，著名经济学家张卓元教授、刘诗白教授为学术委员会主席，著名经济学家厉以宁教授等知名专家为学术顾问，卢中原、刘伟等一批著名专家学者为学术委员。发展研究院与经济学院共同建设发展经济学博士学位授权点和硕士学位授权点，于 2014 年开始联合招收硕士研究生和博士研究生；设有研究机构"西南财经大学绿色经济与经济可持续发展研究基地"。

西南财经大学能源经济
与环境政策研究所简介

  西南财经大学能源经济与环境政策研究所（以下简称"研究所"）于2018年5月成立，以双碳基础数据测算以及能源经济和环境政策为主要研究方向，并于2021年成立碳中和遥感科学实验室，力争在碳排放和碳固定科学研究的世界前沿有所突破、有所创新，为早日实现碳中和添砖加瓦。研究所现有专职教师10人，其中教授4人，副教授2人，讲师4人，另有兼职研究人员5名。研究所自成立以来，始终面向世界科技前沿以及国家重大现实需求，深入贯彻人文社会科学和自然科学深度交叉融合的理念，将经济科学和管理科学与遥感数据和人工智能研究交叉融合，每年以第一作者身份发表SCI/SSCI/CSSCI论文20篇左右。

全球化智库简介

　　全球化智库（Center for China and Globalization，CCG），是中国领先的国际化社会智库。CCG 成立于 2008 年，总部位于北京，在国内外有十余个分支机构和海外代表处，目前有全职智库研究专业人员百余人。秉承"以全球视野，为中国建言；以中国智慧，为全球献策"的宗旨，CCG 致力于全球化、全球治理、国际关系、人才国际化和企业国际化等领域的研究。CCG 是中央人才工作协调小组全国人才理论研究基地，中联部"一带一路"智库联盟理事单位，并被国家授予博士后科研工作站资质。CCG 成立十余年来，已发展为中国推动全球化的重要智库。在全球最具影响力的美国宾夕法尼亚大学《全球智库报告 2020》中，CCG 居全球顶级智库百强榜第 64 位，连续 4 年跻身世界百强榜单，也是首个进入世界百强的中国社会智库，并在国内外多个权威智库排行榜单评选中被评为中国社会智库第一。

摘　要

《新时代绿色经济与可持续发展报告（2021～2022）——气候变化的影响与应对》由气候变化、自然灾害与应急管理实践，气候变化下的可持续发展问题，应对气候变化下的环境治理问题，气候变化与社会发展问题，气候变化与城市可持续发展五章组成。

第一章"气候变化、自然灾害与应急管理实践"主要内容包括三部分：一是对气候变化概念、影响及当前气候变化应对情况进行了详细解读；二是归纳总结了自然灾害的概念、分类、特征及危害；三是分析了应急管理的内涵、国内应急管理情况、国外典型应急管理体系及国内外灾害应急管理案例。本章最后在厘清气候变化、自然灾害与应急管理之间的关系的基础上，提出气候变化背景下推进应急管理的政策建议，主要包括从"管理"到"治理"理念的转变、完善我国自然灾害综合风险治理体系及加强气候变化的风险研究三方面内容。

第二章"气候变化下的可持续发展问题"主要内容包括三部分：一是以电力行业为例展开气候变化与能源安全的研究，分析了全球变暖和极端天气的发生对用电需求、电厂发电及输电线路安全的影响；二是以气候公平"共同但有区别责任"为核心原则，分析了气候公平的国际实践情况并探讨了该原则实现气候公平的困境；三是以普惠金融为应对气候变化的核心措施之一，分析了普惠金融发展现状，探讨了普惠金融应对气候变化的具体措施。

第三章"应对气候变化下的环境治理问题"主要内容包括三方面：一是以大气污染物排放为核心变量，分析了我国大气治理的阶段特征、成果及弱点，结合国外典型案例提出了针对性建议；二是关于我国水环境治理成效的分析，从部门协调推进、创新河长制和加强生态保护修复等举措展示了水资源治理成果，并针对其中的问题提出了政策建议；三是关于我国固体废物治理的相关研究，聚焦于固体废物分类、集中化和无害化处理等制度，降低固体废物对气候变化的影响。

第四章"气候变化与社会发展问题"主要内容包括三部分：一是关于气候变化对健康脆弱性和适应性影响的研究，了解气候变化和群体健康状态的关系，识别影响群体健康的关键路径；二是关于气候变化与贫困的研究，以小岛屿发展中国家和中国为例，从而评估气候变化对发展中国家的经济影响；三是关于气候变化与收入不平等的研究，以欧盟、巴西和马来西亚等为案例，分析并总结了气候变化对居民间、区域间、国家间收入不平等的影响机制。

第五章"气候变化与城市可持续发展"主要内容包括三个部分：一是关于气候变化与"气候移民"影响的研究，分析了气候适应性情况下气候变化对"气候移民"的作用机制及经济影响；二是关于气温与城市人口增长的关系的研究，利用工资、房价和人口增长的数据对两者之间的关系进行分解，评估了生产力、宜居性和住房供给的相对贡献；三是关于气候变化与城市化进程实证研究，分析了城市气温对城市化率的影响。

目　录

第一章
气候变化、自然灾害与应急管理实践

姜 景 何春燕 秦金磊 李 丁*

第一节 气候变化的概念、影响与应对

一 气候变化的概念

气候变化不仅影响着人类的生存和居住环境，还影响着世界经济发展和社会进步，已成为全人类共同面临的难题之一。针对气候变化的定义，不同国家和机构的认识各有不同。

《联合国气候变化框架公约》（United Nations Framework Convention on Climate Change，简称 UNFCCC）将"气候变化"定义为除在类似时期内所观测到的气候的自然变化之外，由于直接或间接的人类活动改变了地球大气的组成而造成的气候变化（联合国，1992）[1]。UNFCCC 将因人类活动而改变大气组成的"气候变化"与归因于自然原因的"气候变率"区分开来，将气候变化（Climate Change）分为全球气候变暖（Global Warming）、酸雨（Acid Deposition）、臭氧层破坏（Ozone Depletion）三个方面。

国际知名学术期刊《自然》（Nature）杂志认为，气候变化是指在统计意义上的气候系统可变性的平均变化率，主要包括大气、水循环、陆地表

* 姜景，管理学博士，安徽大学管理学院讲师，主要研究方向为可持续发展与社会治理；何春燕，经济学博士，西华大学经济学院讲师，主要研究方向为公共服务与住房保障；秦金磊，西南财经大学中国西部经济研究中心硕士研究生，主要研究方向为农村环境管理；李丁，管理学博士，西南财经大学公共管理学院教授、博士生导师，主要研究方向为环境经济与公共政策。

面、冰和地球的生命成分[2]。该定义通常不要求将变化归因于人类活动，但也有例外。

与《联合国气候变化框架公约》的定义不同，政府间气候变化专门委员会（IPCC）将气候变化定义为可识别的（如使用统计检验）持续较长一段时间的（典型的为几十年或更长）气候状态的变化，包括气候平均值和/或变率的变化（IPCC，2014）[3]。政府间气候变化专门委员会是由联合国环境署和世界气象组织于1988年联合创建的，主要是对全球气候变化的现有科学、技术和社会经济信息进行评估。

通过以上对于气候变化的不同定义可以发现，气候变化的成因主要包括自然原因和人类活动两种。特别是19世纪以来，人类在社会发展进程中大量使用煤炭、石油和天然气等化石能源，这些化石能源燃烧后会产生大量的温室气体，从而产生温室效应，使地球表面的温度不断升高。因此，人类活动一直是气候变化的主要原因，能源、工业、交通、建筑、农业和土地使用等都是温室气体的主要排放源。

二 气候变化的影响

已有研究表明，气候变化的后果包括极端干旱、缺水、重大火灾、海平面上升、洪水、极地冰层融化、灾难性风暴，以及生物多样性减少等。2021年4月世界气象组织（WMO）发布的《2020年全球气候状况》报告指出，至2020年，全球已升温约1.2℃。政府间气候变化专门委员会于2021年8月9日发布了题为《2021年气候变化：自然科学基础》的研究报告（见图1-1），该报告提供了关于地球变暖的科学知识和未来变暖预测的最新评估。

针对当前的气候状况，报告认为人类的影响使大气、海洋和陆地变暖，大气、海洋、冰层和生物圈正在发生广泛而迅速的变化（IPCC，2021）[4]。近年来，整个气候系统的变化规模和现状在人类数千年的历史范围内是前所未有的，人为的气候变化已经影响到全球每个地区，造成了许多极端天气和自然灾害。

针对未来气候，该报告认为在能考虑到的所有排放情景下，全球地表温度将持续升高，且至少持续到21世纪中叶。除非在未来几十年内大幅减少

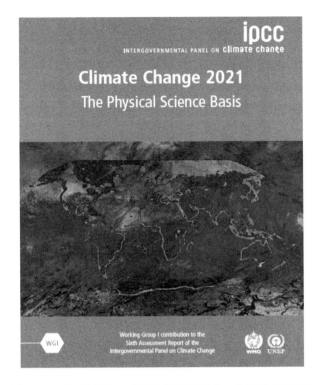

图 1 – 1　IPCC 报告:《2021 年气候变化:自然科学基础》

二氧化碳和其他温室气体的排放,否则 21 世纪的全球变暖将超过 1.5℃甚至 2℃ (IPCC,2021)[4]。气候变化将增加极端天气的出现概率,例如极端高温、海洋热浪、强降水、某些地区农业和生态干旱的频率和强度增加,强烈热带气旋的比例提高,以及北极海冰、积雪和永久冻土减少,而这些与全球变暖的加剧直接相关。同时,全球持续变暖将进一步加剧全球水循环变化、全球季风降水和干湿事件的严重性。在二氧化碳排放量增加的情况下,海洋和陆地的碳元素将无法在大气中汇集,而这些温室气体排放对海洋、冰原和全球海平面等造成的变化几乎是不可逆转的。

三　气候变化的应对

世界各国都采取了相应措施,如转变经济发展方式、减少二氧化碳等温室气体的排放量，积极探索绿色、低碳、可持续的发展等措施，积极应对气候变化。除此之外，世界各国还通过国内立法特别是应对气候变化的专门性立法来履行《联合国气候变化框架公约》和《京都议定书》所确定的"共同但有区别的责任"（见表 1 - 1）[5]。减缓和适应气候变化是应对气候变化挑战的两个有机组成部分，应对气候变化需要坚持减缓与适应并重的原则。《巴厘行动计划》从加强国际合作、风险管理和风险降低策略、减灾策略和手段、通过经济多样化增进抗御能力、加强公约的催化作用等 5 个方面，确立了国际适应气候的制度导向（UNFCCC，2007）[6]。

表 1 - 1　世界各国应对气候变化立法一览

国家	立法名称	立法时间
英国	气候变化法	2008 年 11 月 26 日
德国	可再生能源法	2000 年发布，2004 年与 2008 年两次修订
美国	清洁能源与安全法	2009 年 6 月
日本	地球温暖化对策推进法	1998 年颁布，随后进行了 4 次修订
韩国	绿色经济增长法	2010 年 1 月 13 日
菲律宾	气候变化法	2009 年 10 月 23 日

资料来源：李艳芳：《各国应对气候变化立法比较及其对中国的启示》，《中国人民大学学报》2010 年第 4 期，第 58~66 页。

气候变化是一项跨越国界的全球性挑战，要解决这一问题，就需要进一步加强国际合作，促进各国向低碳经济转型。为共同应对气候变化的挑战，197 个国家于 2015 年 12 月 12 日在巴黎召开的缔约方会议第二十一届会议上通过了《巴黎协定》。协定在一年内便生效，旨在大幅减少全球温室气体排放，将 21 世纪全球气温升幅限制在 2℃ 以内，同时寻求将气温升幅进一步限制在 1.5℃ 以内的措施。截至 2021 年 7 月，全球共有 189 个国家加入了《巴黎协定》。《巴黎协定》的实施对于实现可持续发展目标至关重要，为推动减排和建设具有适应能力的气候行动提供了路线图。

中国一直积极应对气候变化，在解决气候变化问题的过程中不断贡献中国智慧、提供中国方案。中国是《联合国气候变化框架公约》的主要缔约方之一，也是全球气候治理多边进程的积极推动者。中国将国内生态文明建设与应对气候变化议程共同推进，取得了积极成效。早在 2007 年，中国政府就制定了《中国应对气候变化国家方案》，明确了到 2010 年中国应对气候变化的具体目标、基本原则、重点领域及政策措施。2021 年 4 月 22 日，习近平主席出席"领导人气候峰会"并发表了题为"共同构建人与自然生命共同体"的重要讲话，提出了"六个坚持"的具体主张，简要而深刻地阐述了全球应对气候变化的中国理念。中国提出碳达峰、碳中和目标，不仅树立了负责任的大国形象，彰显了中国主动履行应对气候变化的国际责任、推动构建人类命运共同体的大国担当，也为当前的美丽中国建设指明了方向。

第二节　自然灾害的分类、特征与危害

一　自然灾害的概念与分类

地球上的自然变异，包括人类活动诱发的自然变异，自然变异孕育于由大气圈、岩石圈、水圈、生物圈共同组成的地球表面环境中（见表 1－2），无时无地不在发生。当这种变异给人类社会带来危害时，即构成自然灾害。自然灾害（nature disaster）是由自然因素造成人类生命、财产、社会功能和生态环境等损害的事件或现象。我国的国家标准将自然灾害定义为：给人类生存带来危害或损害人类生活环境的自然现象，包括干旱、洪涝、台风、冰雹、冰雪、沙尘暴等气象水文灾害，火山、地震、崩塌、滑坡、泥石流等地质灾害，风暴潮、海啸等海洋灾害，森林/草原火灾和其他生物灾害，等[7]。

表 1－2　自然灾害在地球圈层的分布

灾害发生圈层	主要灾害
大气圈、陆地表层及生物圈	雨、雪、雹、风、热、冷冻、雷电、沙尘暴等气象灾害
	干旱灾害、洪水灾害
	农业种植养殖业病、虫、鼠害；森林火灾；生物变异；外来有害生物入侵等农业和生物灾害

续表

灾害发生圈层	主要灾害
海洋（水圈）	风暴潮、灾害性海浪、海冰、海啸、赤潮等海洋灾害
地壳浅层	山洪、滑坡、泥石流、地面沉陷等地质灾害
地壳深层	地震、火山（地壳深层至地幔）灾害

资料来源：张乃平、夏东海编著《自然灾害应急管理》，中国经济出版社，2009。

我国的国家标准采用线分类法，将自然灾害划分为气象水文灾害、地质地震灾害、海洋灾害、生物灾害和生态环境灾害共 5 类灾害，简称灾类。灾类下又划分为 40 种灾害，简称灾种（见表 1-3）[8]。

表 1-3　自然灾害分类及代码

代码	名称	含义
010000	气象水文灾害	因气象和水文要素的数量或强度、时空分布及要素组合异常，对人类生命财产、生产生活和生态环境等造成损害的自然灾害
010100	干旱灾害	因降水少、河川径流及其他水资源短缺，对城乡居民生活、工农业生产以及生态环境等造成损害的自然灾害
010200	洪涝灾害	因降雨、融雪、冰凌、溃坝（堤）、风暴潮等引发江河洪水、山洪泛滥以及渍涝等，对人类生命财产、社会功能等造成损害的自然灾害
010300	台风灾害	热带及副热带洋面上生成的气旋性涡旋大范围活动，伴随大风、暴雨、风暴潮、巨浪等，对人类生命财产造成损害的自然灾害
010400	暴雨灾害	因每小时降雨量 16mm 以上，或连续 12h 降雨量 30mm 以上，或连续 24h 降雨量 50mm 以上的降水，对人类生命财产等造成损害的自然灾害
010500	大风灾害	平均或瞬时风速达到一定速度或风力的风，对人类生命财产造成损害的自然灾害
010600	冰雹灾害	强对流性天气控制下，从雷雨云中降落的冰雹，对人类生命财产和农业生物造成损害的自然灾害
010700	雷电灾害	因雷雨云中的电能释放、直接击中或间接影响到人体或物体，对人类生命财产造成损害的自然灾害
010800	低温灾害	强冷空气入侵或持续低温，使农作物、动物、人类和设施因环境温度过低而受到损伤，并对生产生活等造成损害的自然灾害
010900	冰雪灾害	因降雪（雨）形成大范围积雪、暴风雪、雪崩或路面、水面、设施凝冻结冰，严重影响人畜生存与健康，或对交通、电力、通信系统等造成损害的自然灾害

代码	名称	含义
011000	高温灾害	由较高温度对动植物和人体健康,以及对生产、生态环境造成损害的自然灾害
011100	沙尘暴灾害	强风将地面尘沙吹起使空气混浊,水平能见度小于1km,对人类生命财产造成损害的自然灾害
011200	大雾灾害	近地层空气中悬浮的大量微小水滴或冰晶微粒的集合体,使水平能见度降低到1km以下,对人类生命财产特别是交通安全造成损害的自然灾害
019900	其他气象水文灾害	除上述灾害以外的其他气象水文灾害
020000	地质地震灾害	由地球岩石圈能量的强烈释放所引起的剧烈运动或物质强烈迁移,或是其累积的地质变化,对人类生命财产和生态环境造成损害的自然灾害
020100	地震灾害	地壳快速释放能量过程中造成强烈地面振动及伴生的地面裂缝和变形,对人类生命安全、建(构)筑物和基础设施等财产、社会功能和生态环境等造成损害的自然灾害
020200	火山灾害	地球内部物质快速猛烈地以岩浆形式喷出地表,造成生命和财产直接遭受损失,或火山碎屑流、火山熔岩流、火山喷发物(包括火山碎屑和火山灰)及其引发的泥石流、滑坡、地震、海啸等对人类生命财产、生态环境等造成损害的自然灾害
020300	崩塌灾害	陡崖前缘的不稳定部分主要在重力作用下突然下坠滚落,对人类生命财产造成损害的自然灾害
020400	滑坡灾害	斜坡部分岩(土)体主要在重力作用下发生整体下滑,对人类生命财产造成损害的自然灾害
020500	泥石流灾害	由暴雨或水库、池塘溃坝或冰雪突然融化形成强大的水流,与山坡上散乱的大小石块、泥土、树枝等一起相互充分作用后,在沟谷内或斜坡上快速运动的特殊流体,对人类生命财产造成损害的自然灾害
020600	地面塌陷灾害	因采空塌陷或岩溶塌陷,对人类生命财产造成损害的自然灾害
020700	地面沉降灾害	在欠固结或半固结土层分布区,由于过量抽取地下水(或油、气)引起水位下降(或油、气田下陷)、土层固结压密而造成的大面积地面下沉,对人类生命财产造成损害的自然灾害
020800	地裂缝灾害	岩体或土体中直达地表的线状开裂,对人类生命财产造成损害的自然灾害
029900	其他地质灾害	除上述灾害以外的其他地质灾害
030000	海洋灾害	海洋自然环境发生异常或激烈变化,在海上或海岸发生的对人类生命财产造成损害的自然灾害

续表

代码	名称	含义
030100	风暴潮灾害	热带气旋、温带气旋、冷锋等强烈的天气系统过境所伴随的强风作用和气压骤变引起的局部海面非周期性异常升降现象造成沿岸涨水，对沿岸人类生命财产造成损害的自然灾害
030200	海浪灾害	波高大于4m的海浪对海上航行的船舶、海洋石油生产设施、海上渔业捕捞和沿岸及近海水产养殖业、港口码头、防波堤等海岸和海洋工程等造成损害的自然灾害
030300	海冰灾害	因海冰对航道阻塞、船只损坏及海上设施和海岸工程损坏等造成损害的自然灾害
030400	海啸灾害	由海底地震、火山爆发和水下滑坡、塌陷所激发的海面波动，波长可达几百公里，传播到滨海区域时造成岸边海水陡涨，骤然形成"水墙"，吞没良田和城镇村庄，对人类生命财产造成损害的自然灾害
030500	赤潮灾害	海水某些浮游生物或细菌在一定环境条件下，短时间内暴发性增殖或高度聚集，引起水体变色，影响和危害其他海洋生物正常生存的海洋生态异常现象，对人类生命财产、生态环境等造成损害的灾害。见生物灾害中的赤潮灾害
039900	其他海洋灾害	除上述灾害之外的其他海洋灾害
040000	生物灾害	在自然条件下的各种生物活动或雷电、自燃等导致的发生于森林或草原，有害生物对农作物、林木、养殖动物及设施造成损害的灾害
040100	植物病虫害	致病微生物或害虫在一定环境下暴发，对种植业或林业等造成损害的灾害
040200	疫病灾害	动物或人类由微生物或寄生虫感染突然发生重大疫病，且迅速传播，导致发病率或死亡率高，给养殖业生产安全造成严重危害，或者对人类身体健康与生命安全造成损害的灾害
040300	鼠害	鼠疫在一定环境下暴发或流行，对种植业、畜牧业、林业和财产设施等造成损害的灾害
040400	草害	杂草对种植业、养殖业或林业和人体健康等造成严重损害的自然灾害
040500	赤潮灾害	海水中某些浮游生物或细菌在一定环境条件下，短时间内暴发性增殖或高度聚集，引起水体变色，影响和危害其他海洋生物正常生存的海洋生态异常现象，对人类生命财产、生态环境等造成损害的灾害
040600	森林/草原火灾	由于雷电、自燃或在一定有利于起火的自然背景条件下由人为原因导致的，发生于森林或草原，对人类生命财产、生态环境等造成损害的火灾
049900	其他生物灾害	除上述灾害之外的其他生物灾害

续表

代码	名称	含义
050000	生态环境灾害	由于生态系统结构破坏或生态失衡,对人地关系和谐发展和人类生存环境带来不良后果的一大类自然灾害
050100	水土流失灾害	在水力等外力作用下,土壤表层及其母质被剥蚀、冲刷搬运而流失,对水土资源和土地生产力造成损害的自然灾害
050200	风蚀沙化灾害	大风吹蚀导致天然沙漠扩张、植被破坏和沙土裸露等,导致土壤生产力下降和生态环境恶化的自然灾害
050300	盐渍化灾害	易溶性盐分在土壤表层积累的现象或过程对土壤和植被造成损害的灾害
050400	石漠化灾害	在热带、亚热带湿润、半湿润气候条件和岩溶极其发育的自然背景下,因地表植被遭受破坏,土壤严重流失,基岩大面积裸露或砾石堆积,使土地生产力严重下降的灾害
059900	其他生态环境灾害	除上述灾害之外的其他生态环境灾害

资料来源:国家标准 GB/T 28921—2012。

二 自然灾害的特征

(一)自然灾害分布的广泛性

在世界范围内,自然灾害的分布范围都是非常广泛的。从海洋、陆地、高山、丘陵,到城市、农村,无论是否存在人类活动,自然灾害都有可能发生。

(二)自然灾害发生的频繁性与不确定性

全世界每年都会发生种类与大小各不相同的自然灾害,特别是近几十年来,自然灾害的发生频率还呈现出增加的趋势。此外,自然灾害的发生时间、地点和规模等的不确定性,又进一步提高了人类受灾的概率、加大了人类抵御自然灾害的难度。

(三)自然灾害发生的周期性与不重复性

自然灾害的周期性主要是指各类自然灾害,无论是地震还是干旱、洪水,其发生都呈现一定的周期性特征;而自然灾害的不重复性则主要是指不同类型的自然灾害在受灾过程、造成的损害结果等方面是各不相同的。

（四）自然灾害相互之间的联系性

自然灾害之间的联系性主要表现在两个方面。一方面，自然灾害的区域之间存在联系性，即一个地方的自然灾害会引发另一个地方的自然灾害。例如：南美洲西海岸发生"厄尔尼诺"现象，有可能导致全球气象紊乱；而美国排放的工业废气，常常在加拿大境内形成酸雨。另一方面，自然灾害之间存在联系性，即某些自然灾害可以互为条件，形成灾害群或灾害链。例如，火山活动就是一个灾害群或灾害链，火山活动可以导致火山爆发、冰雪融化、泥石流、大气污染等一系列灾害。

（五）自然灾害造成危害的严重性

自然灾害一旦发生，就会造成巨大的财产损失和人员伤亡。例如日趋频发的地震灾害，全球每年发生的有记录的地震约 500 万次，其中有感地震约 5 万次。2008 年 5 月 12 日发生在我国汶川的大地震共造成近 7 万人遇难，约 1.8 万人失踪，总受灾人口超过 4600 万人，造成直接经济损失 8451.4 亿元。

（六）自然灾害发生的不可避免性与可减轻性

自然灾害的发生是不可避免的，它无时不发生、无处不发生。在人类发展的漫长历史进程中，已经积累了大量的与自然灾害斗争的丰富经验。而随着科技水平的提高，人类已经在诸多领域实现防灾减灾，通过采取监测预报、动态预警等措施，最大限度地降低自然灾害的损失，因此可以说自然灾害虽不可避免，却可以通过一定的方法减轻自然灾害的危害程度。

三 自然灾害的危害

自然灾害造成的危害主要与灾害形成的时间和强度密切相关。有些自然灾害，当致灾因素的变化超过一定强度时，就会在较短的时间内表现为灾害行为，像火山爆发、地震、洪水、飓风、风暴潮、冰雹、雪灾、暴雨等，这类灾害被称为突发性自然灾害。旱灾，农作物和森林的病、虫、草害等，虽然一般要在较长时间内成灾，但灾害的形成和结束仍然比较快速、明显，也属于突发性自然灾害。另外还有一些自然灾害是在致灾因素长期发展的情况下，逐渐显现成灾的，如土地沙漠化、水土流失、环境恶化等，这类灾害通常要有几年或更长时间的发展，被称为缓发性自然灾害。无论是突发性自然灾害还是缓发性自然灾害，都会对人类社会在经济、生活、心理等方面带来巨大影响。

一般地，将自然灾害的危害分为直接危害与间接危害两种类型。

（一）直接危害

自然灾害的直接危害是指灾害直接造成的人民生命财产损害以及对资源环境和社会经济活动正常进行的直接危害，一般情况下用人员伤亡和直接经济损失的数量指标进行核算评价。直接经济损失指的是同一灾害的成灾过程中，包括原生灾害和紧密伴随的次生灾害所造成的经济损失。

（二）间接危害

自然灾害的间接危害是除去直接危害的其他危害，包括灾害所造成的间接经济损失、社会动荡、灾后人们生理和心理创伤以及自然环境与社会秩序难以恢复等。地震、泥石流等严重自然灾害不仅会造成严重的生命财产损失等直接危害，还会带来经济和社会的不稳定等严重的间接危害。

中国是受自然灾害影响最为严重的国家之一，灾害种类多，发生频率高，受灾地域广，伴随着全球气候变化以及中国经济的快速发展和快速城市化，自然灾害的成因更加复杂，灾害应对以及防范形势更加严峻。在自然与人文因素作用下，中国过去几十年的自然灾害呈现出明显的东西分异为主、南北分异为辅的区域特点。我国应急管理部发布的《2020 年全国自然灾害基本情况》显示，2020 年我国气候年景偏差，主汛期南方地区遭遇 1998 年以来最重汛情，自然灾害以洪涝、地质灾害、风雹、台风灾害为主，地震、干旱、低温冷冻、雪灾、森林草原火灾等灾害也有不同程度发生。主要特点有：主汛期南方地区遭遇 1998 年以来最重汛情，洪涝灾害影响范围广，人员伤亡较近年显著下降；风雹灾害点多面广，南北差异大；台风时空分异明显，对华东、东北等地造成一定影响；干旱灾害阶段性、区域性特征明显；森林草原火灾呈下降趋势，时空分布相对集中；地震强度总体偏弱，西部发生多起中强度地震；低温冷冻和雪灾对部分地区造成一定影响。全年各种自然灾害共造成 1.38 亿人次受灾，591 人因灾死亡失踪，10 万间房屋倒塌，176 万间房屋损坏，农作物受灾面积达 19957.7 千公顷，直接经济损失达 3701.5 亿元。

根据《中国自然灾害风险评价报告》构建的"自然灾害综合风险指数"，可以将全国区域风险水平分为 5 级（见表 1-4）[9]。第 I 级地区包括湖南省、四川省、湖北省 3 个地区，其风险指数均大于 0.63，是全国自然灾害综合风险水平最高的地区；第 II 级地区包括山西省、云南省、黑龙江省、浙江省、江西省、广西壮族自治区、贵州省和福建省 8 个地区，风险指数在 0.4366～0.5158，风险水平较高；第 III 级地区包括重庆市、陕西省、山东省、安徽省、广东省、青海省、甘肃省和辽宁省 8 个地区，风险指数分布于 0.3029～0.4225，这些地区的自然灾害风险指数均处于中等水平；第 IV 级地区包括宁夏回族自治区、吉林省、河南省、海南省、内蒙古自治区、河北省和江苏省 7 个地区，风险指数范围在 0.1931～0.2948，自然灾害风险总体较低；第 V 级地区包括天津市、西藏自治区、新疆维吾尔自治区、北京市和上海市 5 个地区，风险指数低于 0.18，是自然灾害综合风险最低的地区。

表 1-4 2020 年中国自然灾害风险指数评价

排名	省/区/市	等级	排名	省/区/市	等级	排名	省/区/市	等级
1	湖南	I	12	重庆	III	22	河南	IV
2	四川	I	13	陕西	III	23	海南	IV
3	湖北	I	14	山东	III	24	内蒙古	IV
4	山西	II	15	安徽	III	25	河北	IV
5	云南	II	16	广东	III	26	江苏	IV
6	黑龙江	II	17	青海	III	27	天津	V
7	浙江	II	18	甘肃	III	28	西藏	V
8	江西	II	19	辽宁	III	29	新疆	V
9	广西	II	20	宁夏	IV	30	北京	V
10	贵州	II	21	吉林	IV	31	上海	V
11	福建	II						

资料来源：《中国自然灾害风险评价报告》。

从地区水平而言，2020 年我国总体自然灾害风险水平处于中等或偏高，地区之间风险水平差异较大，约 2/3 的省区市风险水平处于中等或更高。综合风险指数最高的是湖南省，约为 90.85，综合风险指数最低的是上海市，为 2.03。从人口层面而言，我国大多数人口所生存和生活的环境风险较高。从自然灾害导致的损失来看，绝大多数损失产生于中风险及更高的地区。

专栏1 应急管理部 2021 年上半年全国自然灾害情况

2021 年 7 月 6 日，应急管理部会同工业和信息化部、自然资源部、住房和城乡建设部、交通运输部、水利部、农业农村部、国家卫生健康委、国家统计局、中国气象局、国家粮食和储备局、国家林草局、中国红十字会总会、国铁集团等部门和单位，对上半年全国自然灾害情况进行了会商分析。经核定，2021 年上半年，我国自然灾害以风雹、洪涝、地震灾害为主，干旱、低温冷冻和雪灾、地质灾害、森林草原火灾等也有不同程度发生。各种自然灾害共造成 2801.9 万人次受灾，156 人因灾死亡失踪，29.7 万人次紧急转移安置；1.3 万间房屋倒塌，45.1 万间房屋不同程度损坏；农作物受灾面积达 2921.7 千公顷，其中绝收 237.7 千公顷；直接经济损失达 408.6 亿元。与上年同期相比，受灾人次、因灾死亡失踪人数、倒塌房屋数量和直接经济损失分别下降 44%、42%、33% 和 50%；与近 5 年同期均值相比，受灾人次、因灾死亡失踪人数、倒塌房屋数量和直接经济损失分别下降 44%、53%、69% 和 46%。

一 强对流天气极端性强，风雹灾害损失相对突出

上半年，全国共出现 19 次大范围强对流天气过程，数量较近十年同期均值偏少，但极端性强。从时间上看，4 月中旬以前，强对流天气一直偏少偏弱，但 4 月中旬以来，强对流天气显著增多，主要集中在江南北部、江汉、江淮、华北、黄淮、东北等地。从强度上看，龙卷风等极

端强对流现象明显偏多。此外，因强对流天气引发的雷击、大风、短时强降水、冰雹等造成部分地区人员伤亡、房屋倒损及农作物大面积受灾。总体来看，上半年风雹灾害造成1054万人次受灾，81人因灾死亡失踪，2.9万人次紧急转移安置，2700余间房屋倒塌，19.4万间房屋不同程度损坏，直接经济损失达114亿元。此外，沙尘暴灾害多发，对北方地区影响较大。

二 北方降水偏多、南方偏少，洪涝灾情较常年同期偏轻

上半年，全国共发生20次强降水过程，面降水量达253毫米，较常年同期偏少8%，华南前汛期较常年偏晚20天，东北西北部和南部、西北部分地区、黄淮东部等地较常年偏多三至七成，华南南部及云南西部、四川西南部等地较常年偏少三至五成。黑龙江、内蒙古、湖南、江西、浙江、福建、广东、广西等18省（区、市）共有166条河流发生超警以上洪水，其中，14条河流发生超保洪水，7条河流发生超历史洪水。东北地区洪水发生时间早，黑龙江上游发生5次洪水过程，6月21日嫩江出现2021年第1号洪水。总体来看，上半年洪涝灾害造成27个省（区、市）908万人次受灾，26人因灾死亡失踪，20.6万人次紧急转移安置，7000余间房屋倒塌，直接经济损失达135亿元。此外，全国24个省（区、市）共发生地质灾害1150起，以小型滑坡、崩塌等为主，未发生重大地质灾害。上半年，无台风登陆我国，仅有1个热带低压于6月12日在海南省陵水县沿海登陆，未产生较大影响。

三 地震活动偏强，西部地区发生强震大震

上半年，我国大陆地区共发生5级及以上地震12次，其中，5.0~5.9级9次，6.0~6.9级2次，7级及以上1次。5月21日夜间、22日凌晨，云南漾濞、青海玛多相继发生强震大震，是上半年造成损失最重的两次

地震。云南漾濞6.4级地震造成15.9万人次受灾，3人死亡，34人受伤，倒塌和严重损坏房屋1.9万间，交通、道路、市政、教育等设施受损。青海玛多7.4级地震造成3.9万人次受灾，19人受伤，倒塌和严重损坏房屋8600余间，部分道路、桥梁等基础设施损毁。此外，3月24日新疆拜城5.4级地震造成3人死亡。

四 旱情阶段性特征明显，云南大部、华南等地旱情缓解

2020年底以来，我国南方地区降水明显偏少，云南大部、江南南部、华南等地降水量较常年同期偏少二至五成，同时，南方大部气温较常年偏高。1月，云南及江南、华南出现较重旱情。2月中旬，旱区出现降水过程，江南、华南等地气象干旱解除，云南大部旱情缓和。3月中旬至4月上旬，受华南及西南降雨持续偏少的影响，云南、江南南部、华南等地气象干旱再次发展。5月，南方地区出现几次较强降雨过程，前期受旱地区土壤墒情明显改善，库塘蓄水得到补充，南方大部旱情缓解；同时，华北、东北南部、黄淮及甘肃南部等地旱情露头并发展。总体来看，上半年干旱灾害累计造成云南、广东、浙江、江西等14省（区）533.5万人次受灾，121.4万人次因旱需生活救助，农作物受灾面积达431.3千公顷，直接经济损失达26.2亿元。

五 森林草原火灾时空分布集中，损失明显下降

据初步统计，上半年全国共发生森林火灾518起，造成15人死亡，受害森林面积约为2607公顷，未发生重大及以上森林火灾；发生草原火灾12起，受害草原面积为3388公顷，无人员伤亡。与近5年同期均值相比，森林火灾、草原火灾起数分别下降72%、66%，森林火灾死亡人数下降50%。从时间上看，上半年森林火灾集中发生于1～2月，占上半年发生起数的65%；从区域上看，广东、广西、云南、福建、湖南、江西、湖北7省（区）是森林火灾多发区域，占全国发生起数的67%。

六 低温冷冻和雪灾年初集中发生，对农业造成一定影响

1月，影响我国冷空气过程呈现低温极端性显著、大风持续时间长、雨雪偏弱等特点，给农业生产特别是抗冻能力较弱的经济作物带来较重损失，福建、江西、广东、云南等地直接经济损失合计超过20亿元。4月，全国出现2次寒潮过程，降温幅度较大，受冷空气过程影响，山西、陕西、新疆、内蒙古、河北、宁夏等多地遭受低温冷冻灾害：山西大同、晋中、吕梁等地林果作物受灾，直接经济损失达5.4亿元；新疆生产建设兵团局地经济作物受灾，直接经济损失达3.9亿元。总体来看，上半年低温冷冻和雪灾造成280.1万人次受灾，3100余间房屋不同程度损坏，农作物受灾面积达283.6千公顷，直接经济损失达56.1亿元。

资料来源：中华人民共和国应急管理部网站，https://www.mem.gov.cn/xw/Yiglbgzdt/202107/t20210706_ 391111. shtme。

第三节 应急管理的内涵与国内外体系特点

一 应急管理的内涵

乌里尔·罗森塔尔（Uriel Rosenthal）、斯蒂文·芬克（Steven Fink）和罗伯特·希斯（Robert Heath）等是应急管理理论方面的权威，他们的著作为城市应急管理的研究提供了理论支撑。罗伯特·希斯对于应急管理的研究较早，他的《危机管理》被称作应急管理理论与实践技巧结合的典范之作，在该书中，他提出了4R模型，也就是 Reduction（降低）、Readiness（预防）、Response（响应）以及 Recovery（恢复），希斯认为高效的应急管理便是对4R应急管理模型进行优化。作为应急管理的理论基石，许多专家学者

的研究都有 4R 模型的影子，对其也都有着不同的理解与划分方法。

综合国内外相关研究，应急管理（emergency management）是指政府、企业及其他公共组织，为了保护公众生命财产安全，维护公共安全、环境安全和社会秩序，在突发事件事前、事发、事中、事后所进行的预防、响应、处置、恢复活动的总称。应急管理就是围绕突发事件而展开的预防（Precaution）、响应（Response）、处置（Handling）、恢复（Recovery）的活动（杨月巧，2020）[10]（见图 1 - 2、表 1 - 5）。

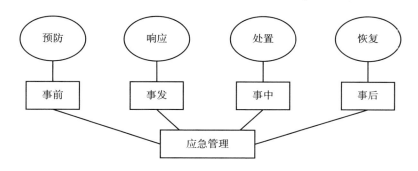

图 1 - 2　应急管理的内涵

表 1 - 5　应急管理的内容

应急管理的阶段	应急管理的内容
预防与应急准备： 防止突发事件的发生、建立应急体系、制定应急预案及完善应急保障系统等	建立健全应急管理体系，编制应急体系建设规划，制定应急预案、准备应急资源，开展应急宣传、培训与演练，制定应急法律法规和政策； 制定各种应急管理制度、安全技术标准和行业规范； 开展风险隐患排查、进行安全技术研究
预警与应急响应： 突发事件发生时采取的行动。目的是快速应对事件发生，提高应急行动能力	信息收集、紧急会商、启动应急预案； 协调应急队伍和资源开展应急处理； 通报情况
处置与应急救援： 突发事件发生后采取的措施。目的是保护生命，使财产损失、环境破坏减小到最低程度，以有利于恢复	开展应急救援行动，控制事态恶化和扩大； 疏散和避难

续表

应急管理的阶段	应急管理的内容
评估与恢复重建： 在应急处置结束后立即进行。目的是使生产、生活恢复到正常状态或得到进一步改善	清理废墟、消毒、去污、评估损失、保险赔付、恢复生产生活、灾后重建

应急管理研究主要以特定的灾害事件（自然的和人为的）为研究对象，因此也称"灾害研究"或"灾害与应急管理研究"。追溯应急管理研究的学术史发现，社会科学对灾害的研究始于社会学，美国是该领域经验研究和理论发展的中心。1979 年成立的美国联邦应急管理局（Federal Emergency Management Agency，简称 FEMA）起到了重要的促进作用，标志着美国的灾害管理真正从地方上升到联邦层面，嵌入复杂的政治结构和行政体系。FEMA 资助政治科学和公共行政学领域的研究者成立学术共同体，借鉴灾害社会学研究的经验，发展灾害的应急管理研究（Comfort，Waugh & Cigler，2012）[11]。

进入 21 世纪以来，自然灾害与灾难性事件频发，为应急管理的发展提供了诸多典型案例。美国"9·11"事件之后，Barnett，Everly 和 Parker（2005）通过对事件分析，认为政府应加强对突发事件的应急管理，加强对大众的应急教育，普及应急知识，形成一种全民应急文化[12]。针对 2005 年卡特里娜飓风，Waugh（2006）的研究表明，卡特里娜飓风造成的财产损失与人员伤亡主要是政府应对这种大规模突发事件的失败所致，强调应急管理的重要性[13]。Koliba 和 Mills（2011）研究治理卡特里娜飓风案例时，考虑了危机治理网络的多尺度和多部门特征，围绕民主、市场、行政三方面提出了一种问责模式[14]。

在应急管理的发展过程中，学者们开始将目光转向应急管理体制和机制的建设，从多个层面探索影响应急管理成效的因素。如 Weisdorf，Apperley Courmenlon 等（2007）研究了应急能力建设的必要性，认为提高应急能力是降低事故发生的概率及造成的损失的有效途径，并且对与应急能力相关的因素要进行不断的动态修正，以适应环境的变化[15]。Dilek 和 Erman（2008）总结了学者们对应急管理关键因素的研究，从技术因素、文化因素、社会经济因素、政治因素、组织因素、风险因素六个方面提出了应急管理关键因素模型，并对各因素进行了细分[16]。Paeka、Hilyard、Freimuth 等（2010）基于行为健康和媒介效应理论，认为应急者的自我效能感、主观行为规范、应急消息发布与其所占有的应急资源和应急准备能力正相关[17]。Villodre 和 Criado（2020）使用 2018 年马略卡岛（西班牙）圣洛伦斯山洪暴发的数据研究了社交媒体在危机处理和应急管理中的重要作用[18]。

中国的应急管理兴起于 2003 年"非典"疫情之后。就国家层面来看，在 2004 年 9 月中共十四届六中全会针对党在执政能力建设中，对提高处置突发事件能力提出了明确要求。2005 年国务院组织起草国家总体应急预案和专项预案，并于 2016 年 1 月发布并实施《国家突发公共事件总体应急预案》。同年，国务院进一步出台《国务院关于全面加强应急管理工作的意见》，对加强我国的应急管理工作提出有针对性的意见。2007 年 11 月 1 日正式施行的《中华人民共和国突发事件应对法》，明确了突发事件应对原则和预防与应急准备、监测与预警、应急处置与救援、事后恢复与重建等内容。从国内学界来看，社会学、政治学、公共行政学等学科都出现了一定数量的单一案例研究，逐渐发展为比较案例研究、理论化研究，近年来重点集中在国家应急管理体系构建研究（钟开斌，2020；闪淳昌等，2020）[19][20]。

二　国内应急管理

"应急管理"就是对"应急"的管理，即政府及其他主体通过有效组织协调，合理配置人、财、物、技术、产业以及宣传教育等方面资源，对全链条、全过程防控活动的管理，旨在避免突发事件的发生或减轻突发事件对生命、财产和社会带来的危害，保障公共安全（李清彬等，2021）[21]。

（一）中国应急管理体系

2003 年"非典"之后，"一案三制"（指应急预案，应急管理体制、机制和法制）（见表 1－6）是我国应急管理体系的重点内容（薛澜和刘冰，

2013）[22]。"一案三制"其作用也有所区别。体制属于宏观战略决策，主要作用是解决应急管理中组织结构、职责划分和隶属关系问题。机制属于中观战术决策，主要作用是解决应急管理动力和活力的保持问题。法制属于规范层次，主要作用是解决应急管理的依据和规范问题。预案属于微观执行层次，主要作用是解决应急管理怎样化为常规管理的问题（钟开斌，2009）[23]（见表1-6）。

表1-6　"一案三制"相关内容

"一案三制"	核心	主要内容	所要解决的问题	特征	定位	形态
体制	权力	组织结构	权限划分和隶属关系	结构性	基础	显在
机制	运作	工作流程	运作的动力和活力	功能性	关键	潜在
法制	程序	法律和制度	行为的依据和规范性	规范性	保障	显在
预案	操作	实践操作	应急管理实际操作	使能性	前提	显在

资料来源：钟开斌《"一案三制"：中国应急管理体系建设的基本框架》，《南京社会科学》2009年第11期，第77~83页。

（二）应急预案

应急预案指为了有效展开突发事件的应急行动而提前规划突发事件的应急行动方案。应急预案可以引领应急响应和应急准备工作，是展开应急管理工作的重要抓手。科学、高效的应急预案是应急管理工作的重要组成部分，对突发事件应急工作的成效具有决定性作用（杨璟等，2021）[24]。

根据《国家突发公共事件总体应急预案》，应急预案体系可以分为六个层次，依次是国家总体、国家专项、国务院部门、地方、企事业单位和重大活动。

（1）国家总体应急预案是全国应急预案体系的总纲，是国务院为了应对特别重大突发公共事件而制定的规范性文件。总体应急预案将国内突发事件分为自然灾害、事故灾难、公共卫生事件和社会安全事件四种类型，并根据突发事件的严重程度，由高到低分为Ⅰ级、Ⅱ级、Ⅲ级和Ⅳ级。

（2）国家专项应急预案是国务院及其有关部门为应对各种类型的突发事件而制定的应急预案。

（3）国务院部门应急预案是有关部门为应对突发事件结合自身部门职责而制定的预案。

（4）地方应急预案是省级政府、地方政府和基层政权组织的应急预案。

（5）企事业单位应急预案是企事业单位制定的应急预案。

（6）重大活动应急预案是指活动举办单位制定的活动应急预案。

（三）应急管理体制

我国应急管理体制坚持政府统一领导，在突发事件的应对过程中，各级政府设立统一指挥的应急指挥机构，综合各级政府之间以及政府与社会组织之间的协调，依据突发事件类型选择主责部门或单位，其他参与主体对应急工作提供支持配合。根据突发事件的特性实施相应的应急管理，依据突发事件类型选择相应部门收集、分析和报告信息，为决策机构提供必要的决策参考信息。根据突发事件的级别决定负责政府的层级，以及动用的人力和物力。突发事件应急处置工作主要由事发地所属的县级及以上地方政府负责，当突发事件出现后，地方政府应第一时间采取措施和控制，并向上级报告，如果地方政府的应对能力不足以处理突发事件，应第一时间请求上级政府直接管理（刘一弘，2020）[25]。

2018 年党和国家机构将应急管理相关职能部门和议事协调机构进行整合，构建应急管理部，中国应急管理进入由强力核心部门进行主管协调的应急管理机构模式（钟开斌，2018）[26]。应急管理部主要负责国家总体应急预案的制定、不同地区应急工作的指导、国内应急预案体系的建设和应急预案的日常演练，同时，还负责建立灾情报告系统和统筹应急力量建设和物资储备，并统一发布灾情信息和调度应急物资。此外，应急管理部在原应急相关政府部门之间协调联动的基础上，对自然灾害和事故灾难类突发事件的应急进行统一领导和部署（高小平和刘一弘，2018）[27]。应急管理部的应急救援队伍主要由公安消防部队、武警森林部队和安全生产等救援队伍构成。

应急管理部设有国家防汛抗旱总指挥部、国务院抗震救灾指挥部、国务院安全生产委员会、国家森林草原防灭火指挥部和国家减灾委员会 5 个议事机构，中国地震局、国家矿山安全监察局、消防救援局、森林消防局和国家安全生产应急救援中心5个部属单位，以及22个机关司局（见图1-3）①。

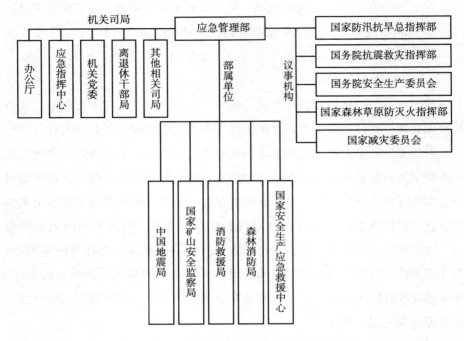

图1-3　中华人民共和国应急管理部组织机构

资料来源：中华人民共和国应急管理部。

（四）应急管理机制

应急管理机制主要包括预防与应急准备、监测与预警、应急处置与救援体系、事后恢复与重建四个体系，分别对应着突发事件的事前、事发、事中和事后四个环节（李清彬等，2021）[21]。

事前：预防与应急准备体系。在突发事件发生前，应急管理机构为降低

---

① 其他相关司局包括：人事司、教育训练司、风险监测和综合减灾司、救援协调和预案管理局、火灾防治管理司、防汛抗旱司、地震和地质灾害救援司、危险化学品安全监督管理一司、危险化学品安全监督管理二司、安全生产执法和工贸安全监督管理局、安全生产综合协调司、救灾和物资保障司、政策法规司、国际合作和救援司、规划财务司、调查评估和统计司、新闻宣传司、科技和信息化司等22个机关司局。

事件发生的概率及带来的损失而采取的诸多风险管理行为。其主要由社会管理、风险防范、应急准备、宣传教育培训和社会动员五个机制构成。

事发：监测与预警体系。在突发事件刚发生时，根据过去相关突发事件和当前事件的数据信息，通过科学方法技术，对事件发生的约束条件、可能的发展趋势和变化规律做出评估，通过高效预警降低事件发生的概率和可能产生的危害。其主要由监测、研判、信息报告、预警和国内国际合作五个机制构成。

事中：应急处置与救援体系。在突发事件发生后，通过一系列措施，防止事件愈加严重以及阻止潜在相关事件的发生。其主要由先期处置、快速评估、决策指挥、协调联动和信息发布五个机制构成。

事后：事后恢复与重建体系。在突发事件收尾阶段，通过一系列善后工作降低突发事件带来的损失，及时恢复正常社会、生活秩序，对因应急工作引发的矛盾和问题进行妥善解决。其主要由恢复重建、救助补偿、心理救援、调查评估和责任追究五个机制构成。

（五）应急管理法制

应急管理法制是基于突发事件，调整公民权利之间、国家权力之间以及国家权力和公民权利之间多种社会关系的法律规范和原则的总和。中国目前的应急管理法律体系以《中华人民共和国宪法》为依据、以《中华人民共和国突发事件应对法》为核心、以相关法律法规为补充[28]。根据突发事件的对象和等级，中国建立了包括多种突发事件应急处理法律规范的法律规范体系（朱陆民和董琳，2011）[29]。

（六）主要城市应急管理

1. 北京市应急管理

（1）组织机构。北京市突发事件应急委员会（简称"北京市应急委"）的办公机构是市应急委员会办公室，设在北京市应急管理局。北京市应急委下设不同专项应急指挥部，具体指挥处置与自身职责相关领域的重大及以上级别的突发事件。北京市建立了统一接收、研判和处理突发事件信息，协助政府展开突发事件应急处置工作的应急指挥中心。地方政府或办事处则通过设立或明确地区应急工作机构来应对突发事件。市、区政府通常将消防救援队伍作为应急救援队伍主力应对突发事件。此外，根据突发事件特征组建市或区级现场指挥部对应急处置工作进行现场指挥（北京市应急管理局，2019）[30]（见图1-4）。

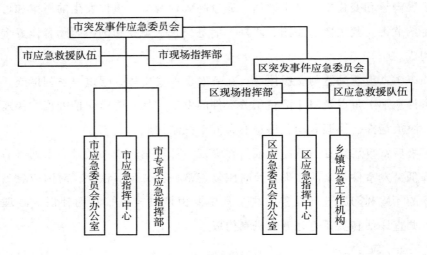

图1-4 北京市应急组织机构

资料来源：北京市应急管理局。

（2）应急响应程序。突发事件发生后，事发地政府立即向上级报送信息，组织协调相关部门单位展开前期应急工作。突发事件的事发地主责部门通过调动自身组建的应急力量进行应急处置工作。此外，事件主责部门通过调动专家和专业应急队伍，对事件基本情况、潜在风险以及影响事态控制的关键因素形成初步认知，进而提出应急意见，组织协调现场应急相关工作的展开。事发地政府组织相应部门启动应急响应，并组织有关领导及时赶赴现场，对应急工作进行统一指挥。若突发事件超出地方政府的处置能力，或需要市级部门直接处置，地方政府需及时向市应急指挥中心和市专项应急指挥部提出请求，由市级指挥机构组织协调应急救援行动的展开。市应急指挥中心对所辖区域内的突发事件信息进行统一管理和接收处理，同主责部门启动突发事件相应级别的应急响应，协调突发事件的应急处置工作，并向相关机构下达指令。突发事件得到控制后，市级有关部门和地方政府调拨灾后救灾物资，做好灾后人员安置和基本生活救助，恢复受灾地区的正常秩序（北京市应急管理局，2019）[30]。

2. 上海市应急管理

（1）组织机构。上海市应急管理局主要负责指导有关部门对突发事件的综合应急工作，内部设有 16 个办事机构（见图 1-5）①（上海市应急管理局，2019）[31]。上海市应急联动中心设在市公安局，主要负责应急联动的处置和指挥，负责全市范围内有关突发事件的报警信息，对一般或较大级别的突发事件直接进行应急处置，对重大及以上级别的突发事件进行先期处置，然后组织联动单位进行后续处置。此外，应急联动中心还配合实施海洋突发事件的应急联动处置，并指导全市应急联动工作的展开。其中，联动单位指承担应急职责的部门和区（县）政府。各区（县）政府在区（县）公安机关建立应急联动分中心，并将其纳入区（县）应急管理工作体系（上海市政府，2020）[32]。

（2）应急响应程序。应急联动中心设置多个紧急救助电话帮助市民及时就突发事件报警。市应急联动中心接到突发事件报警后，进行核实，对一般、较大突发事件，市应急联动中心应当直接指挥、调度、协调有关联动单位开展应急联动处置，并收集、汇总突发事件相关情况；对重大及以上级别突发事件，市应急联动中心组织有关联动单位开展先期应急联动处置，然后由有关职能部门组织实施后续处置。联动单位接到指令后，组织本单位应急处置队伍和专家队伍，调度应急装备和资源开展应急处置工作，对于超出自身处置能力的应急处置指令或紧急求助，核实后将整理后的应急信息报送市应急联动中心或有关职能部门处置。此外，上海市会根

---

① 办事机构包括：办公室、应急指挥中心、组织人事处、教育训练处、风险监测和综合减灾处、救援协调和预案管理处、火灾防治管理处、自然灾害应对和物资保障处、危险化学品安全监督管理处、安全生产执法监察处、安全生产综合协调处（巡查室）、政策法规处、国际合作交流处、调查评估和统计处、新闻宣传处（新闻发言人办公室）、规划科技和财务处。

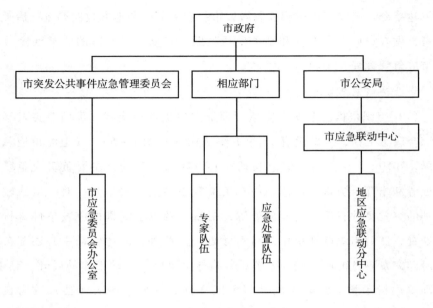

图1-5 上海市应急组织机构

资料来源：上海市政府、上海市应急管理局。

据突发事件情况成立市级专项指挥机构，统一组织开展应急工作。突发事件结束后，相关部门或机构依据规定做好受灾地区的灾后重建和恢复工作（上海市政府，2015）[32]。

3. 南宁市应急管理

（1）组织机构。南宁市应急管理局负责南宁市辖区的综合性应急管理工作。南宁市突发事件应急总指挥部负责所辖区域突发事件的应对工作。市人民政府启动南宁市应对某突发事件总指挥部后，根据工作需要，设立前方指挥部，组织指导协调各方协同做好现场应急处置工作。根据突发事件的特征，南宁市人民政府在突发事件应急总指挥部下设专项应急指挥机构，负责突发事件的指导协调和组织工作。市有关部门依据自身职责展开相应的突发事件应急处置工作。

县级政府或开发区管委会建立当地突发事件应急总指挥部，对行政区域内的应急工作进行统一领导，乡（镇）和村、社区等基层组织要结合实际设立或明确应急管理领导机构。应急管理领导机构根据所辖区域应急处置工作的需求，设立或明确专项指挥机构，承担突发事件防范应对和组织指挥等工作。县级有关部门依据自身职责开展相应的应急管理工作。突发事件发生后，事发地政府设立由本级政府负责人和相关部门负责人组成的现场指挥机构，负责组织协调和指挥突发事件的现场应急工作（见图1-6）。如已设立前方指挥部，则其作为现场指挥机构（南宁市应急管理局，2020）[33]。

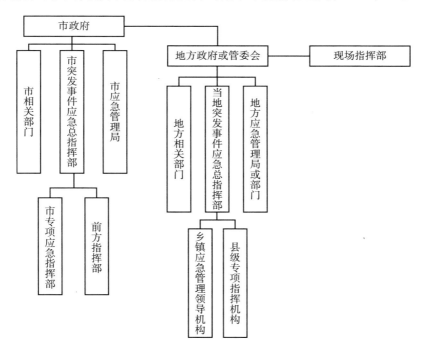

图1-6　南宁市应急管理组织机构

资料来源：南宁市应急管理局。

（2）应急响应程序。根据收集到的突发事件征兆信息进行分析评估，对突发事件的级别进行研判。级别确定后，发布预警信息，并根据实际情况，向上一级政府报备，并且与相关部门、本地驻军和相关地方政府联系。若发现突发事件具有重大风险或存在隐患，基层组织和工作人员等要迅速向所在地政府和有关部门报告。事件发生后，事发单位、村民委员会、居委会或其他组织进行自救或互救，乡级政府、街道办事处进行先期处置，并及时上报上级政府。上级人民政府及相应部门指导下级人民政府及相应部门根据突发事件类型开展应对工作，同时制定统一的信息发布与舆论引导方案。对于无法控制的有严重社会危害的突发事件，市政府需要向上级政府提出请求进入紧急状态，并通过新闻媒体公布。应急处置工作结束或得到控制后，政府或应急指挥机构可宣布应急结束，继续实施必要措施，并及时进行灾后恢复和重建工作（南宁市应急管理局，2020）[33]。

三　国外应急管理

（一）美国应急管理体系和特点

美国的应急管理体系由联邦应急管理局进行统一领导，负责协调指挥超出美国州政府应急能力的突发事件的应急响应，基本原则是"分级负责，属地管理为主"（杨华等，2018）[34]。美国的应急管理具有五个层次，由高到低依次是联邦、州、市、县、社区，基本可以全面覆盖美国的各个领域（陈成文等，2010）[35]。在美国，非政府组织、志愿者队伍和社区居民是应急管理必不可少的参与主体，可以有效填补政府应急管理能力不能解决的部分（刘杰，2014）[36]。联邦应急管理局是美国最高的应急管理机构，主要负责应急处置工作的援助与协调，不负责具体行动的指挥。各州、市、县地方政府的应急管理机构是所在区域的指挥协调中心，对应急管理效果起着决定性作用。社区小城镇的应急管理则以志愿性质的非政府服务机构为主。美国应急管理模式的一个突出特点是美国政府主导突发事件的应急工作，鼓励动员民间力量共同参与应对。美国将突发事件分为自然灾害、技术发展型灾害、社会秩序型灾害和大规模毁灭性武器四类（李宏伟，2020）[37]。

1. 应急管理组织机构

联邦层面：联邦应急管理局设置局长、常务副局长和助理局长，其中，局长由美国总统亲自任命（见图1-7）。局长下设正、副参谋长，参谋长负责管理首都地区协调、政策和方案分析、外事、财务、残障综合协调、平等权利六个办公室。联邦应急管理局副局长通过首席行政官、首席信息官、首席采购官、首席人力资源官以及首席安全官五个办公室展开任务行动支持业务。此外，应急管理局下设若干机构以及 10 个任务区①（杨华等，2018）[34]。

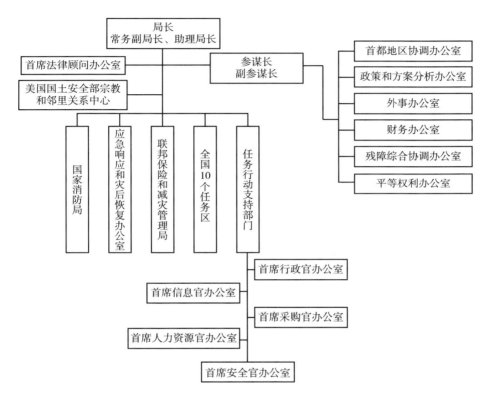

图 1-7　美国联邦应急管理局组织机构

资料来源：杨华、吴立志、李思成《美国国家应急管理体制探析》，《武警学院学报》2018 年第 10 期，第 59~63 页。

州政府层面：各州设立应急管理办公室，负责所辖区域日常防灾救灾工作和突发事件的综合协调处置。州政府各相关职能部门负责突发事件的应急处置和援助，根据自身职责展开相应的应急工作（周兴波等，2021）[38]。

地方政府层面：市、县、乡镇、社区等一般实行地方自治，一般在警察

---

① 为了便于应急处置和灾害响应，联邦应急管理局将美国国土划分为 10 个任务区，并进行编号。

局设有政府应急管理中心。市、县建立地方应急管理办公室，负责组织协调和应急管理（周兴波等，2021）[38]。

此外，由美国国家和美国志工团与应急管理局通过新型合作模式构建的联邦应急管理局志愿者团队是灾害应急处置和灾后恢复重建的重要组成部分（FEMA，2012）[39]。

2. 应急管理培训体系

美国应急管理培训体系以国家应急管理学院为核心，主要分为三个层次。第一层次是国家层面的培训工作，以联邦应急管理局为主导，借助国家应急管理学院展开应急培训；第二层次是政府层面的培训工作，通过各级政府相关部门设立相关培训学院开展；第三层次是学校层面的培训工作，通过在若干高校设立应急管理培训中心展开应急培训（杨华等，2018）[34]。

3. 应急管理机制

根据《第8号总统政策令》，美国应急管理包括预防、保护、减缓、响应和恢复五个部分，并出台了与之相匹配的框架（游志斌和薛澜，2015）[40]。预防框架描述了从社区成员到政府的高级领导人在发现突发事件后应该做些什么；保护框架描述了整个社区防范突发事件的方式，对保护过程和指导原则提供了统一的方法；减缓框架描述了怎样减少灾害的影响，支持保护和预防活动，缓解反应、加快恢复，以更好地准备和创造更有弹性的社区；响应框架描述了国家应怎样应对各类灾害和紧急情况；恢复框架描述了怎样进行有弹性和可持续的复苏，以满足受影响的社区成员的需要（FEMA，2020）[41]。

4. 应急响应程序

应急响应分为预警预报、应急响应和灾害救助。预警预报由行业部门负责，主要对气象、降水等进行监测。一般性灾害由地方政府指挥应急，若超出可控范围，地方政府应向州政府请求救援，州政府协调和援助应急管理工作；若应急处置工作超出州政府的响应控制能力，州政府可宣布进入紧急状态，并向联邦提出援助申请，请求联邦政府和应急管理局参与应急处置工作。若灾害事故发生地或主体属于联邦资产，州长可以不向总统及联邦政府提出申请（周兴波等，2021）[38]。美国应急管理体系与国防军事结合，形成军民联合、以职业消防队伍为主力军的应急救援队伍。

（二）日本应急管理体系和特点

日本应急管理体制是由内阁首相任总指挥官、内阁官房负责应急工作的协调和联络、中央防灾委员会等负责应急计划的制定、突发事件主责部门相对集中管理的应急管理体制（见图1-8）。日本应急管理体制分为中央、都道府县、市町村三级。在中央一级，由中央防灾委员会制定防灾基本计划。在地方一级，地方则根据国家防灾基本计划，制定符合本地区域实际情况的防灾减灾计划（钟金花，2018）[42]。

1. 应急管理组织机构

应急管理部门包括内阁府、发生特大灾害时成立的非常灾害对策本部、紧急灾害对策本部、国土交通省、气象厅、消防厅等。中央防灾会议主席由首相担任，是防灾救灾工作的最高决策机关，主要承担防灾计划、紧急措施计划的制定和组织实施，以及向首相和防灾担当大臣提出防灾救灾意见（日本内阁，2014）[43]。地方政府也设置本地区的防灾会议。此外，日本政府依据灾害级别选择性设立不同层级的对策本部，负责灾害应急处理的具体工作。"紧急灾害对策本部"设立在总理府，是最高级别的紧急决策机构，本部部长由首相担任；"非常灾害对策本部"设立在内阁府，本部部长由防灾担当大臣担任，负责制定各种应急政策；地方"灾害对策本部"设立在地方层级，是当地指挥中心，并负责收集灾害的相关信息上报上级机关（周兴波等，2021）[38]。

2. 应急管理培训体系

日本应急管理培训体系以日本防灾士机构为主，该机构以《防灾士教本》为主要授课培训内容，参与者通过培训会被授予"防灾士"证书。该机构协助政府提高民众防灾减灾的意识和技能，以及在灾害发生时参与志愿救助活动（王德迅等，2020）[44]。

3. 应急管理机制

日本应急管理机制主要分为事前、事中、事后三个阶段（刘亚娜和罗

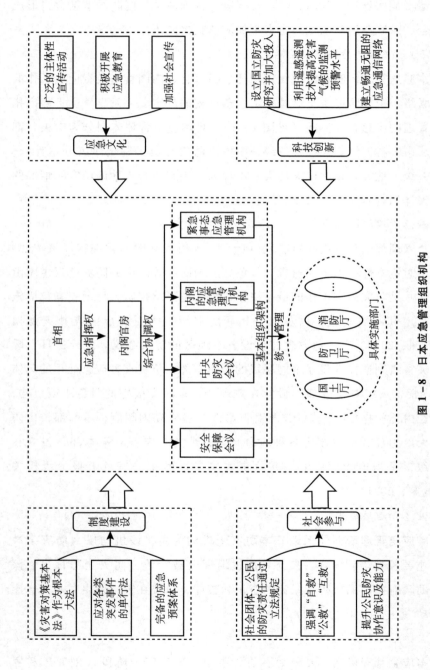

图 1-8 日本应急管理组织机构

资料来源：黄杨森、王义保《发达国家应急管理体系和能力建设：模式、特征与有益经验》，《宁夏社会科学》2020 年第 2 期，第 90~96 页。

希，2011）[45]。

事前预防阶段：通过逐级制定防灾计划的方式进行预防，由中央防灾委员会制定"防灾基本计划"，介绍防灾方针以及各地方、行政部门的反应工作；由相关部门拟定"防灾业务计划"以及地方防灾委员会协调制定"指定地区防灾计划"，规定部门和地方在灾害发生后的具体应急行动和防灾责任。

事中应对阶段：以底层行政单位为主要单位，建立灾害对策本部，指挥灾害应对工作，都道府县负责协助、调整。

事后恢复和重建阶段：地方对灾害及其处理情况进行评估，并将信息上报中央，与中央进行协商，中央与地方迅速安排灾害救助、重建等工作。

4. 应急响应程序

日本应急响应程序分为预警预报、应急响应和紧急救援（见图 1 - 9）。预警预报由气象厅和国土交通省共同负责，气象厅负责收集灾害数据，联同国土交通省分析预测后进行预警预报（周兴波等，2021）[38]。灾害发生时，内阁信息汇报中心收集灾害相关信息，并召集要员和各相关省厅集中构成的"紧急召集小组"和"信息先遣小组"对灾害信息进行收集和分析。根据受灾规模信息，决定是否设立对策本部，如果不设立，则召开灾害对策会议，相关省厅调整应急对策并派遣调查团，判断是否设立对策本部。紧急救援行动通常是专业救援队伍与非专业队伍相结合（崔云逸和李浩，2020）[46]，当发生的灾害事故较为严重时，会使用国家层面的力量进行应急救援（郭恩玥等，2019）[47]。当自然灾害等突发事件发生时，政府通常会设立"灾害对策本部"，对本辖区的应急资源统一指挥调度，进而展开应急处置工作。一般情况下，上一级政府通常根据下一级政府的应急申请展开救援，主要提供支持，不直接参与管理（钟金花，2018）[42]。

（三）俄罗斯应急管理体系和特点

俄罗斯应急管理体系是以总统为核心、以联邦安全会议为中枢、以紧急情况部为平台、以联邦安全局和其他强力部门为抓手的垂直决策管理体系（刘庆，2018）[48]，在俄联邦、联邦主体、城市和村镇政府设置了紧急状态

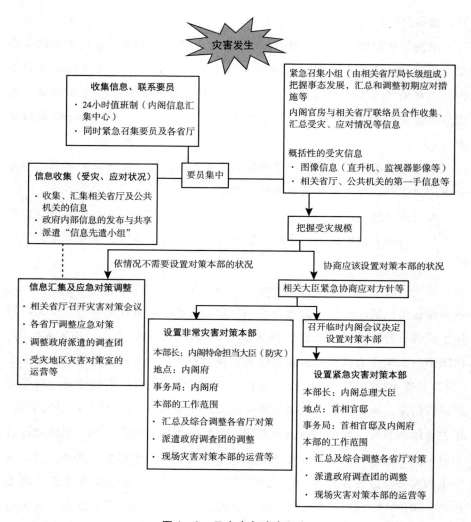

图 1 - 9　日本应急响应程序

资料来源：内阁府《令和元年版防灾白皮书》，http：//www. bousai. go. jp/kaigirep/ hakusho/h31/honbun/index. html，最后访问日期：2021 年 9 月 30 日。

机构。与此同时，为了加强紧急状态部的核心地位与权威，联邦下设六个"区域中心"，分别管理所辖联邦主体的紧急管理局（陈成文等，2010）[35]。基于此，建立了几乎全面覆盖的"全国紧急情况预防和应对体系"，促进全俄形成组织、地方、地区、区域直至联邦的层级鲜明、纵向贯通、自上而下、垂直统一的应急管理体系（黄杨森和王义保，2020）[49]。俄罗斯将突发事件分为暴乱类突发事件、自然原因或技术原因导致的突发事件两类（李宏伟，2020）[37]。

1. 应急管理组织机构

联邦层面：俄罗斯紧急情况部，由总统直接管理，部长是至关重要的俄联邦安全会议的法定成员，国务秘书兼任其中一名副部长，还设有首席军事专家和火灾监督首席检查官，下设人口与领土保护局、灾难预防局、部队、国际合作局、科学技术局和若干跨部门委员会，同时设置"指挥控制中心""特殊危险救援中心""空中救援中心"三个专职机构（见图1-10）。此外，联邦水文气象局和联邦水资源管理局也参与应急管理工作（刘庆，2018）[48]。

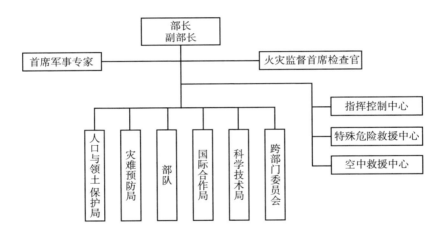

图1-10　俄罗斯联邦紧急情况部组织机构

资料来源：刘庆《美俄应急管理部门的运作机制》，《中国领导科学》2018年第3期，第122~125页。

联邦主体和地方层面：紧急情况部在俄罗斯境内设若干地方办事处，在联邦主体和下属城市、村镇也分别设立紧急情况局（刘庆，2018）[48]。

2. 应急管理培训体系

俄罗斯的应急管理培训体系通过全俄民防与紧急情况研究所、民防学院、多所消防大学及院校以及多个地区消防培训中心展开应急专业人才的培养、培训工作（李思琪，2021）[50]。

3. 应急管理机制

俄罗斯应急管理主要涵盖日常准备、预警和应急三个阶段。日常准备阶段承担着突发事件的预案、环境检测、设施监控以及应急教育培训等职责；预警阶段是为可能发生的事件做准备；应急阶段主要是启动应急响应程序，由突发事件主责机构执行各项应急工作①。

4. 应急响应程序

俄罗斯应急响应主要包括预警预报、应急响应和灾后救助。预警预报主要由国家危机情况管理中心、联邦水文气象局以及紧急状态部下设的信息中心负责，紧急情况部连同各地区的监测机构，对突发事件的发生概率进行预估和预警。应急响应的核心机构是紧急情况部，负责决策、搜救和灾害的实时监测，统一管理协调联邦部门和地区的应急行动。在应急行动中，紧急情况部负责统一收集和分析灾害信息，根据情况严重度选择是否上报俄总统（周兴波等，2021）[38]。灾后救助的核心机构同样是紧急情况部，该部门拥有多支专业力量用于应急救援。同时俄罗斯联邦国家储备局统一负责紧急状态所需要的物资采购与储存管理（李思琪，2021）[50]。

（四）英国应急管理体系和特点

英国从"水平、垂直、理念、系统"入手，形成"整合管理型"应急管理体系和能力建设模式。水平整合，即在中央、地方的同层级组织部门内部进行横向整合，形成统一管理。通过建立相应的应急管理协调组织，推动同级各组织部门达成一致。垂直整合，即在中央、地方等不同层级组织部门间协调组织划分与职能分配。基于这种体制，英国中央层面的响应模式分为三级：第一级是对于地方应急能力不能应对但又不需要跨部门合作的突发事件，由中央部门作为应急主责部门，对上下级关系进行协调并主导事件处理；第二级是对于影响范围大且需要中央协调应急处置工作的突发事件，启动内阁

① 资料来源：百度文库，https：//wenku. baidu. com/view/e191601552d380eb63946d07. html，最后访问日期：2021 年 9 月 30 日。

简报室机制，对相关部门的应急处置进行协调；第三级是对于具有较强蔓延性和灾难性的突发事件，同样启动内阁简报室机制，但此时的内阁简报室由首相或副首相进行指挥领导，对全国范围内的应对措施起决定性作用。地方层面建立"金、银、铜"三级指挥运行机制，"金"层级主要解决"做什么"的问题，"银"层级主要解决"如何做"的问题，"铜"层级在现场负责实施各项应急处置工作（国务院应急办赴英培训考察团，2007）[51]。英国的突发事件分为人民福利类、环境类和安全类三类（李宏伟，2020）[37]。

1. 应急管理组织机构

中央层面：英国最高的应急管理领导机构是国家安全委员会，下设国民紧急事务委员会，委员会下设内阁国民紧急事务秘书处，负责应急日常工作的管理以及协调跨部门的应急处置。此外，中央政府依据突发事件的严重程度，选择性启动内阁紧急应变小组。该小组为最高应急处理机构，小组组长通常由首相担任（见图1-11）。

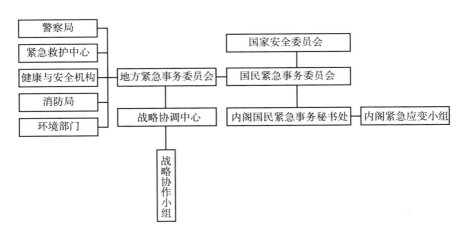

图1-11　英国应急管理组织机构

资料来源：李格琴《英国应急安全管理体制机制评析》，《国际安全研究》2013年第2期，第124~135+159页。

地方层面：各地方均设立"地方紧急事务委员会"，由各级政府和应急处置相关部门组成。其下设战略协调中心，在发生突发事件时由警察部门负责指挥与协调各部门的应急处置工作。战略协调中心下还有专门的战略协作小组，主要用于一线指挥和协调（李格琴，2013）[52]。

2. 应急管理培训体系

英国建立应急规划学院负责应急培训，聘请相关领域学者负责应急管理的相关培训。学院根据《应急法案》拟定相关应急培训课程，并有规范的操作流程。培训课程通过互动模式进行教学，提高培训的实践性。此外，地方各类应急管理部门必须定期参加培训，并撰写课后总结报告（王宇，2020）[53]。

3. 应急管理机制

英国应急管理包括发现、防止、处置、恢复四个阶段。发现阶段使用科学方法面对风险，把科学方法作为应急管理的基础。防止阶段强调不断加强能力建设，有效防灾应灾。处置阶段强调应急工作程序的相同性，注重部门之间和层级之间的合作与协调。恢复阶段强调恢复、重建计划的拟定和实现（李雪峰，2010）[54]。

4. 应急响应程序

英国应急响应分为预警预报、应急响应和灾害救助。预警预报由气象局等部门负责，对国内可能出现的灾害，相关部门事先会启动预警系统，通过电台、电视台和互联网向英国各个区域提供预报，然后向民众传达，各地区启动民用紧急服务系统。预警系统在必要时会联系国防部门，调度军队力量随时进行应急支援。根据应急响应等级来确定指挥应急的主要责任部门。若灾难范围局限于地区，事发地应急小组联系当地志愿组织和协调政府部门的应对工作。若灾难涉及范围较大，需要由国内紧急事务秘书处先对灾难级别进行评估，然后联系志愿者组织，并使其明确自身的应急工作和任务。志愿者组织内通常有若干应急小组，组长联系成员让其自主选择是否参与应急行动。常见的志愿者组织包括红十字会、医生紧急救护队和学生联合会等（赫凛冽，2019）[55]。

（五）澳大利亚应急管理体系和特点

澳大利亚的应急管理体制包括联邦政府、州和地区政府、社区三个层级。联邦政府层面，负责响应各州的应急请求，指导事发地的灾害管理和应急救援工作，协调国家物质资源、财政进行应急援助。在州和地方政府层面，各州设有应急管理中心和地方应急管理委员会，并根据辖区内的实际条件对灾害种类、特征和危害性进行评估，进而制订了内容详细完备、可操作性强的应急管理规划、应急预案、操作手册和各种方案，并落实预防和处置救援中的各项职责任务。在社区层面，各社区单元根据灾害种类和社区特色承担一线灾害管理职责，并针对本社区可能发生的灾害建立相应社区抗灾组织，拟定社区应急预案，开展社区突发事件防范应对等工作。澳大利亚主要将灾害分为自然灾害、人为因素灾害、生物因素灾害、基础设施故障和航空交通事故五类（陈少云，2017）[56]。

1. 应急管理组织机构

联邦层面：联邦抗灾委员会由联邦各部门和有关公共机构代表构成，是应急决策协调议事机构，主要就防灾救灾问题进行决策，在应急救援和重建过程中进行统筹协调。联邦应急管理署负责日常性质的应急管理工作，内设应急联络处、规划和运营处、发展处、知识管理和商业处、教育培训处和社区发展处6个机构，涵盖多个方面工作（见图1-12）。联邦应急管理署并不直接对地方应急管理机构及其应急管理工作进行指导，而是负责为州或领地的应急管理工作提供各种支持。

地方和社区层面：地方和社区层面均设立应急管理服务机构。更多情况下政府为了节省资金，会联合建立地区应急管理机构，负责本地区的紧急情况（辛吉武等，2010）[57]。

除了政府机构外，参与应急管理工作的还包括志愿者和非政府机构，如红十字国际委员会和红新月会等（贺李和吴兴华，2014）[58]。

2. 应急管理培训体系

澳大利亚的应急管理培训主要由教育培训处通过应急资格标准的设定、应急培训课程的开发和维持、应急管理研究和社区教育进行。此外，澳大利亚还通过多种应急管理手册进行应急培训，手册不仅会分发至各级政府组织和非政府组织，而且在应急管理署官方网站上也给出了这些手册的具体内

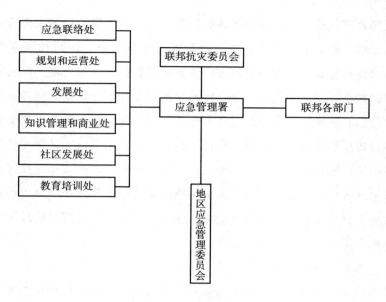

图1-12　澳大利亚应急管理组织机构

资料来源：防空防灾知识库，http：//139.196.26.22/index.php？m=content&c=index&a=show&catid=6&id=525，最后访问日期：2021年9月30日。

容，任何个人和组织既可以申请获取纸质文件，也可以在网站上下载电子版的文档用于学习（秦挺鑫，2020）[59]。

3. 应急管理机制

澳大利亚应急管理机制包括预防、预备、响应和重建四个环节（贺李和吴兴华，2014）[58]。

预防：联邦政府制定了多种预防计划。州政府则根据地区特征拟定自身防灾计划。此外，澳大利亚各级政府邀请一批相关学者专家和灾害管理者撰写澳大利亚应急管理系列手册，通过手册对突发事件进行宣传和教育。

预备：澳大利亚借助发达的预警系统，把应急管理系统和信息部门相结合，使多个应急部门共享同一个信息平台，可以随时使用相关信息，实现实时应急响应。

响应：主要提供预警服务，灾害发生时的组织策划方案和现场救援。

重建：主要是灾后的恢复。指在突发事件收尾阶段，做好善后工作，把影响降到最低，及时恢复正常秩序，妥善解决因应急处置产生的矛盾和问题。

4. 应急响应程序

澳大利亚应急响应程序主要包括预警服务、应急救助和灾后恢复。澳大利亚气象局负责潜在自然灾害的监管，并发布相关预警与建议。预警服务通过墨尔本的总部以及各地区提供的办公室进行，在多项监控和警告活动中，与政府、媒体和社区密切合作。突发事件发生时，事发地政府负责具体应急处置工作的组织和实施。事件超出州政府的应急能力时，州政府可向联邦政府提出援助申请，申请经过联邦司法部长批准后，由国家紧急事务管理中心展开具体的援助行动。灾后恢复重建工作则主要由事发地政府展开（辛吉武等，2010）[57]。

四 案例概述

（一）国内案例概述

1. 北京："海淀暴雨"的应急管理

2021年8月16日，北京市发生强暴雨，海淀区旱河路铁路桥下路段严重积水。暴雨前后，北京市积极应对，很大程度地降低了暴雨产生的损失。因此，以此为例分析北京市应急管理。

灾前预测阶段（8月13~15日）：自8月13日18时开始，北京市气象台、海淀区气象台就开始对暴雨进行监测，海淀区气象台当时预报显示，预计周末两天海淀区有中雨，局地暴雨，局地雨量较大，15日夜间降雨将逐渐减弱结束。8月15日，北京市气象台预报：16日夜间，北京有分散性雷阵雨。

灾前准备阶段（8月14~16日）：8月14日中午，北京市防汛办向市民发布暴雨出行提示。8月16日17时，北京市防汛指挥部再次发布出行提示，让市民在16日夜间注意出行安全，并注意防雷、防风雹，避让积水路段。16日晚，海淀区有关部门和街道办事处对积水路段进行了排水和疏导。之后，由负责单位接手排水和疏通工作，并排查了积水路段的排水管线。8月16日21时，海淀区先后发布暴雨蓝色预警、黄色预警和橙色预警。

灾害响应阶段（8月16日）：当车辆被困于旱河路铁路桥下时，海淀区有关部门工作人员对该路段进行封路处理，并派遣救援人员和群众及时对被困人员进行解救，然后由120及时送往医院进行抢救，并且在第一时间将信息告知群众。

灾后恢复阶段（8月16~17日）：政府调动人员，对积水路段进行淤泥清理，对吹倒树木进行砍伐，及时恢复正常的交通运行。

2. 上海：台风"烟花"的应急管理

据《新京报》消息，国家应急管理部周学文介绍，台风"烟花"（2021年第6号台风）致使浙江、上海、江苏、安徽四省市271.1万余人受灾，累计转移群众274万人，房屋损坏1100多间，直接经济损失达33.5亿元，但并未出现人员伤亡和重大险情的报告。[①] 上海市政府为应对台风做了充足准备，并取得较为显著的成果。因此，以上海的应对为例进行分析。

灾前预测阶段（7月21~22日）：自7月21日台风"烟花"加强为强台风起，中央气象台和上海气象局就开始对其进行监测，为上海市政府组织和应对台风提供有效的决策支持。

灾前准备阶段（7月23~25日）：上海市气象局专门对台风进行不间断监测预报并通过多种渠道对台风进行预警，市防汛指挥部开始防台风响应行动，市公安局组织相关工作人员进行防汛演练，基层工作人员挨家挨户对居民宣传普及防汛工作，对各项基础设施以及大型物品进行排查，提前对沿海地区居民进行转移安置。

灾害响应阶段（8月16日）：政府相关部门人员24小时值守，紧盯着指挥大屏和热线电话，及时处理各种情况，并辟谣虚假信息。群众发生或遇到突发情况后，联系应急联动中心，然后由联动中心通知相关部门处理。此外，由相关工作人员联合基层人员形成的"联防联办"的群聊也发挥了指挥中心的作用。

---

① 《"烟花"已造成浙江、上海等四省市受灾》，《新京报》，https：//baijiahao.baidu.com/s?id=1706519266432750256xwfr=baike，最后访问日期：2022年1月19日。

灾后恢复阶段（8 月 16 ~ 17 日）：政府部门要求各行业（领域）对基础设施进行维护和修复，对危险设施进行全面检查，对危险地区开展隐患排查和鉴定，组织指导灾情核查和损失评估，加强安全教育。

（二）国外案例概述

1. 美国：火灾应急管理

2019 年 3 月 17 日下午，洲际码头公司（ITC）迪尔帕克油库内发生储罐起火。火灾发生几分钟后，ITC 紧急响应小组紧急出动。ITC 是非营利组织 Channel Industries Mutual Aid（CIMA）的成员之一，CIMA 结合了大休斯顿都会区炼油和石化行业的消防及其应急响应力量。CIMA 其他组织成员的相邻公司向 ITC 罐区火灾提供了紧急响应资源，包括人员、消防设备和物资。当地消防局对火灾进行了应急处置，但火势并未得到成功遏制。当地政府随之成立联合指挥部监督协调此次救援行动，成员包括 ITC、美国环境保护局、得克萨斯州环境质量委员会和哈里斯县消防局长办公室的代表。来自其他联邦、州和地方政府的力量也进行增援。当天晚上，另外两个储罐也着火。救援人员继续用水和灭火泡沫来控制火势，但火势仍未得到遏制。次日，ITC 联系了第三方应急响应服务机构帮助灭火，救援人员继续用水和灭火泡沫来控制火势。此外，事发地消防局办公室通过新闻发布会向居民发布警告，称火灾可能需要持续一段时间；事发企业 ITC 高管发表声明称，该公司会持续监测事发地区的空气质量；事发地公共卫生局也发表声明，请当地居民注意自身的不良反应。2019 年 3 月 20 日凌晨，ITC 在 CIMA 和专业救援机构的协助下，解决了此次火灾。该事件没有对 ITC 员工和救援人员造成任何伤害。事后，ITC 提出愿意承担企业和个人因该事件而遭受的损害或损失。

2. 日本：地震应急管理

2021 年 2 月 13 日 22 时 08 分，日本本州东岸近海发生地震，震中位于东经 141.8 度、北纬 37.7 度，震源深度 55 公里，震级 7.3 级，该地震已造成超 100 人伤亡。

2 月 13 日 23 时 09 分日本设立官邸对策办公室；内阁府设立灾害控制办公室；设立灾害控制总部；设立由警备局局长领导的灾害警备总部；设立

由消防厅长官领导的消防厅灾害对策总部（第三次应急系统），并要求观测到烈度5级以上的都道府县采取措施并报告损失；设立海上保安厅地震灾害对策本部；气象厅监测地震信息并发出预警。总理指出要迅速掌握受灾情况；府应与地方政府密切合作，在人命至上的政策下，共同采取紧急措施，如救生和救助灾民；及时准确地向人民提供有关疏散和受灾情况的信息。

2月14日，福岛县发出灾害派遣请求，内阁府调查组出发前往福岛县，消防厅要求邻近地区派出救援，并将工作人员和相关设备派往福岛县政府收集信息；召开福岛县近海地震的相关部长级会议（第一次会议）。

2月16日防灾担当大臣小此木八郎视察福岛县，地震结束后，日本政府特别针对受灾严重的中小企业给予相应的补贴，支持企业恢复和继续经营。满足农舍和机器维修等需求，尽快恢复农业。对于受损房屋，会协助翻新工程，协助重建生活。此外，国家将按照灾区的要求，在医院和体育馆等公共设施的恢复方面提供援助。

3. 英国：风暴"戴斯蒙德"的应急管理

戴斯蒙德风暴是一个热带气旋，也是2015~2016年英国和爱尔兰风暴季的第四个命名风暴。它给英国的高地地区带来了创纪录的降雨量，以及随后的严重洪水。2015年12月5日和6日，戴斯蒙德风暴在英国部分地区肆虐，致使数千所房屋被淹或断电，数人身亡，促使受灾严重地区宣布发生重大事故。戴斯蒙德和伊娃风暴造成的经济损失在16亿~23亿英镑，而保险损失也高达9亿~12亿英镑①。此外，据《大户外》杂志报道，戴斯蒙德风暴对环境产生巨大影响。12月5日晚上，英格兰北部发布了100多个洪水警报，苏格兰则发布了90多个洪水警报。政府动员了全国的应急力量，其中包括200名军事人员、1架直升机和50台大容量泵在内的辅助资产。侦察队对危险和受损的桥梁进行了技术评估。部署皇家工程师小组则帮助进行应急和恢复。此外，政府还组织相关军事人员向偏远地区提供援助和物资。

---

① 信息来源：A Level Geography，https：//www.alevelgeography.com/storm - desmond - case - study/，最后访问日期：2021年9月30日。

坎布里亚和兰开夏郡发生洪灾后，社会自发组织募捐活动，帮助受戴斯蒙德风暴引发的洪水影响的地区。政府宣布了一项 5000 万英镑的修复和更新计划，该计划由地方当局管理。坎布里亚社区基金会发起的 2015 年坎布里亚洪水恢复基金，目的是为经济拮据的个人和家庭提供清理费用、紧急维修、衣服、食品和饮料、取暖和取暖设备、儿童保育设备和基本家具。英国的眼镜蛇紧急计划委员会①也宣布，受影响的 5000 户家庭和企业会获得议会的税收和商业税率减免。英国政府同时也启动了贝尔温计划，全额偿还议会处理洪水的费用。与此同时，王子乡村基金宣布将从其紧急基金中发放 4 万英镑，以帮助英格兰北部和苏格兰的农村社区、农民和企业从洪水灾害中恢复过来。

五　气候变化、自然灾害与应急管理之间的关系

气候变化、自然灾害与应急管理三者之间的关系较为紧密，可以简单概括为：气候变化加剧了自然灾害的发生，当前政府的应急管理主要致力于预防和缓解气候变化与自然灾害对现代社会产生的负面影响。

（一）气候变化加剧自然灾害

气候变化、极端天气以及自然灾害之间的联系密切。随着全球变暖进一步加剧，全球范围内极端天气、自然灾害类事件频繁发生，严重威胁着世界各国经济与社会的可持续发展。一个最直观的感受是：气候变化使极端天气和自然灾害越来越多。洪水、高温等极端天气能够在短时间内造成比以前更多的人员伤亡和经济损失，极端天气相关事件的激增凸显了自然灾害与气候变化之间令人担忧的联系；随着全球气温的升高，因全球变暖导致的冰川萎缩、农作物减产、海平面上升等不可逆的影响则影响着人类社会的长远发展，世界上没有一个地区可以免受极端天气事件和自然灾害的负面影响。人类已经进入"气候变化时代"，人们已经改变了对灾害和

---

① 信息来源：百度百科。眼镜蛇紧急计划委员会是"内阁办公室情况通报 A 室"的简称，由英国内阁成员和军情首脑组成，拥有停止议会等无上的权力，专门负责处理与国家安全有关的特别重大事宜。

气候变化关系的看法：人类不仅仅是受害者，其行为还导致了灾害的发生（Thomas，2020）[60]。

2020年10月12日，为纪念"国际减灾日"，联合国减少灾害风险办公室（UNDRR）在一份题为《2000—2019年灾害造成的人类损失》的新报告中称，2000～2019年，全球共发生7348起重大灾害，40.3亿人受到影响，经济损失为2.97万亿美元（见图1-13）。这一数字远远超过了1980～1999年记录的4212起重大自然灾害，而急剧增长的主要原因是气候变化导致的灾害增多，包括洪水、干旱和风暴等极端天气事件（见图1-14）[61]。

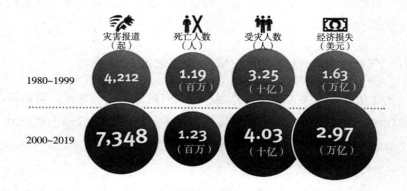

图1-13 灾害影响（1980～1999 vs 2000～2019）

资料来源：《2000—2019年灾害造成的人类损失》。

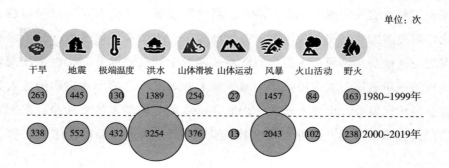

图1-14 灾害事件的不同类型（1980～1999年 vs 2000～2019年）

资料来源：《2000—2019年灾害造成的人类损失》。

（二）应急管理应对自然灾害

当自然灾害发生时，最重要的是确保生命线的正常运转，特别是供水、医院和紧急避难所等。提高这些关键基础设施的抗灾能力，可以将灾害的负面影响降到最低，减少可能的损失。因此，自然灾害应急管理是指政府等社会组织在应对突发自然灾害的整个过程中，通过建立必要的应急体系以及管理体制和机制，采取一系列必要措施，防范和降低自然灾害所带来的人民生命财产损失，恢复社会运行秩序，促进社会和谐健康发展的有关活动。自然灾害应急管理工作可以分为预防与应急准备、监测与预警和应急响应、处置与救援以及灾后恢复与重建四个阶段。

1. 预防与应急准备

自然灾害应急管理所强调的预防与应急准备，主要是指为响应与处置自然灾害、保障应急需要、尽可能降低灾害损失，在自然灾害未发生时和灾害发生前所做的一切防范和准备工作。主要包括：应急管理组织与相关制度（管理体制、机制和法律制度以及预案等），应急队伍、物资装备、资金、工程和技术等保障，应急演练和应急知识的宣传、教育和普及等工作。

2. 监测与预警

自然灾害的监测不仅要求保持实时数据的信息监测，还应当建立或者确定区域统一的特定类别的自然灾害信息系统，汇集、储存、分析、传输有关自然灾害的信息，并与上下级政府及其有关部门、专业机构、监测网点和毗邻地区的突发事件信息系统实现互联互通，加强跨部门、跨地区的信息交流与情报合作。

自然灾害的预警是指由指定部门或机构根据监测和预报信息等做出的自然灾害即将发生并要求开展应急准备的警示通告。科学的监测与预警机制是开展应急管理、最大限度地减轻自然灾害带来危害的重要前提（见图 1 - 15）[62]。

自然灾害发生前大多可以预警。我国对于自然灾害的预警级别，按照其发生的紧急程度、发展态势和可能造成的危害程度分为一级、二级、三级和四级，分别用红色、橙色、黄色和蓝色表示，一级为最高级别。

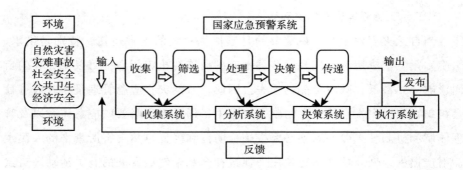

图 1－15　国家应急预警系统流程示意

资料来源：弓顺芳《公共安全与应急管理理论与实践研究》，团结出版社，2017。

3. 应急响应、处置与救援

应急响应、处置与救援是指各种应急资源在灾害发生、预警发布或预案启动后，迅速进入各自应急工作状态，并按应急管理指挥机构的部署和指令安排迅速开展应急处置和救援活动，消除、减少事故危害，防止事故扩大或恶化，最大限度地降低事故造成的损失或危害，直至应急响应结束。按过程可分为接警与响应级别确定、应急启动、开展救援行动、应急恢复和应急结束等过程。

4. 灾害恢复与重建

灾害恢复与重建主要包括两类活动：一是恢复，即使社会生产活动恢复正常状态；二是重建，即对于因为灾害或灾难影响而不能恢复的设施等进行重新建设。恢复与重建关系灾区社会公众的切身利益和灾区的长远发展，一般要尽量减轻灾害的负面影响，使社会生产生活恢复正常，推动社会进一步发展，提高社会的公共安全度。在灾后恢复与重建过程中，资金和政策支持极为重要。在自然灾害应急处置结束或者恢复重建工作基本结束之后，还需对本次自然灾害的发生发展情况和应急管理情况进行总结。

（三）气候变化背景下推进应急管理的政策建议

首先，强化从"管理"到"治理"转变的理念。灾害风险管理是一个连续的、循环的、动态的过程，以最佳风险管理技术为中心，从最经济合理的角度来处置风险，注重成本与效益的关系。而治理指的是一种由共同的目标支持的活动，这些管理活动的主体未必是政府，也无须依靠国家的强制力来实现。在党的十八届三中全会中的《中共中央关于全面深化改革若干重大问题的决定》里提到"国家治理体系和治理能力""社会治理""政府治理"等概念，将以往通常使用的"管理"改为"治理"。相对于"管理"，"治理"更有利于促进社会参与、激发社会活力，更有利于维护人民群众的利益，有利于拓展国家和社会对灾害治理的创新。将灾害"风险管理"改为"风险治理"不仅是决策系统的巨大改变，更是将一种以绩效为基础的专业职能调整为约束和激励的模式，综合国家全方位资源与职能部门，从根源上避免和减少灾害发生的可能，以人为中心平衡各方利益，全面提升全社会抵御自然灾害的综合能力。

其次，完善我国自然灾害综合风险治理体系。应对气候变化的自然灾害综合风险治理体系应该包括五个部分：一是综合风险治理的人员构成，即建立政府、社会组织、企业、公民等多方面组成的多方主体，改变以前只由政府一方大包大揽的情况，由各方主体共同参与、互相协调，建立优势互补的合作机制；二是综合风险治理的结构分层，即建立包含国家、地方、社区等三个层级的分层运行结构，不同层级建立分层运行的协同机制；三是综合风险治理的分类和联动，即对我国气候变化背景下的自然灾害根据类别进行分类，根据其致灾因子特性等建立联动机制；四是综合风险治理的应急救援，即集中消防队伍、森林消防队伍和国家安全生产应急救援队伍到一个部门进行联合训练、协作培养，实行应急指挥专业性与政治性并重的统一机制；五是综合风险治理的政策保障，即从资金保障、科技保障、信息保障、法律保障四个方面，建立综合保障体系，科学合理地完善问责机制。

最后，加强气候变化的风险研究。加强气候变化的风险研究，管控因气候变化导致的对人体健康和财产造成负面影响的风险，已经成为国际上高度关注的话题。从全社会的视角出发，将政治、经济、文化和社会等各种要素统筹到综合风险防范中，将高分卫星、北斗导航和无人机等高新技术应用于气候变化的检测及防灾减灾救灾队伍建设中，在我国灾害综合风险治理的路径中实现全方位信息化的基本要求，针对我国的气候变化特点和具体阶段对其进行检测识别、模拟评估，建立综合风险治理的科学管理经验体系。

参考文献

［1］联合国：《联合国气候变化框架公约》，https：//unfccc. int/sites/default/files/con/chin. pdf，最后访问日期：2021 年 9 月 30 日。

［2］*Nature*，"Climate Change"，accessed September 30th，2021，https：//www. nature. com/subjects/cli mate – change.

［3］IPCC，*Climate Change* 2014：*Synthesis Report. Contribution of Working Groups* Ⅰ，*Ⅱ and Ⅲ to the Fifth Assessment Report of the Intergovernmental Panel on Climate Change*（Geneva，Switzerland：IPCC，2014）.

［4］IPCC，"Climate Change 2021：The Physical Science Basis"，accessed September 30th，2021，https：//www. ipcc. ch/report/ar6/wg1/downloads/report/IPCC＿AR6＿WGI＿Full＿Report. pdf.

［5］李艳芳：《各国应对气候变化立法比较及其对中国的启示》，《中国人民大学学报》2010 年第 4 期，第 58 ~ 66 页。

［6］UNFCCC，"Bali Action Plan（FCCC/CP/2007/6/Add. 1 Decision 1/CP. 13）"，accessed September 30th，2021，http：//unfccc. int/resource/docs/2007/cop13/eng/06a01. pdf#page =3.

［7］张乃平、夏东海编著《自然灾害应急管理》，中国经济出版社，2009。

［8］中华人民共和国中央人民政府：《自然灾害分类与代码》（GB/T28921 – 2012），2012 年 10 月 12 日。

［9］中国科学院科技战略咨询研究院：《中国自然灾害风险评价报告》，2021 年 7 月。

［10］杨月巧主编《新应急管理概论》，北京大学出版社，2020。

［11］Comfort L.，Waugh W.，Cigler B.，"Emergency Management Research and Practice in Public Administration：Emergency，Evolution，Expansion，and Future Directions，" *Public Administration Review* 72（2012）：pp. 539 – 547.

［12］Barnett D. J.，Everly G. S.，Parker C. L.，"Applying Educational Gaming to Public Health Work Force Emergency Preparedness，" *American Journal of Preventive Medicine* 28（2005）：pp. 390 – 395.

［13］Waugh W. L.，"The Political Costs of Failure in the Katrina and Rita Disasters，" *The ANNALS of the American Acade of Political and Social Science* 604（2006）：pp. 10 – 25.

［14］Koliba C. J., Mills R. M., "Accountability in Governance Networks: An Assessment of Public, Private, and Nonprofit Emergency Management Practices Following Hurricane Katrina," *Public Administration Review* 71（2011）: pp. 210 – 220.

［15］Weisdorf D., Apperley J., Courmenlon P., et al., "Radiation Emergencies: Evaluation, Management, and Transplantation," *Biology of Blood and Marrow Transplantation* 13（2007）: pp. 103 – 106.

［16］Dilek O., Erman C., "Defining Critical Success Factors for National Emergency Management Model and Supporting them within Formation Systems,"（Paper Presented at Proceedings of the International ISCRAM Conference, Washington DC, USA, 2008）.

［17］Paeka H., Hilyard K., Freimuth V., et al., "Theory-Based Approach to Understanding Public Emergency Preparedness: Implications for Effective Health and Risk Commu-nication," *Journal of Health Communication: International Perspectives* 15（2010）: pp. 428 – 444.

［18］Villodre, J., Criado J. I., "User Roles for Emergency Management in Social Media: Understanding Actors Behavior during the 2018 Majorca Island Flash Floods," *Government Information Quarterly* 37（2020）: 101521.

［19］钟开斌:《国家应急管理体系:框架构建、演进历程与完善策略》,《改革》2020 年第 6 期, 第 5～18 页。

［20］闪淳昌、周玲、秦绪坤等:《我国应急管理体系的现状、问题及解决路径》,《公共管理评论》2020 年第 2 期, 第 5～20 页。

［21］李清彬、宋立义、申现杰:《国家应急管理体系建设状况与优化建议》,《改革》2021 年第 8 期, 第 12～24 页。

［22］薛澜、刘冰:《应急管理体系新挑战及其顶层设计》,《国家行政学院学报》2013 年第 1 期, 第 10～14＋129 页。

［23］钟开斌:《"一案三制":中国应急管理体系建设的基本框架》,《南京社会科学》2009 年第 11 期, 第 77～83 页。

［24］杨琪、孔胜利、贾音、邓世兴:《三位一体视角下应急预案修编要点探讨》,《消防科学与技术》2021 年第 5 期, 第 754～758 页。

［25］刘一弘:《应急管理制度:结构、运行和保障》,《中国行政管理》2020 年第 3 期, 第 131～136 页。

［26］钟开斌:《中国应急管理机构的演进与发展:基于协调视角的观察》,《公共管理与政策评论》2018 年第 6 期, 第 21～36 页。

［27］高小平、刘一弘:《应急管理部成立:背景、特点与导向》,《行政法学研究》2018 年第 5 期, 第 29～38 页。

［28］《中华人民共和国突发事件应对法》, 2007 年 8 月 30 日。

［29］ 朱陆民、董琳：《我国应急管理的法制建设探析》，《行政管理改革》2011 年
第 6 期，第 55～59 页。

［30］ 北京市应急管理局：《北京市突发事件应急指挥与处置管理办法》，2019 年 11
月 11 日。

［31］ 上海市应急管理局：《上海市应急管理局内设机构》，2019 年 3 月 20 日。

［32］ 上海市政府：《市政府关于印发修订后的上海市突发事件应急联动处置办法的
通知》，2015 年 7 月 15 日。

［33］ 南宁市应急管理局：《南宁市突发事件总体应急预案》（修订稿），2020 年 1 月
23 日。

［34］ 杨华、吴立志、李思成：《美国国家应急管理体制探析》，《武警学院学报》
2018 年第 10 期，第 59～63 页。

［35］ 陈成文、蒋勇、黄娟：《应急管理：国外模式及其启示》，《甘肃社会科学》
2010 年第 5 期，第 201～206 页。

［36］ 刘杰：《美国应急体制建设及对我国民防应急的几点启示》，青岛市人民防空办
公室政务网站，http：//qdrf. qingdao. gov. cn/n24298608/n24300238/n2430032 6/
151022153218063727. html，最后访问日期：2021 年 9 月 30 日。

［37］ 李宏伟：《突发公共事件应急管理域外经验及对策建议》，《当代经济》2020
年第 5 期，第 11～13 页。

［38］ 周兴波、张妍、朱哲、杨子儒：《国外应急管理体系对比研究及其启示》，
《水力发电》2021 年第 9 期，第 112～117＋131 页。

［39］ FEMA, "Announcing the creation of FEMA corps", accessed September 30th, 2021,
https：//www. dhs. gov/blog/2012/03/14/announcing－creation－fema－corps

［40］ 游志斌、薛澜：《美国应急管理体系重构新趋向：全国准备与核心能力》，
《国家行政学院学报》2015 年第 3 期，第 118～122 页。

［41］ FEMA, "National Planning Frameworks", accessed September 30th, 2021,
https：//www. fema. gov/emergency －managers/national－preparedness/frameworks.

［42］ 钟金花：《他山之石：美国、日本应急管理体系面面观》，《湖南安全与防灾》
2018 年第 5 期，第 20～21 页。

［43］ Cabinet Office, Government of Japan, "Outline of Duties 2014：Cabinet Office,"
accessed September 30th, 2021, https：//www. cao. go. jp/en/pmf_ index－e. html.

［44］ 王德迅、胡澎、俞祖成、王金钰、高洪、韩东育：《日本公共卫生应急管理的
经验与启示》，《日本学刊》2020 年 4 月 2 日，http：//kns. cnki. net/kcms/
detail/11. 2747. D. 20200401. 1719. 008. html，最后访问日期。

［45］ 刘亚娜、罗希：《日本应急管理机制及对中国的启示——以"3·11 地震"为
例》，《北京航空航天大学学报》（社会科学版）2011 年第 5 期，第 16～20 页。

［46］ 崔云逸、李浩：《从新冠疫情看日本的应急管理机制》，《日本问题研究》

2020 年第 6 期，第 8 ~ 14 页。

［47］郭恩玥、王耀禄、吴亮、李杰、明学江：《国际应急管理体系研究对我国应急
管理的启示》，《中国石油和化工标准与质量》2019 年第 20 期，第74 ~ 75 +
79 页。

［48］刘庆：《美俄应急管理部门的运作机制》，《中国领导科学》2018 年第 3 期，
第 122 ~ 125 页。

［49］黄杨森、王义保：《发达国家应急管理体系和能力建设：模式、特征与有益经
验》，《宁夏社会科学》2020 年第 2 期，第 90 ~ 96 页。

［50］李思琪：《俄罗斯国家应急管理体制及其启示》，《俄罗斯东欧中亚研究》
2021 年第 1 期，第 49 ~ 64 + 156 页。

［51］国务院应急办赴英培训考察团：《英国应急管理的特点及启示》，《中国应急
管理》2007 年第 7 期，第 54 ~ 58 页。

［52］李格琴：《英国应急安全管理体制机制评析》，《国际安全研究》2013 年第 2
期，第 124 ~ 135 + 159 页。

［53］王宇：《多层分工上下联动跨部门协作　英国应急管理工作的特征和启示》，
《吉林劳动保护》2020 年第 10 期，第 43 ~ 44 页。

［54］李雪峰：《英国应急管理的特征与启示》，《行政管理改革》2010 年第 3 期，
第 54 ~ 59 页。

［55］赫凛冽：《英国突发公共危机事件管理应急机制研究》，《辽宁警察学院学报》
2019 年第 5 期，第 29 ~ 33 页。

［56］陈少云：《澳大利亚应急管理体系特征及启示》，西双版纳傣族自治州人民政府
网站，https：//www. xsbn. gov. cn/178. news. detail. dhtml？news＿id = 38938，
最后访问日期：2021 年 10 月 1 日。

［57］辛吉武、许向春、陈明：《国外发达国家气象灾害防御机制现状及启示》，
《中国软科学》2010 年第 S1 期，第 162 ~ 171 + 192 页。

［58］贺李、吴兴华：《澳大利亚应急管理机制的特色》，《考试周刊》2014 年第 16
期，第 195 ~ 196 页。

［59］秦挺鑫：《国外应急管理标准化及对我国的启示》，《安全》2020 年第 8 期，
第 1 ~ 6 + 89 页。

［60］〔美〕Vinod Thomas：《气候变化与自然灾害：转变经济与政策以实现可持续
的未来》，陈厦、潘绪斌、刘旭译，气象出版社，2020。

［61］UNDRR，"Human cost of disasters：An overview of the last 20 years 2000 – 2019"，
accessed September 30th，2021，http：//www. indiaenvironmentportal. org. in/files/
file/Human% 20Cost% 20of% 20Disasters% 202000 – 2019. pdf.

［62］弓顺芳：《公共安全与应急管理理论与实践研究》，团结出版社，2017。

第二章　气候变化下的可持续发展问题

李星皓　吴秀琴　陈雨诗　余津嫺*

第一节　气候变化下的能源安全问题

一　气候变化下的能源系统

能源是现代经济增长的核心要素之一，能源系统平稳运行关乎国家安全、可持续发展以及社会稳定。图 2 – 1 为 1965 ~ 2020 年全球能源消费状况，可以看到无论是总量还是人均量，能源消费都呈现明显的增长趋势，说明经济活动对能源的依赖不断增加。而随着气候变化加剧，应对全球变暖的国际共识逐步形成，气候变化将对能源系统产生深刻影响。

第一，能源结构会发生根本转变。为避免气候变化带来不可逆的极端危害，21 世纪全球气温上升幅度需要被控制在 2℃ 以内，这意味着全球二氧化碳排放需要在 2030 年之前减少一半，并在 2050 年左右达到净零排放。为此，越来越多的国家和地区做出了 21 世纪中叶实现二氧化碳净零排放（即碳中和）的承诺，如表 2 – 1 所示。考虑到二氧化碳排放主要来自能源部门，实现碳中和目标无疑需要大幅降低化石燃料的比重，这将重塑世界能源结构。图 2 – 2 为 2018 年世界一次能源结构和 2050 年的模拟结果。可以看到，当前世界的一次能源仍然以煤炭、石油和天然气等化石燃料为主，这是全球碳排放过高的

* 李星皓，西南财经大学经济学院 2019 级博士研究生，主要研究方向为金融科技、碳中和；吴秀琴，西南财经大学经济学院 2018 级博士研究生，主要研究方向为气候金融、公司金融、能源与环境；陈雨诗，毕业于西南财经大学经济学院，外企市场分析师，主要研究方向为物联网、智能制造、工业机器视觉、自动化；余津嫺，博士，西南财经大学公共管理学院教授，博士生导师，主要研究方向为能源与环境可持续发展、气候变化及影响、农业发展与灾害等。

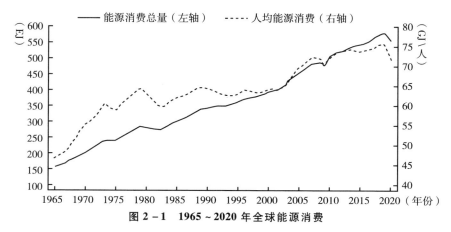

图 2-1　1965～2020 年全球能源消费

资料来源：BP，"Statistical Review of World Energy"，accessed February 9th，2022，https：//www. bp. com/en/glob al/corporate/energy-economics/statistical-review-of-world-energy/downloads. html。

重要原因。在正常情况下，到 2050 年世界对于化石燃料的使用量并不会改变，同时增加的能源需求由可再生能源来填补。当世界为应对气候变化，积极推动能源低碳转型时，到 2050 年可再生能源在总量和占比上会大幅提高，石油和天然气保持低水平稳定，煤炭使用量则会出现断崖式的下降，这种情形下全球碳排放会下降约 70%。如果想要 21 世纪中叶达成净零排放的目标，可再生能源占比的增幅和化石燃料占比的降幅还需要进一步扩大，煤炭几乎完全退出。由此可见，气候变化将对世界能源结构产生深刻影响。

表 2-1　国家和地区的碳中和承诺

承诺碳中和的国家和地区及实现年份
阿根廷（2050）、巴巴多斯（2030）、巴西（2050）、加拿大（2050）、中国（2060）、德国（2045～2050）、意大利（2050）、牙买加（2050）、日本（2050）、哈萨克斯坦（2060）、老挝（2050）、马拉维（2050）、马尔代夫（2030）、毛里求斯（2070）、瑙鲁（2050）、尼泊尔（2050）、乌拉圭（2050）、冰岛（2040）、爱尔兰（2050）、拉脱维亚（2050）、马绍尔群岛（2050）、摩纳哥（2050）、巴拿马（2050）、葡萄牙（2050）、新加坡（2050）、斯洛伐克（2050）、斯洛文尼亚（2050）、韩国（2050）、西班牙（2050）、瑞典（2045）、瑞士（2050）、美国（2050）、法国（2050）、匈牙利（2050）、卢森堡（2050）、新西兰（2050）、英国（2050）、安道尔（2050）、奥地利（2050）、佛得角（2050）、智利（2050））、哥斯达黎加（2050）、丹麦（2050）、多米尼加（2050）、欧盟 27 国（2050）、斐济（2050）、芬兰（2035）

资料来源：Energy and Climate Intelligence Unit，"Net Zero Tracker"，accessed February 9th，2022，https：//eciu. net/netzerotracker。

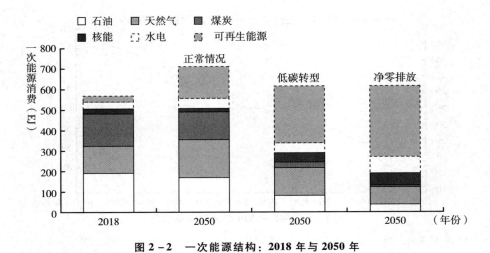

图2-2　一次能源结构：2018年与2050年

资料来源：BP，"Energy Outlook 2020"，Primary energy consumption by source，accessed February 9th，2022，https://www.bp.com/content/dam/bp/business-sites/en/global/corporate/pdfs/energy-economics/energy-outlook/bp-energy-outlook-2020.pdf。

　　第二，气候变化会从多个渠道影响能源供给，威胁国家能源安全。一方面，全球变暖会导致全球温度和海平面的长期上升。表2-2预测了21世纪中叶和下半叶全球平均气温和海平面的上升情况，可以看到：在温室气体排放和高排放的情景下，全球地表温度会出现明显上升；而无论哪种情景下，全球海平面都将呈现上升趋势。其中，温度上升会极大地改变发电机组的运行环境进而影响其生产效率，海平面上升则会给沿海电力设备带来威胁，降低该地区的供电能力。另一方面，气候变化会增加极端天气的频率和强度，造成气候灾害。图2-3为全球不同时期的灾害统计，可以看到，相较于1981年，2019年各国的受灾频次明显增加，尤其是对于易受到气候灾害冲击的小岛屿国家和沿海国家。这些气候灾害会给能源系统带来突发性的冲击，极端情况下甚至切断能源的生产和供应。如2008年特大雨雪冰灾导致中国中部多省电网遭受严重破坏，2021年初美国得州极寒天气导致发电设备冻结进而引起大面积停电和能源供应链断裂。此外，考虑到风力、光伏等可再生能源发电本身就具有间歇性和不稳定性的特点，未来随着可再生能源的大规模普及，能源系统可能更为脆弱，气候变化对能源安全的不利影响也可能会更为明显。

表 2 - 2 全球温度与海平面上升情况（以 1986 ~ 2005 年为基期）

		2045 ~ 2065 年		2081 ~ 2100 年	
	情景	均值	区间	均值	区间
全球平均地表温度(℃)	低排放	1.0	0.4 ~ 1.6	1.0	0.3 ~ 1.7
	中排放	1.3	0.8 ~ 1.8	2.2	1.4 ~ 3.1
	高排放	2.0	1.4 ~ 2.6	3.7	2.6 ~ 4.8
	情景	均值	区间	均值	区间
全球平均海平面上升(m)	低排放	0.24	0.17 ~ 0.32	0.40	0.26 ~ 0.55
	中排放	0.25	0.18 ~ 0.32	0.48	0.33 ~ 0.63
	高排放	0.30	0.22 ~ 0.38	0.63	0.45 ~ 0.82

资料来源：IPCC，"Climate Change 2014：Synthesis Report"，accessed February 9th，2022，https：//www. globalchan ge. gov/browse/reports/ipcc - climate - change - 2014 - synthesis - report。

图 2 - 3 1900 ~ 2020 年全球灾害统计

资料来源：Our World in Data，Number of recorded natural disaster events，All natural disa sters，1900 to 2019，https：//ourworldindata. org/grapher/number - of - natural - disaster - events，最后访问时间：2022 年 2 月 9 日。

当下，加快能源转型以应对气候变化已成为国际共识，各国的能源结构转型也有了明显进展，但气候变化影响能源安全的讨论却相对不足，尤其是在可再生能源比例将大幅提高、能源电气化将进一步加深的背景下。本节将以电力部门为例，系统地说明气候变化对能源安全的影响，并整理了相关应对措施。本节的余下部分结构安排为：第二部分是能源安全与电力安全的概念和现状；第三部分梳理了气候变化影响电力安全的潜在路径；第四部分整理了气候变化影响电力安全的真实案例；第五部分讨论了应对气候变化冲击电力安全的措施；第六部分是本节总结。

二 能源安全与电力安全

（一）关于能源安全

早在20世纪60年代就有学者提出能源安全的概念，即保障能源的稳定供应[1]。1973年第四次中东战争的爆发诱发了石油危机，导致世界性的石油短缺和油价上涨，全球经济陷入泥沼，能源安全问题开始受到各国的关注。次年，国际能源署成立并正式提出了以稳定原油供应和以价格为中心的能源安全概念。20世纪80年代中期以后，地缘政治格局缓和，同时能源在经济增长中的价值愈加凸显，能源安全的内涵得到进一步丰富。一方面，各国采用多样化的能源政策，并将能源安全的范畴从石油扩展到天然气、水电、核能，以及其他可再生能源[2]。另一方面，各国的关注点也从能源供应和价格稳定，逐步拓展到能源产业链、能源使用安全等多个维度[3]。此外，能源安全也融合了可持续发展的理念，生态环境的可承载能力成为能源安全的重要内涵。亚太能源研究中心所提出的能源安全4A理论对这些内容进行了总结，即能源安全应该包括能源的可利用性（Availability）、可获得性（Accessibility）、可承受能力（Affordability）和可接受性（Acceptability）[4]。

尽管能源安全已经有了清晰的定义，但由于存在资源禀赋、能源结构和技术水平的差异，各国的能源安全战略和能源发展规划仍然有显著区别。比如欧洲的电力供给依赖于对俄罗斯天然气的进口，因此欧洲在能源安全上关注与俄罗斯的战略关系和发展可替代的能源。美国在发电侧基本已经实现能源独立，但生活方式却依赖私人汽车和燃料，因此美国关注石油供给和价格的稳定。而日本作为岛国，主要能源都依赖海外进口，其能源安全则围绕着保障海上交运安全、获取海域油气资源和发展核能展开。由于这些差异的存在，各个国家的能源安全水平不尽相同。世界能源委员会根据能源管理的有效性、能源基础设施的可靠性和弹性评估了各个国家和地区的能源安全水平，表 2 – 3 统计了各洲部分国家的能源安全得分。可以看到，能源安全与地区经济发展水平紧密相关，发达国家的能源安全水平普遍较高，而在非洲和西亚等经济落后的地区，能源安全等级偏低。这意味着，发展中国家应对能源突发事件的能力较弱，一旦气候变化开始冲击全球能源供给，发展中国家面临的形势将更为严峻。

表 2 – 3　部分国家能源安全得分

单位：分

非洲		亚洲		欧洲		美洲	
肯尼亚	61.5	日本	59.7	瑞典	74.5	加拿大	77.5
埃及	57.6	中国	63.6	德国	71.9	美国	73.3
阿尔及利亚	55.3	韩国	63.3	法国	69.1	乌拉圭	62.7
南非	53.7	印度	61.2	英国	68.8	智利	62.3
赞比亚	45.5	泰国	55.5	西班牙	65.6	墨西哥	58.9

资料来源：World Energy Council, World Energy Trilemma Index 2021, Maps for energy security, accessed February 9th, 2022, ttps：//trilemma. worldenergy. org/#！/world – view。

（二）关于电力安全

参考国际能源署的定义，电力安全一般是指电力系统以合理的价格向消费者提供稳定的电力，并且可以快速应对突发事件以确保电力供应不间断，包含电力供给安全、生产运行安全和适应恢复能力三个方面。

保障电力安全是能源安全的关键内容。在现代经济体中，金融、通信、交通、供水、供气等部门的正常运转都建立在电力稳定供应的基础上，一旦发生大面积停电，可能引发跨领域连锁反应，导致重大经济损失。同时，电也是清洁能源的主要利用形式，在能源结构低碳转型的背景下，工业、交通运输业和建筑业的电气化水平将持续快速提升，到 2050 年，电力在全球终端能源中的比例将从现在的 20% 提高到 45%[①]，届时电力安全的重要性会越发凸显。因此，本节关于能源安全的讨论将主要集中在电力安全上。

---

① 黄晓勇主编《世界能源发展报告（2019）》，社会科学文献出版社，2019。

表2-4统计了近年来电力安全受到严重威胁的部分重大事件。可以看到，近年来冲击电力安全的事件时有发生，且影响规模巨大，会给数十万甚至数百万名居民带来电力中断，可见保障电力安全对于维持经济社会正常运转的重要性。值得注意的是，从这些断电事件的直接原因上看，自然灾害是导致大规模停电的主要原因，其中的极端低温天气、极端高温天气、雷击和台风都属于气象灾害，森林火灾也需要满足一定的气象条件。同时，气象灾害造成的停电规模普遍较大、持续时间也较长。而随着气候变化加剧，气象灾害发生的频次会越来越高，电力安全也将面临更为严重的威胁。

表2-5　电力安全受到严重威胁的大事件

表2-4　电力安全受到严重威胁的大事件

事件名称	直接原因	社会影响
2021年美国得州电力危机	极端低温天气	450万户家庭连续停电50小时以上
2020年美国加州电力中断	极端高温天气	300万人轮流停电，持续时间从2.5小时到几天不等
2019年美国加州电力中断	森林火灾	电气公司关闭输电线路，270万人断电3天
2019年英国大停电	雷击	100万人停电约40分钟，造成大规模交通延误
2019年日本千叶县大停电	台风	52万户家庭停电，正面受灾的千叶县约16万人停电时间超过两周
2018年日本北海道大停电	地震	530万人电力中断12~48小时
2015年底乌克兰电力中断	网络攻击	超过20万人停电1~6小时

资料来源：IEA, "Climate Resilience", accessed February 9th, 2022, https://www.iea.org/reports/climate-resilience。

三　气候变化影响电力安全的路径

从现有资料上看，气候变化影响电力安全主要通过全球变暖和引发极端天气两大路径。这里从发电侧、输配电和电力需求三个角度整理了气候变化对电力安全的潜在影响，如表2-5所示。接下来，将逐一说明气候变化如何影响电力安全。

表 2 - 5　气候变化影响电力安全的路径

		发电侧	输配电	电力需求
全球变暖	温度上升	降低火电、光电的运行效率；蒸发水分影响水电发电能力	温度超过输电设备额定值，引起输电网络故障	电力需求峰值增加
	海平面上升	淹没发电设备，增加沿海发电设备受台风冲击的概率	淹没输配电设备，增加沿海输配电设备受台风冲击的概率	
	降水模式变化	改变河流流量的季节特征，影响水力发电效率；供水不足，影响水冷式火电厂的生产效率		
极端天气事件	极端高温天气	降低火电、光电的运行效率；蒸发水分影响水电发电能力	温度超过输电设备额定值，引起输电网络故障	电力需求峰值增加
	极端低温天气	冻结煤堆、河流和风力涡轮机，影响火电、水电和风电生产	输配电设备覆冰，引发线路跳闸或是断线；强暴风雪导致输电塔倾覆	电力需求峰值增加
	森林火灾		高温和烟雾破坏变电箱、变压器的正常运转；需要切断部分输电网络以降低火灾风险	
	热带气旋	海岸洪水和盐沉积导致沿海发电机组故障；强风损害海上风电机组	海岸洪水淹没变电箱、变压器；强风吹倒输电塔	

资料来源：IEA，"Climate Resilience"，accessed February 9th，2022，https：//www. iea. org/reports/climate - resilience。

（一）全球变暖对电力安全的影响

首先，温度上升会直接影响发电侧的运行效率。对火电而言，其冷却技术和汽轮机运行都需要空气温度保持在一定范围内，超过一定的温度区间，生产效率就会下降。对可再生能源来说，太阳能光伏板的光电转换效率随着温度的升高而降低，高温会蒸发河流中的水分从而影响水力发电能力，风力涡轮机在极端高温下也可能出现效率下降。其次，温度上升也会影响到输配电设备。输配电设备在运行过程中存在温度上限，即温度额定值。随着环境温度上升，输配电设备容量会降低，导致较高的电力损失；而一旦温度超过额定值，就会导致设备瘫痪，引起输电网络故障。最后，温度上升也会影响电力需求。随着夏日温度上升，空调等制冷设备的安装和使用明显增加，这会增加电力需求峰值的波动，甚至在短时间内大幅增加，增加电力系统的运行压力和维护的难度。

全球变暖带来的海平面上升也会威胁沿海地区的电力安全。近几十年来，全球海平面正以每年3.1毫米的速度快速上升，增长速度是20世纪的两倍。这会直接冲击位于海岸线附近的发电资产、输电线路和配电设施，它们将面临被永久淹没的风险。同时，对沿海地区的电力设施来说，它们受到台风、海岸洪水冲击的概率也将大幅增加。

此外，温度上升带来的降水模式变化也会冲击电力系统。水电受到的影响最为明显，秋冬季节的降雪是水电的天然储电池。气温上升则会改变降水模式，增加降雨、减少降雪和加速冰川融化，极大地改变河流流量的季节特征，影响水力发电效率。降水减少对于水冷式发电机组也有不利影响，如果高温天气伴随着严重的干旱，会导致火电厂缺乏必要的水分作为机组发电后的冷却介质，引起机组故障、电厂减产甚至完全停机。

（二）极端天气事件对电力安全的影响

气候变化的另一个直接后果是增加极端天气的频率和强度，与全球变暖逐渐改变电力系统的运行环境不同，极端天气事件一般会对电力安全产生突发性的冲击。

极端高温天气和极端低温天气是较为典型的极端天气事件，它们一般持续的时间较长，对电力系统影响的共同点是会大幅增加地区用电需求，增加发电和输电设备的负荷，进而增加电力系统运行和维护的难度。如前所述，温度上升会降低火电和可再生能源机组的运行效率，也会导致输配电设备出现较高的电力损失，极端高温天气无疑会加强这两方面的负向冲击。极端低温天气则会造成输配电设备覆冰，引发线路跳闸或是断线，破坏电力输送系统，强暴风雪也可能直接导致输电塔倾覆；在发电侧，极端低温也可能冻结煤堆、河流和风力涡轮机，使火电、水电和风电机组都陷入瘫痪。

森林火灾是天气高温干燥引发的自然灾害，近年来森林火灾的发生频率和灾害强度在不断增加。森林火灾带来高温和烟雾会影响受灾范围内变电箱、变压器的正常运转，对覆盖面积广的高架输电线破坏更为明显。同时，大范围的火灾使工作人员难以及时到达故障现场进行抢修，输电线路中断可能持续数天。值得注意的是，输电网络也可能引发森林火灾，雷雨、严重过载、外界造成的短路都有可能引发高压输电线起火。因此，即使未发生森林火灾，当天气高温干燥、火灾风险较高时，电网公司也需要切断部分输电网络以保障公共安全，但这也会导致用户电力中断。

每年都有许多国家受到飓风、台风等热带气旋的侵袭，仅2019年就有39个热带气旋吹袭非洲、亚洲、大洋洲和美洲国家。与森林火灾类似，热带气旋影响范围较广，中等强度的台风就具有惊人的破坏力，因而会对全球电力系统产生重要影响。强烈的台风可以直接吹倒沿途的输电塔，造成大规模线路短路。热带气旋带来的海岸洪水也会严重影响沿海的发电机组、变压器、变电站等电力基础设施。同时，盐沉积在这些输配电设备上也可能会导致设备故障。此外，海上的风电设备尤其容易受到冲击，海上风电厂一般建设在远离热带气旋的地区，一旦强力台风过境，则可能导致风电机组的整体倾覆、塔筒破坏或是叶片损毁，过快的风速也会导致设备超过设计载荷极限。

四　现实案例

本节进一步收集整理了气候变化影响电力安全的真实案例，我们发现气候变化除了会扰乱电力生产和运输，对电力安全产生不利影响外，特殊情况下也会对电力安全产生一定的积极作用。此外，应对气候变化的政策措施也会影响到电力安全。

（一）气候变化产生负面冲击的案例

目前在非洲国家，水力发电占总发电量的平均比例为17%，刚果、埃塞俄比亚、马拉维、莫桑比克、乌干达等国家的水力发电份额甚至超过

80%，这是非洲走向清洁能源转型的重要标志。但气候变化会改变降水模式，进而对非洲的水电发展产生重大影响。水电在非洲南部有较好的发展，但该地区降雨量已经呈现出下降趋势，未来几十年可能会持续发生干旱，造成电力短缺。而在非洲东部，气候则开始变得更加潮湿，未来强降雨的频率会增加，这会增加每年河流流量的不确定性，对地方水电系统的管理提出挑战。根据国际能源署的评估结果，如果21世纪全球变暖2℃，则在21世纪下半叶，摩洛哥、赞比亚、津巴布韦和刚果等国家的水力发电能力预计将出现6.5%以上的下降，而尼罗河流域国家，如埃及、苏丹和肯尼亚的水力发电能力则会出现2%以上的增长。如果全球变暖程度更高，则气候变化对非洲水力发电的不均衡影响会更加明显①。

当谈到极端天气危及电力安全，一个典型的案例是得克萨斯州的极寒天气[5]。2021年2月10日，来自极地漩涡的寒流自加拿大进入美国，美国中部多地气温创下历史同期新低，随后暴风雪覆盖全美，给西北部、南部、中西部和东北部带来大量降雪，而位于美国西南的得克萨斯州经历了30年来最严寒天气，气温降至－18℃[6]。得克萨斯州没有为如此严寒的天气做好准备，大量裸露在外的能源设施无法在短时间内得到抢修。这次冰冻天气造成输送油气的管道受冻，储存的煤堆被冻结，风力涡轮机结冰，缺乏燃料的火电厂难以及时启用，电网覆冰倒塔也使电力不能正常输送。暴风雪导致美国能源供给系统瘫痪，大批航班停飞，多州出现停电，全美有500多万人轮流陷入黑暗，得克萨斯州最为严重，有450万户停电，给经济活动和人民生活带来巨大损失[7]。大面积的断电又加剧了石油和天然气管道冻结，每天有超过100万桶的石油和28000万立方米的天然气无法运送，能源供应链中断，大型炼油厂停止汽油和柴油的生产②。

中国也出现过极端低温天气影响能源供应的情况。2008年1月，中国出现了长时间大范围低温雨雪冰冻天气，使输变电设备大面积覆冰。由于冰

---

① https：//www.iea.org/reports/climate－impacts－on－african－hydropower。

② https：//apnews.com/article/houston－hypothermia＝weather－conroe－texas－8323ab5f5c1
612e632f7f2e6c2c20358。

冻强度大，输电线路覆冰厚度达到设计标准的 2 ~ 6 倍。此外，覆冰范围极广，湖南、江西部分在海拔 60 米以上的非重冰区都出现了严重覆冰现象。覆冰造成了多处电力线路冰闪跳闸、倒塔断线，电网设备受损严重。全国共 13 个省份的电力系统运行受到影响，全国停电县（市）多达 170 个，停电范围覆盖全国 3330 多万户约 1.1 亿人口①。此次大规模电力中断的主要原因是电源建设与电网规划协调不足，电网中受端系统的规划和建设相对滞后，抵御自然灾害能力不强。同时为了避让城市和村庄，一些高电压等级的输电线路，特别是 500 千伏线路建在高海拔山岭之间，大大提高了覆冰的概率和厚度[8]。

2019 年 10 月，60 年一遇的罕见台风"法茜"吹袭日本，导致电力、交通等基础设施大量停摆，损失额高达 418 亿日元。据日本经济产业省统计，本次台风造成约 52 万户家庭停电，其中正面受灾的千叶县约 16 万户停电时间超过两周，此外日本东京都和 13 个县共 8.1 万户家庭停水②。地面电缆严重受损是大停电的主要原因，日本配电输电设施修建时间较早，受灾地的电缆基本都采用地面搭设，易受台风天气影响，电线杆被吹倒后重新搭建也较为费时。紧接台风而来的是闷热天气，千叶县数十万户家庭无冷气可用，当地居民深受困扰。

日本另一个值得关注的灾害事件是 2011 年 3 月 11 日的东北部 9 级地震。除了大地震带来直接经济损失和人员伤亡外，地震引起的高达 14 米的海啸袭击了福岛核电站，核泄漏事故也极大地冲击了日本的能源安全和长期能源发展。同年，福岛核电机组停运、火电成本增加导致 9 家电力公司严重亏损，致使 GDP 减少 3.6%，核污染带来的生态经济损失则无法估量。更为重要的是，迫于社会各界的压力，日本所有的核电机组停止运行，2012 年日本的电力缺口就高达 20% ~ 23%[9]。作为能源对外依存度极高的岛国，发展核能原本是日本走向能源独立的核心战略，但大地震后日本长期的核能

---

① https：//power. in - en. com/html/power - 2384127. shtml。

② https：//baijiahao. baidu. com/s？id = 1647316629988079873&wfr = spider&for = pc。

源发展规划也不得不调整，图2-4显示了日本各类能源发电情况的变化趋势。可以看到，2010~2017年，核电的比例从25.1%降至3.1%，天然气和煤电的比例则分别从29.0%和27.8%提升至39.8%和32.7%，核泄漏事故极大地改变了日本的电源结构。

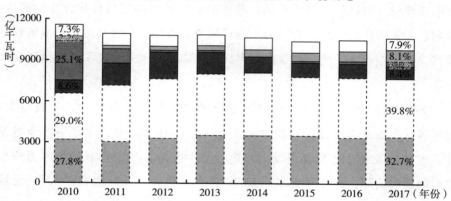

图2-4 2010~2017年日本各类能源的电力供给及2010、2017年电力供给占比

资料来源：日本经济产业省资源能源厅《2019年日本能源白皮书》，https://www.enecho.meti.go.jp/about/pamphlet/energy2019/html/002/。

在这些案例中，气候变化或灾害事件都对地区的能源供给产生了决定性的影响。综合来看，电力系统在面对气候变化时较为脆弱，低温和飓风天气会阻碍电力生产和运输，尤其是新能源发电。

（二）气候变化产生积极影响的案例

气候变暖会普遍减少严寒天气数量，降低人们对于取暖能源的需要。北欧、北美和俄罗斯等位于寒带地区的国家会受益于全球变暖带来的暖冬。在美国，取暖和降温分别占家庭电力消耗的1/3左右[10]。有研究调查温度升高对美国住宅供热电力消耗的影响，发现温度每升高1°C，电力消耗就减少2.8%~14%[11]。同时，地区冬日供暖时间越长，这种降幅就越明显，如一项研究估计，到2025年前后，在美国供暖季最长的马萨诸塞州的空间供暖将减少7%~33%。因此就冬日取暖而言，温度上升会降低对电力的需求，进而稳定电力价格，有助于地区电力安全。

除电力外，气候变化也会对其他能源带来一定积极影响。北冰洋和西伯利亚及格陵兰等地区的解冻将为开发陆上或海上石油、天然气及矿产资源开辟新区。据美国地质调查局估计，仅北极圈北部地区就蕴含 30% 的世界未探明天然气和 13% 的世界未探明石油储量，这些储藏大部分可以在水下 500 米以内钻取[12]。随着全球变暖，这些能源的开采有望变成现实，可观的油气储藏有助于各国保障能源安全。

同时，北极尤其是阿拉斯加的冰川融化为能源运输开辟了新的贸易线路[13]。随着冰川的消失，白令海峡有可能成为东西半球之间的海上快速通道，这对全球能源安全的好处明显。穿越北俄罗斯的海上通道有可能成为从太平洋沿岸地区运送石油和天然气货物到欧洲的最佳选择，大大缩短运输时间，同时绕过传统线路中危险和阻塞日渐增多的路段，包括苏伊士运河、博斯普鲁斯海峡和马六甲海峡①。

由上述案例可以得知气候变化确实存在某些积极影响。在关注气候变化带来风险的同时，我们不应该忽视这些积极的方面，充分利用这些积极影响也是应对气候变化的重要内容。

（三）相关政策影响电力安全的案例

在讨论气候变化对能源安全的影响时，不可忽略各国应对气候变化的政策给能源安全带来的冲击。自《巴黎协定》提出将 21 世纪全球气温上升幅度控制在 2℃ 的目标以来，越来越多的政府将控制碳排放置于国家战略的层面，纷纷提出碳中和目标，大力发展清洁能源。

技术成熟的化石燃料逐步被间歇性的可再生能源替代，将对电力稳定带来冲击。同时，可再生能源直接依靠外界水文资源、风力以及太阳辐射等自然资源，比依靠地质储存的化石或核能体系对气候变化更加敏感[14]。这也是得克萨斯州受极寒天气影响严重的原因之一。近年来天然气、风电、太阳能等新能源发电逐渐成为美国电力来源的主力军。在过去十年中，得州的发

---

① https://xw.qq.com/cmsid/20210215A036T900。

电机组逐步稳定地从燃煤发电厂转向天然气和风力发电厂，风力发电逐渐成为该州的第二大发电源。图 2 - 5 为得州 2020 年底电源装机容量及 2020 年 11 月发电量[15]。可以看到，不管是装机容量还是发电量，新能源（以风电为主）都明显高于煤电，仅次于天然气。这使得州的电力系统非常依赖于风力涡轮机。但 2021 年初突发的严寒天气导致得克萨斯州约一半的风力涡轮机容量被冻结，给电力供给带来沉重打击。因此，在发展可再生能源的过程中，不能一味地增加非化石能源数量而忽视突发事件对能源系统的冲击，这样才能有效保障能源安全。

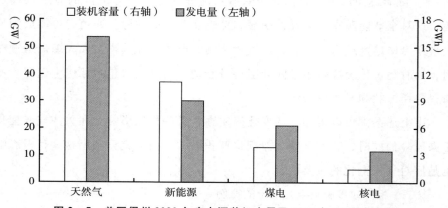

图 2 - 5　美国得州 2020 年底电源装机容量及 2020 年 11 月发电量

资料来源：张玥、谢光龙、张全、韩新阳、朱瑞、张钧《美国得州"2·15"大停电事故分析及对中国电力发展的启示》，《中国电力》2021 年第 4 期，第 192 ~ 198 + 206 页。

过快推动能源转型政策也会扰乱电力市场的资源配置，带来资源浪费甚至减少电力供应。以中国电力市场为例，2009 年后政府开始对光电、风电进行大量补贴，新能源机组装机容量快速增长。但新能源丰富的东北、西北和内蒙古地区的电力需求不足，同时没有足够的跨省输电网络，加之缺乏相应的电力技术来消纳新能源间歇性的供电，致使弃风弃光的现象频发，新能源电力被大量浪费①。已有研究表明，对新能源发电进行补贴或对燃烧发电

---

① http：//www.nea.gov.cn/2017 - 09/25/c_ 136636.htm。

征税，有助于加速电源结构的转型，但电力生产也会因为生产要素配置被扭曲而出现产出下降，威胁电力供给安全[15]。

德国的清洁能源政策则加深了能源体系对外依存度，进而威胁能源安全。2011年默克尔政府宣布开始实施"能源转型"政策，旨在到2020年，让可再生能源占到德国能源消费总量的40%，并让碳排放量较1990年减少40%。德国环境部也表示，2050年前，德国的煤炭发电站将全部停止运行。激进的能源战略也埋下了危机，尽管德国被誉为全球清洁能源转型的领导者，但其能源体系却愈加依赖俄罗斯的天然气供应，致使其能源安全深受俄罗斯的牵制①。同时，德俄之间天然气运输管道需从乌克兰过境，其间涉及的地缘政治关系也会对德国能源安全造成威胁。

上述案例显示，政府的能源转型战略也会对国家电力安全造成深远影响，尤其是过于激进地发展清洁能源。政府如何设计能源产业政策和调控措施，以在保障能源安全的前提下促进能源结构转变，仍有待解决。

五　应对措施

结合对气候变化影响电力安全的路径和案例的梳理，本节提出了在气候变化背景下保障电力供给安全的几种措施。

（一）促进区域间电网互联互通

极端天气发生时，如果区域间电力可以顺利互通，则全国发电机组都可以及时支援受灾地区，这会大大降低极端天气对生产生活带来的不利影响。日本电力体系就存在联通不畅的问题，日本东部和西部的电力标准并不一致，东部采用的是欧洲标准的50赫兹电力，西部则是美国标准的60赫兹。因此，当大地震使东部地区发电能力遭到严重破坏时，西部充沛的电力却无法接入东部电网来支援灾区，最终导致东部地区缺电数月，经济损失惨重。类似的问题也存在于得州的极寒天气事件。美国有三个区域性的电网系统，分别是覆盖落基山脉以东地区的东部电网、覆盖落基山脉以西地区的西部电

---

① https://mil.news.sina.com.cn/2021-09-25/doc-iktzqtyt7966456.shtml。

网以及覆盖得克萨斯州的电网系统。东部电网和西部电网都是由多个电网运营商和各自的电力网络组成，因此运营商之间时常需要协调以满足电力需求，区域之间也能够实现电网互通。而得克萨斯州电力可靠性委员会是该州唯一的电网运营商，独自协调整个州的电力输配，其电网系统也独立于其他两大电网。灾害发生后，东西部的富余电力同样无法及时接入得州电网，致使受灾地区电力短缺、电价暴涨。

（二）完善应对极端天气的措施

极端天气平时并不多见，灾害发生时往往难以有效应对，因此提前部署极端天气的应对措施尤为关键。中国电网系统就是在与恶劣天气的斗争中逐步完善的。2008年雪灾以来，国家电网和南方电网一直在改进应对措施，如提升电网防冰等级、研究融冰方法和制定应急预案。2020年11月，南方电网累计完成2100条10千伏以上输配电线路抗冰加固，其中重冰区的电线路抗冰能力普遍达到30~50年一遇的水平。除了提高线路抗冰标准外，两电网公司还开展了数十项针对防冰减灾的课题研究，如科学绘制冰区划分图、搭建覆冰在线监测系统以及研发直流融冰、喷火无人机等高科技融冰方式。其中直流融冰技术负荷低、操作简单，是电网融冰的主要技术方向。2008年底，中国便自主研发和制造出世界首套大容量固定式直流融冰装置，并在湖南郴州试验成功，进一步提升了电力系统应对极端天气的能力。除上述措施外，在电力规划阶段还应该保留相对充足的备用装机，来保障紧急时刻的电力供应。

（三）建立智能电网

可再生能源发电，尤其是风力发电和太阳能光伏发电都具有随机性、间歇性和波动性，大规模接入将给电网调峰、运行控制和稳定供电质量带来巨大挑战，搭建现代智能电网有望提供解决方案。国家电网中国电力科学研究院对智能电网的定义为：以物理电网为基础，将现代先进的传感测量技术、通信技术、信息技术、计算机技术和控制技术与物理电网高度集成而形成的新型电网。与现有电网相比，智能电网体现出电力流、信息流和业务流高度融合的显著特点。智能电网缓解气候冲击的不利影响主要体现在两方面。第一，具备抵御突发性事件和严重故障的能力。智能电网在软硬件上都优势明显，电网安全稳定性和供电可靠性将大幅提升。当故障发生时，电网可以快速隔离故障，实现自我恢复，从而避免大面积停电的发生。第二，能够适应大规模清洁能源和可再生能源的接入。智能电网将具备风电机组功率预测和动态建模、低电压穿越和有功无功控制以及常规机组快速调节等控制机制，结合大容量储能技术的推广应用，使分布式电源并网的运行控制能力得到显著提升，并且让电力供给更为稳定。

德国较早开始发展智能电网技术，2009～2012年，德国在全国6个地点设置智能电网试点，总投资超过1亿欧元。同时还进行风力发电和电动汽车实证实验，并对互联网管理电力消费进行检测。中国国家电网于2010年制定的《坚强智能电网技术标准体系规划》，明确了坚强智能电网技术标准建设路线图，是世界上首个用于引导智能电网技术发展的纲领性标准。

（四）发展储能技术

另一个应对可再生能源随机性、间歇性和波动性的途径是发展储能技术。储能技术能够有效提升电网接纳清洁能源的能力，通过将清洁能源发电高峰时过剩的电力储存，发电不足时释放，就可以解决大规模清洁能源接入带来的电网安全稳定问题。同时，当极端天气引发电力中断、短路等事故时，储能装置能瞬时吸收或释放能量，使系统中的调节装置有时间进行调整，避免系统失稳。如果极端天气导致电力故障停电，储能装置又可以起到大型不间断电源的作用，避免突然停电带来的损失，则将提高综合经济效益。此外，储能技术也有助于缓解社会用电负荷峰谷差的问题。社会用电负荷在白天达到高峰而深夜会进入低谷，负荷峰谷差可达最大发电输出电力的30%～40%。这种峰谷差给发电和电力调度造成一定的困难，尤其是在夏季的负荷高峰期。如果应用储能技术能够大规模地储存电能，在晚间负荷低谷时段将电能储存起来，白天负荷高峰时段再将其释放出来，就能减小负荷峰谷差，提高系统效率和输配电设备的利用率。

近几年，随着可再生发电和新能源汽车的大量应用，储能技术也快速发展起来，出现了压缩空气储能、飞轮储能系统、超导磁储能系统、超级电容器储能等技术手段。但储能技术还未出现变革性的发展。以铅酸电池为例，经过 100 多年的发展，铅酸电池的能量密度从 90 千瓦时/立方米增加到 260 千瓦时/立方米，增长幅度相当有限，和汽油的能量密度（8600 千瓦时/立方米）差距明显。因此，发展储能技术还需要加大研发投入和加强主管部门的政策扶持。

六　总结

在保障能源安全、社会稳定的边界条件下，实施切实可行的能源转型战略是应对气候变化的核心内容之一。因此，厘清能源安全与气候变化之间关联对于制定相关政策具有重要意义。本节梳理了气候变化影响电力安全的潜在路径，并结合真实案例说明了气候变化对电力安全的积极影响、负向影响以及相关政策带来的冲击。据此本节提出，未来需要更加关注气候变化对于电力供应的不利影响，积极地采取诸如促进区域间电网互联互通、完善应对极端天气的方案、建立智能电网、发展储能技术等应对措施，不断提升能源体系的安全性与韧性，以实现能源结构从以化石燃料为主到以清洁能源为主的平稳转化。

第二节　气候变化下的碳排放不平等

一　碳排放不平等

政府间气候变化专门委员会（IPCC）的第六次评估报告认为，人类活动导致的全球变暖所引发的极端天气事件的频率与强度正在不断增加，除非立即采取快速的、大规模的温室气体减排行动，否则全球的 1.5℃ 温控目标将无法实现[16]。就温室气体减排行动，国际社会经过长期反复磋商，希望制定一个明确的全球减排目标，并对二氧化碳减排责任进行公平合理的分配。由于不同国家与不同群体的碳排放存在很大的差异，分清谁是当前气候变暖的主要责任者和主要受害者，是进行公平合理的减排分配的重要前提。

（一）国家间的碳排放不平等

自 18 世纪初英国第一次工业使用煤炭以来，二氧化碳排放在全球范围内的分配不断发生变化。图 2-6 统计了不同收入水平国家[①]在 1959~2019 年的二氧化碳排放情况，图 2-7 统计了相应国家的人口数量。可以观察到，在 2009 年以前，高收入国家每年排放了最多的二氧化碳，但其人口数量却远低于中高收入国家与中低收入国家。2009 年后，高收入国家的二氧化碳开始缓慢降低，但仍保持着较高的排放水平。在 21 世纪初期，中高收入国家每年的二氧化碳排放量开始迅速增长，并于 2009 年超过高收入国家，其中中国贡献了主要份额。此外，尽管中低收入国家的人口基数较大，但其二氧化碳排放量却远低于高收入与中高收入国家。而低收入国家每年新排放的二氧化碳几乎保持不变，与其他国家的差距在不断扩大。

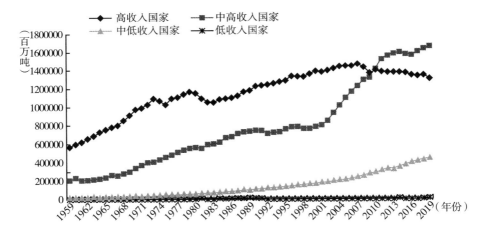

图 2-6 1959~2019 年不同收入水平国家历年碳排放情况

资料来源：根据 Climate watch 网站资料整理，https://www.climatewatchdata.org/。

由于部分发展中国家（例如中国、印度）正处于工业化时期，二氧化碳排放量迅速增长。据此，一些发达国家要求发展中国家在应对气候变化行

---

① 不同收入水平国家根据世界银行标准划分。

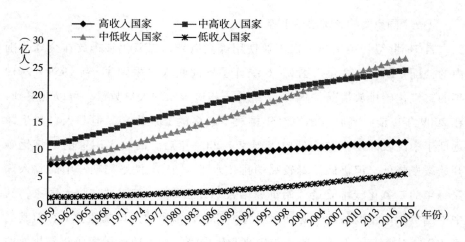

图 2-7　1959~2019 年不同收入水平国家人口数量

资料来源：根据 World Bank 资料整理，https://data.worldbank.org/。

动中也承担主要减排责任。但实际上，发达国家工业化进程早、工业化程度高，大气中现存二氧化碳绝大多数是由发达国家产生的。

图 2-8 显示了不同收入水平国家从 1959 年至 2019 年的历史累积碳排放情况。在 1959~2019 年，高收入国家排放的二氧化碳总量超过 7000 亿吨，占全球累计排放量比重超过 50.00%，贡献了大气中的大部分二氧化碳；中高收入国家在 1959~2019 年共排放了 4700 亿吨二氧化碳，占总量比重的 30.00% 左右；但中低收入国家与低收入国家的历史累积碳排放仅占全球累积总量的 6.70% 与不到 1.00%。以上数据说明，人口数量较少但收入水平较高的国家排放了大气中的一半以上的二氧化碳，而人口数量较多但收入较低的国家却只排放了世界总量的 7.00% 左右，这说明了二氧化碳排放在国家间存在严重不平等现象。

（二）富人与穷人的碳排放不平等

上一小节分析了碳排放在富国与穷国间的分布差异，但仅考虑区域的碳排放不平等对于分配碳减排责任还存在一定的局限性。首先，区域碳排放包括了领土范围内所有生产活动所产生的二氧化碳，但这些二氧化碳排放有可能被用于生产其他地区需要的商品或服务。例如，一些发达国家将重污染工

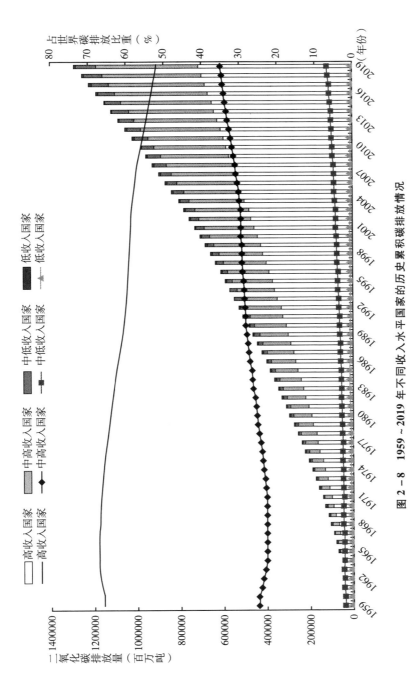

图 2 - 8 1959～2019 年不同收入水平国家的历史累积碳排放情况

资料来源：根据 Climate Watch 网站资料整理，https：//www. climatewatchdata. org/。

业或低端制造业转移到发展中国家，造成发展中国家的碳排放量被高估。其次，在国家内部，个人生活方式、收入水平、能源消耗不同，由此所产生的二氧化碳排放水平也存在巨大差异，如果减排政策不对人群做区分，对于少排放的人来说有失公平。因此，碳减排责任额公平分配还需要关注个体间的差异。

乐施会（Oxfam）与斯德哥尔摩环境研究院（SEI）于2020年发布的《直面碳不平等》（Confronting Carbon Inequality）报告显示：从1990年到2015年碳排放空前增长的25年间，全球收入前10%的人群（约6.3亿人）的碳排放量占累计排放量的52%，使全球1.5℃的碳预算①减少了近1/3；全球收入前1%的人群（约6300万人）的碳排放量占累计排放量的15%；收入后50%的人群（约31亿人）的碳排放量占累积排放量的7%，仅为最富有1%人群的一半不到。并且在这段时期，收入后50%人群每年的碳排放量几乎不变，而收入前50%人群的二氧化碳排放量仍在不断增长（见图2－9）。

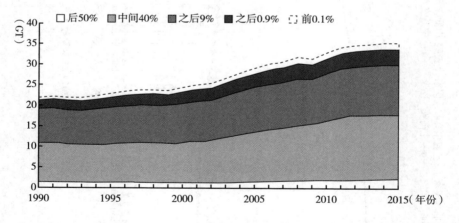

图2－9　1990～2015年不同收入人群二氧化碳排放量

资料来源：根据 Carbon Inequality Era（2020）Report 资料整理。

---

① 碳预算是指在不导致全球气温上升超过1.5℃的情况下，可以向大气中排放的二氧化碳量。1.5℃是各国政府在《巴黎协定》中为避免不受控制的气候变化带来的最严重影响而设定的目标。

表 2 - 6 显示了 1990 年与 2015 年按地区区分的各收入人群碳排放贡献情况。1990 年，北美与欧洲地区的高收入群体排放份额最高，尽管中国、印度、巴西与南非等新兴经济体因工业化进程导致碳排放量不断上升，但在 2015 年时，北美的富人群体仍然贡献了最多的碳排放份额。与此同时，无论是在 1990 年还是 2015 年，欠发达地区贫困人口的碳排放量都远低于北美与欧洲最贫困人口的碳排放量。

表 2 - 6 1990 年和 2015 年不同收入人群对碳排放的贡献情况（按地区分）

单位：%

地区	收入前 1%		收入前 10%		收入中间 40%		收入后 50%	
	1990 年	2015 年	1990 年	2015 年	1990 年	2015 年	1990 年	2015 年
北美	6.90	5.70	21.20	16.00	10.20	17.50	6.10	2.50
中东和北非	1.20	2.70	5.10	8.50	6.40	5.80	0.30	2.00
中国	0.10	2.10	0.20	7.30	0.90	4.60	0	1.10
欧洲	2.50	1.60	14.20	4.70	8.60	4.60	1.40	0.68
俄罗斯与中亚	0.90	1.20	4.70	4.50	3.90	3.20	0.10	0.49
印度	<0.10	0.80	0.10	2.60	0.40	3.00	0	0.20
拉丁美洲	0.60	0.60	1.30	1.90	2.20	2.40	0.10	0.10
亚洲其他地区	0.90	0.40	1.80	1.30	4.50	2.20	0.10	0.10
撒哈拉以南非洲地区	0.10	0.30	0.80	0.90	1.60	0.80	<0.10	<0.10
其他发达国家	0.10	0.20	0.60	0.90	1.60	0.30	<0.10	0
合计	13.30	15.60	50.00	48.60	41.50	44.40	8.20	7.17

资料来源：根据 Carbon Inequality Era（2020）Report 资料整理。

收入水平或支出水平通常被认为是解释个人和家庭之间的能源消费或二氧化碳排放差异的主要因素。大量研究表明，能源消费与排放的不平等往往来源于收入不平等[17]~[19]。收入更高的群体并不是简单地比收入低的群体购买更多的东西，他们购买的是排放密集型的弹性奢侈品和服务，例如乘坐私人飞机或驾驶耗油量更大的汽车，并且消费频率更高、数额更大[20][21]。而低收入群体，特别是发展中国家的低收入群体，基本需求尚未满足的现象仍普遍存在。因此，富人相较于穷人来说有更多的减排义务，并且富人有更大的减排潜力，在控制全球气候变化的过程中，不仅需要帮助较贫穷国家实现清洁发展，还需要采取相关措施以遏制全球富人的过度消费。

（三）碳排放后果的不平等

二氧化碳等温室气体不断积累引起的气候变暖正在给人类社会和自然生态系统造成灾难性的影响。根据国际灾害数据库（EM-DAT，The International Disaster Database）[①] 资料统计，1900~2020 年全球共发生与气候相关的灾害（主要指洪水、风暴、干旱、野火、滑坡和极端天气）12386 起，共造成 2000 万人死亡，遭受气候灾害的国家所报告的直接经济损失为 41300 亿美元[②]，且气候灾害发生的频率正在不断上升（见图 2 - 10）。面对气候变化，世界各国都不可避免地受到影响，但因地理位置、经济实力的不同，发达国家与发展中国家受气候灾害的影响程度存在巨大差异。

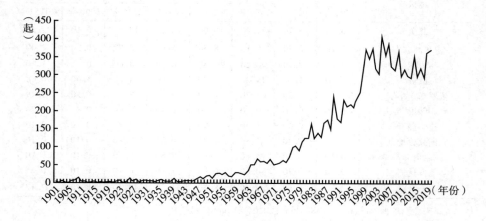

图 2 - 10　1900~2020 年气候灾害数量

资料来源：根据 EM-DAT，The International Disaster Database 资料整理。

1. 经济损失差异

图 2 - 11 显示了 1998~2017 年不同收入水平国家因气候灾害造成的经济损失。可以观察到：高收入国家因气候灾害所造成的绝对经济损失为 14320 亿美

[①] 国际灾害数据库（EM-DAT）是在世界卫生组织（WHO）和比利时政府的支持下创建的。该数据库统计了 1900~2020 年全球发生的 2 万多起大规模灾害，数据主要来源于联合国机构、非政府组织、保险公司、研究机构和新闻机构。

[②] 经济损失按 2020 年美国消费者价格指数（CPI）进行了调整。

元，占全球损失总额的64.68%，但绝对经济损失仅占其GDP的0.41%；中高收入国家的绝对经济损失为5670亿美元，占总额的25.61%，占其GDP的比重为0.60%；中低收入国家与低收入国家的绝对经济损失分别为1940亿美元与210亿美元，虽然其绝对数值较小，但占各自GDP的比重高达1.14%与1.17%，远高于高收入与中高收入国家的相对水平。低收入国家由于地理特殊性或者抗灾建设能力不足，经济通常难以从灾难中自行恢复，因此，仅考虑绝对损失将掩盖气候灾害对低收入国家所造成实际影响（IMF，2019）[22]。

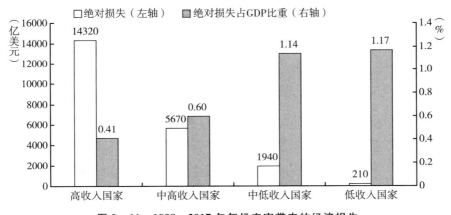

图2-11　1998~2017年气候灾害带来的经济损失

资料来源：根据Economic Losses "Poverty and Disasters 1998-2017" 报告整理。

2. 人员损失差异

除了经济损失外，气候灾害对人类的生命也造成了巨大威胁。图2-12显示：在2000~2017年，高收入、中高收入、中低收入、低收入国家因气候灾害造成的死亡人数分别为98649、101006、242660、51458人，相对来看，随着收入水平的下降，受灾人口的死亡率上升；在中低收入国家以及低收入国家，每百万受灾人口的死亡人数超过60人，而在高收入国家，每百万受灾人口的死亡人数为16人，这意味着，在贫穷国家受灾害人口死亡的概率是富裕国家的近4倍。

直接受气候灾害影响（但没有死亡）的人口比例也揭示了类似的不平等模式。如图2-13所示，中高收入国家受气候影响的绝对人数最多（18.74亿人），其次是中低收入国家（14.97亿人）。但相对来看，高收入国家与中高收入国家受气候灾害影响的人数比例分别为1.0%与4.7%，而低收入国家为7.6%。这代表每当遭受气候灾害时，贫穷国家的人们受伤、流离失所、缺少食物的受影响比例比高收入国家与中高收入国家分别高出6.6个百分点与2.9个百分点。

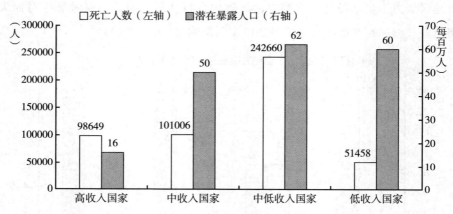

图2－12　2000～2017年气候灾害造成的死亡人数

资料来源：根据 Economic Losses "Poverty and Disasters 1998－2017" 报告整理。

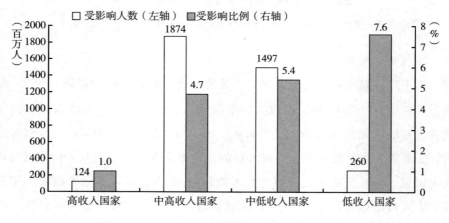

图2－13　2000～2017年受气候灾害影响的人数

注：受影响比例＝受影响人数/受灾地区人数。

资料来源：根据 Economic Losses "Poverty and Disasters 1998－2017" 报告整理。

对比来看，气候变暖对富裕国家的影响主要体现为对经济的间接威胁，而对贫穷国家主要体现为对国民生命及国家安全方面的直接威胁。因经济发展水平不同，发达国家与发展中国家适应气候变化的能力存在巨大差异，在应对气候变化的过程中还应对发展中国家提供更多的资金支持与技术援助。

二　气候公平

发达国家与富裕人群在工业化阶段累积了大量的历史碳排放，但发展中国家与贫困人口却要因此承担超过自身承受能力的社会经济成本，这是极为不公的。目前全球变暖的加快需要世界各国立即采取有力、快速且持续的缓解行动，因此如何在缓解气候变化过程中实现公平成为最受关注的焦点。

（一）气候公平的内涵

公平是一个偏伦理学的概念，目前学界并没有对气候公平达成统一的定义。Metz（2000）[23]认为气候公平包括了国际公平与国内公平、代际公平与代内公平。其中：国际公平与国内公平主要涉及气候变化的历史责任评估、发展权利的公平配置和合理维护等问题；代际公平与代内公平分别指生活在不同时代或同一时代的人相互之间义务和责任的分配关系。曹明德（2016）[24]将气候公平定义为所有国家、地区和个人都有平等使用、享受气候资源的权利，也有公平分担稳定气候系统的义务。潘家华和陈迎（2009）[25]认为：公平的本意是人与人之间的公平；国际社会虽然以主权国家为主体，通过国家间谈判进行利益协调，从而解决气候问题，但是公平的本意不仅是保障国家之间的"国际公平"，更重要的是实现"人际公平"。郑艳和梁帆（2011）[26]认为："公平是指在道义上符合公正合理的（分配）原则"；判断一项公共政策是否公平，既要从道义角度看它在多大程度上尊重相关个人或群体的权利、义务、自由和平等地位，又要从结果上看其政策或行动所产生效用的大小。

综合以上学者的说法，气候公平主要指有关气候变化的权利和义务在不同国家和个体之间分配的原则，它既要保证国家与国家间的公平，又要保证人与人之间的公平。就当前全球气候治理而言，最重要的是保障发达国家和发展中国家应对气候变化的权利和义务的分配公平。

（二）气候公平的基本原则

气候谈判的核心议题是对全球碳排放空间的分配，关于如何公平实现碳减排责任的分配，已有研究认为气候政策制定应该遵守以下原则。

第一，国家主权原则。国家主权原则主张所有国家按照相同的比例来减少温室气体排放，其减排主张是"对温室气体排放权的公平分配应考虑不同国家在过去的排放规模，一个国家具体的减排数量应当以该国在历史上某个时期的排放总量为参考依据"[27]。然而，由于不同国家的历史排放基数存在差异，主权原则将有利于历史排放基数大的国家，这在一定程度上会继续加大当前的碳排放不公平。

第二，人均排放平等原则。人均排放平等原则认为"地球上所有居民对温室气体排放额这一公共财产享有平等排放权"，主张应该将人口数量作为碳排放权的分配标准[28]。但不同国家的国情与所处的发展阶段不同，对化石能源依赖的程度也不同。发达国家已进入后工业化时代，对化石能源依赖降低，对碳排放的需求逐渐下降，而发展中国家当下及未来仍需要大量的碳排放空间来满足自身需求，从而实现经济发展与转型[29]。因此，人均排放平等原则对个体所处现实差异、国家历史排放责任等问题有所忽视。

第三，历史责任原则。历史责任原则主张"谁污染谁付费"。导致全球气候变暖的温室气体存量主要是由发达国家产生，因此，发达国家应承担主要减排责任，大幅削减二氧化碳排放量，仍处于工业化进程中的发展中国家则可以在保障基本需求的前提下进行低碳发展[30]。

第四，支付能力原则。支付能力原则指世界各国由于资金、技术和其他能力方面的差别，承担责任和履行义务的方式应与自身能力、发展阶段和发展水平相适应。其基本含义是各国根据其能力的大小承担应对气候变化的责任。

气候变化作为全球环境问题具有复杂性和长期性的特点，因此，国际气候政策的制定与落实需要平衡多种复杂性和利益主体，不能仅考虑单一的公平原则，需要融合各种主流的气候公平原则，以便达成能够为各方所接受的公平的气候制度。

（三）"共同但有区别责任"原则

在当今的国际气候谈判和气候行动中，"共同但有区别责任"原则在极大程度上得到世界各国的认可，已成为气候谈判的基础性原则。早在 1992 年，气候领域的首个国际环境协议——《联合国气候变化框架公约》就指出："由于地球生态系统的整体性和导致全球环境退化的各种不同因素，以及能力上的差异，各国对保护全球环境负有共同的但是又有区别的责任。"① 所谓共同，指在保护全球大气、阻止全球变暖的问题上，所有发达国家与发展中国家为了人类子孙后代的共同利益，有责任和义务开展合作应对气候变化。所谓有区别，指在实际的义务分担和义务履行方面，对发达国家进行明确规定，为了保证发展中国家能够延续平等的发展权，对发展中国家有区别地对待。

1997 年，《联合国气候变化框架公约》第三次缔约方大会通过了首个具有法律约束力的国际气候协议《京都议定书》。《京都议定书》的第 10 条确认了"共同但有区别责任"原则，并通过法律形式予以明确、细化，对发达国家的温室气体排放指标做出了数量上的具体限制，确立了"自上而下"的减排模式，即依据统一标准分配减排指标。《京都议定书》规定了发达国家的强制减排责任，而考虑发展中国家经济发展优先的原则，未对发展中国家进行强制要求。

2015 年，195 个缔约方在第 21 届联合国气候变化大会（巴黎气候大会）上达成《巴黎协定》，确立了"自下而上"的"国家自主贡献"减排模式，即世界各国可以根据自己国家的现实状况、现阶段能力和所处的发展阶段来最终确定本国所采取的应对气候变化的行动强度和相关措施。《巴黎协定》遵循"共同但有区别责任""根据不同国情和能力自主行动"原则，规定发达国家继续带头减排，同时加强对发展中国家提供气候资金支持与技术援助，帮助发展中国家减排和适应气候变化。

---

① UNFCCC, What is the United Nations Framework Convention on Climate Change, 1992, https：//unfccc. int/essential_ background/convention/items/6036. php。

"共同但有区别责任"原则反映了不同国家经济发展水平、历史责任、当前人均排放水平上的差异，作为气候公平的重要体现，凝聚了国际社会的共识，已成为开展全球气候合作治理与国际气候问题谈判的重要原则。

三 气候公平的国际实践

在"共同但有区别责任"原则的指导下，世界各国已在二氧化碳减排、气候资金与气候技术等领域展开了实践与合作。

（一）碳减排

1. 碳交易市场

全球碳交易市场的形成主要基于《京都议定书》建立的国际排放贸易机制（International Emission Trading，IET）、联合履约机制（Joint Implementation，JI）和清洁发展机制（Clean Development Mechanism，CDM）（见表2-7）。

表2-7 《京都议定书》下的三种交易机制

	国际排放贸易机制（IET）	联合履约机制（JI）	清洁发展机制（CDM）
主体	附件一国家	发达国家与经济转型国家	附件一国家与非附件一国家
内容	发达国家之间通过交易和转让排放额度完成履约	经济转型国家与发达国家通过交易与转让节能减排项目产生的减排单位完成履约	发达国家通过资金支持或技术援助帮助发展中国家开展减排项目合作，获取减排额度用于履约
监管机构	各国的登记处和"国际交易日志"	"监督委员会"	清洁发展机制执行委员会
交易单位	分配数量单位（Assigned Amount Units，AAUs）	排放减量单位（Emission Reduction Units，ERUs）	核证减排量（Certified Emission Reduction，CER）

注：附件一国家是指《联合国气候变化框架公约》附件一包括的国家集团，是经济合作发展组织中的所有发达国家和经济转型国家；非附件一国家主要指发展中国家。

按照减排的强制程度来划分，全球碳交易市场可以分为强制性碳交易市场和自愿性碳交易市场。强制性碳交易市场是指在《京都议定书》约束范围内对缔约国强制性的碳交易要求，以国家制度和行政命令为指导在市场机制下进行的交易;自愿性碳交易市场是指不在《京都议定书》规制范围下的基于自律性管理的碳交易市场。强制性碳交易市场和自愿性碳交易市场又分别包含了基于配额的市场和基于项目的市场。基于配额的市场根据国际排放贸易机制(IET)运行,基于项目的市场根据联合履约机制(JI)与清洁发展机制(CDM)运行。在"京都三机制"①的指导下,全球范围内的碳交易场所、碳交易试点不断增加(见表2-8)。

表 2-8 全球碳交易市场发展历程

时间	碳市场交易体系
2002 年	英国排放交易体系(UK ETS)、东京碳排放交易体系(TCTP)
2003 年	芝加哥气候交易所(CCX)、澳大利亚新南威尔士温室气体减排体系(NSW GGAS)
2005 年	欧盟排放交易体系(EU ETS)
2008 年	瑞士碳排放交易体系(CH ETS)、新西兰碳排放交易体系(NZ ETS)
2009 年	美国区域温室气体减排行动(RGGI)
2010 年	日本东京都总量限制交易体系(TMG)
2011 年	日本埼玉县碳排放交易体系
2012 年	美国加州总量控制与交易体系
2013 年	加拿大魁北克省排放交易体系、中国碳交易市场启动试点
2014 年	澳大利亚碳排放交易体系、美国加州碳交易市场与加拿大魁北克碳交易市场对接
2015 年	韩国碳排放交易体系
2018 年	美国加州碳交易市场与加拿大安大略省碳交易市场对接
2020 年	墨西哥碳交易市场(试点)、欧盟碳交易市场与瑞士碳交易市场对接
2021 年	德国碳交易市场、英国碳交易市场、中国碳交易市场正式启动

资料来源:根据国际碳行动伙伴组织(International Carbon Action Partnership,ICAP)《全球碳交易体系概览》报告整理。

据国际碳行动伙伴组织(ICAP)估计,2021年国际碳交易市场所覆盖的排放量占全球温室气体的比例达到16%,是2005年的3倍。尽管国际碳市场仍在快速扩张,但部分学者认为其对气候公平的贡献较为有限。Sovacool(2011)[31]认为,受到减排约束的发达国家为降低企业生产成本可

---

① 即国际排放贸易机制(IET)、联合履约机制(JI)和清洁发展机制(CDM)。

能将高碳排放的产业转移到发展中国家，出现在发达国家减排却在发展中国家排污的"碳泄漏"（carbon leakage）现象。Lohmann（2008）[32]认为，发达国家往往会在工业化程度较高的国家（例如中国、巴西、印度等）进行项目减排，例如超过65%的CDM分布在中国与印度，但最需要项目支持的贫穷国家却难以得到实际帮助，这进一步加剧了国家之间的不平等。此外，碳交易市场的减排机制会增加企业的生产成本，降低企业的国际市场竞争力，直接影响一国的经济发展水平，这也是部分发达国家选择不加入或退出《京都议定书》的主要原因[33]。

2. 国家自主贡献

《京都议定书》以量化减排义务强化发达国家减排行动力，但诸多因素导致实施效果不佳。2015年通过的《巴黎协定》以"国家自主贡献"（National Determined Contributions，NDC）作为新履约模式，依靠缔约方提交的国家自主贡献目标来开展全球温室气体减排，每个缔约国的减排数量、减排方式都由缔约国根据自身能力和特点来决定。在《巴黎协定》中，共有186个国家和地区向联合国提交了国家自主贡献方案，几乎包括所有发展中国家，涉及全球95%以上的碳排放。但根据联合国环境规划署（UNEP）2019年发布的《排放差距报告》预测，在二十国集团（G20）成员中，仅有6个国家预计能够完成国家自主贡献目标（见表2-9）。

尽管国家自主贡献的提出调动了各国自主减排的自愿性和积极性，但国家自主贡献过度依赖于各缔约方的自愿减排方案、计划和行动，难以确保减缓气候变化目标的实现。

表2-9　G20成员国家自主贡献目标与预计完成度

国家	国家自主贡献（NDC）目标	目标预计完成度
阿根廷	在2030年温室气体排放不超过483百万吨排放当量	不确定
澳大利亚	2030年温室气体排放量比2005年减少26%~28%	高出目标0~15%
巴西	在2005年的基础上，到2025年减少37%的温室气体排放，到2030年减少43%的温室气体排放量	至少高出目标15%

续表

国家	国家自主贡献（NDC）目标	目标预计完成度
加拿大	2030 年温室气体排放量比 2005 年减少 30%	至少高出目标 15%
中国	在 2030 年左右二氧化碳排放量达到峰值,并争取尽早实现,以及非化石燃料占一次能源消费比重达到 20% 左右	超额完成目标不到 15%
欧盟 28 国	贡献预案中说明了欧盟计划如何在 2030 年前将温室气体排放在量 1990 年基础上至少削减 40%	超额完成目标不到 15%
印度	2030 年将非化石燃料在其能源结构中所占比重从 30% 增加到 40% 左右,在 2030 年把单位 GDP 排放强度在 2005 年的基础上降低 33%～35%,并通过加大造林力度,增加 25 亿～30 亿吨的碳汇	超额完成目标 15% 以上,但贡献不足
印度尼西亚	到 2030 年自行减排至少 29%,在国际社会支持下最高减排 41%	不确定
日本	2030 年温室气体排放量比 2013 年削减 26%	高出目标 0～15%
墨西哥	2026 年前碳排放量达到峰值,2030 年温室气体排放量减少 22%	超额完成目标不到 15%
韩国	2030 年温室气体排放量比正常情况减少 37%	至少高出目标 15%
俄罗斯	到 2020 年将温室气体排放量减少到 1990 年水平的 15%～25%,到 2030 年减少到 1990 年水平的 25%～30%	超额完成目标 15% 以上,但贡献不足
沙特阿拉伯王国	到 2030 年,每年削减 1.3 亿吨二氧化碳排放量	不确定
南非	在 2020～2025 年,温室气体排放量达峰,其下限为 3.98 亿吨,上限为 2020 年 5.83 亿吨、2025 年 6.14 亿吨	比目标高出 15%
土耳其	在 2030 年温室气体排放量限制在比正常水平低 21% 的水平或每年排放 9.59 亿吨二氧化碳排放当量	超额完成目标 15% 以上,但贡献不足
美国	到 2025 年实现温室气体排放量在 2005 年基础上减少 26%～28%	至少高出目标 15%

资料来源：根据联合国环境规划署（UNEP）"Emissions Gap Report 2019"整理。

（二）气候资金

　　资金一直是气候减缓与适应的根本保障和核心议题。国际社会应对气候变化的资金主要来源于《联合国气候变化框架公约》的资金机制、双边气候基金与私营部门融资。根据《联合国气候变化框架公约》要求，发达国家应向发展中国家提供"新的、额外的"资金，用于支持减缓和适应气候变化的行动。

据 OECD 数据统计，2000~2019 年全球与气候相关项目的融资金额超过 5000 亿美元（包括多边气候资金、双边气候资金、私人融资、慈善机构等），整体呈现上升趋势（见图 2-14）。其中：最不发达国家共收到 955 亿美元的气候相关融资，占总融资金额的 18%；中低收入国家共收到 2110 亿美元的气候相关融资，占总融资金额的 39%（见图 2-15）。尽管气候融资金额在不断上升，但发达国家并未提供其承诺的气候资金数额。在 2009 年的《联合国气候变化框架公约》第 15 次缔约方会议上，发达国家集体承诺在 2010~2012 年通过国际机构向发展中国家提供近 300 亿美元新的、额外的快速启动资金，在 2020 年之前，每年向发展中国家提供至少 1000 亿美元资金，帮助其应对气候变化挑战[34]，但实际出资情况距离 1000 亿美元的目标还有较大缺口。同时，根据联合国环境规划署（UNEP）估计，到 2030 年仅发展中国家适应气候资金的年需求量为每年 1400 亿~3000 亿美元；到 2050 年，适应资金的年需求量将增至 2800 亿~5000 亿美元[35]。因此，目前减缓和适应气候变化的融资金额仍远远不够。

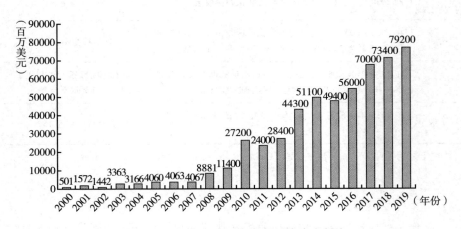

图 2-14 2000~2019 年气候融资资金额度

资料来源：根据 OECD 气候相关发展融资数据整理，该数据集包括来自双边、多边和私人慈善机构的与气候相关的发展资金，http：//oe. cd/development - climate。

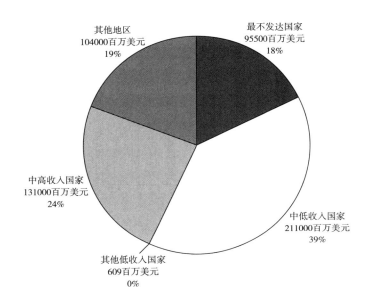

其他地区
104000百万美元
19%

最不发达国家
95500百万美元
18%

中高收入国家
131000百万美元
24%

中低收入国家
211000百万美元
39%

其他低收入国家
609百万美元
0%

图 2 - 15　2000 ~ 2019 年气候融资接收国分布

资料来源：根据 OECD 气候相关发展融资数据整理，该数据集包括来自双边、多边和私人慈善机构的与气候相关的发展资金，http：//oe. cd/development - climate。

此外，全球气候相关融资在"减缓"和"适应"议题的分配上严重不平衡。如图 2 - 16 所示，尽管用于适应的气候资金在逐年增加，但所占比重几乎不超过 1/3。相较于发达国家和富裕群体来说，发展中国家和贫困群体由于生态环境脆弱、建设能力不足，适应气候变化的能力普遍较弱。因此，适应资金短缺将造成发达国家和发展中国家的鸿沟进一步拉大[36]。要缩小气候不平等，还需要国际社会的气候资金向适应领域倾斜。

（三）技术转让

1. 气候技术机制

气候技术①是减缓和适应气候变化的重要手段。发展中国家由于贫困、

---

①　用来应对气候变化的技术被称为气候技术。例如：减少温室气体的气候技术包括可再生能源、风电、光伏和水电，为了适应气候变化的气候技术包括抗旱作物的研发、早期预警系统和海堤等。

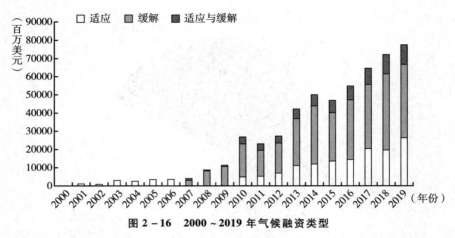

图2-16 2000~2019年气候融资类型

资料来源：根据OECD气候相关发展融资数据整理，该数据集包括来自双边、多边和私人慈善机构的与气候相关的发展资金，http：//oe.cd/development-climate。

缺乏资金、技术落后，应对气候变化能力普遍不足，也更易受到气候变化的不利影响，因此对气候技术的需求尤为强烈。《联合国气候变化框架公约》将发达国家向发展中国家进行气候变化技术转移作为优先和长期事项，目前已建立了气候技术机制，下设技术执行委员会（Technology Executive Committee，TEC）以及气候技术中心和网络（Climate Technology Center and Network，CTCN）。

据统计，自2014年以来，气候技术中心和网络（CTCN）已与102个发展中国家缔约方合作提供了技术开发和转让援助。2014年至2021年第二季度，气候技术中心和网络（CTCN）共收到251项技术援助请求。但气候技术项目的增长较为缓慢，截至2021年第二季度仅完成了110项气候技术项目，还有49个项目正在执行中，71个项目处于回应计划设计阶段，26个项目正在审查（见图2-17）。

在向气候技术中心和网络（CTCN）提出技术援助请求的国家中，低收入国家与中低收入国家占比高达79.4%，并且超过一半的技术援助请求与可再生能源或能效相关（见图2-18）。这代表大部分发展中国家将能源列为减缓气候变化的优先领域，在提升能效与可再生能源开发方面还有较大的技术提升空间。

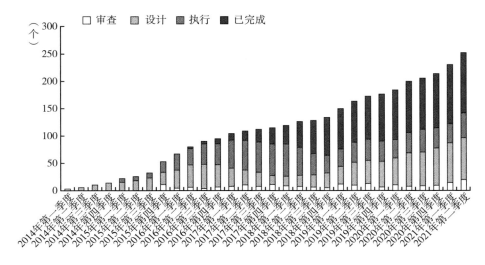

图 2 - 17　2014 ~ 2021 年技术援助请求数量分布

资料来源：根据 Climate Technology Center and Network 资料整理，数据截至 2021 年第二季度，https：//www. ctc - n. org/。

气候技术机制为发展中国家气候变化技术转移提供了科学支撑，但由于发达国家与发展中国家在技术转移立场上存在分歧，而气候技术机制对发达国家缺乏强制约束力，气候技术的跨区转移进程缓慢[37][38]。同时，发展中国家在接受气候变化技术转移时还存在诸多障碍，如知识准入限制、市场和体制失灵、金融机构薄弱和技术适应性弱等问题均限制了发展中国家的技术吸收能力[39][40]。

2. 清洁发展机制（CDM）

清洁发展机制（CDM）的核心内容是允许《京都议定书》中的缔约方即发达国家与非缔约方即发展中国家进行项目级的减排量抵消额的转让与获得，从而在发展中国家实施温室气体减排项目。在该机制的协调下，发达国家需要按照公约要求向发展中国家提供生产必须的原料、设施和技术支持。该机制运作的核心理念是以项目合作的方式，通过市场机制的调节，一方面帮助发达国家完成减排指标，另一方面帮助发展中国家实现可持续发展。

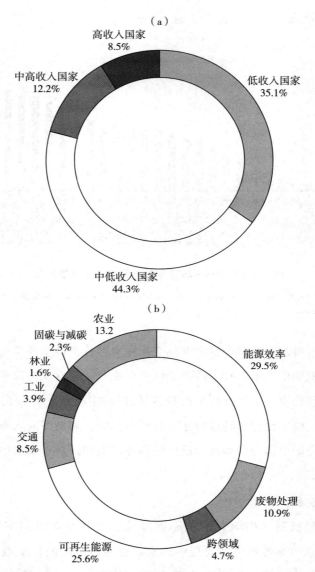

图 2 – 18　2014~2021 年技术援助请求国家分布（a 图）与减缓项目分布（b 图）

资料来源：根据 Climate Technology Center and Network 资料整理，数据截至 2021 年第二季度，https：//www. ctc – n. org/。

2004~2020 年，全球已成功注册 7849 个清洁发展机制（CDM）项目，项目主要分布在市场较为成熟的新兴经济体国家，其中，48% 的项目分布在中国，22%的项目分布在印度（见图 2 - 19）。由此可见，清洁发展机制（CDM）项目对那些最不发达的国家与小岛屿国家的气候技术的实际帮助微乎其微。此外，据联合国《可持续发展融资报告（2019）》统计，在已注册的清洁发展机制（CDM）项目中，仅有 10% ~ 30% 的项目涉及了技术转让[41]。

清洁发展机制（CDM）虽然一开始在技术转移和可持续发展的目标上被寄予很高的期望，但在技术转移时，不可避免会涉及知识产权保护问题。企业是以盈利为目的的经营主体，因此其从事经营活动都是在商业利益的驱使下进行的，在这样的背景下，掌握先进技术拥有垄断地位的企业，在市场导向下进行技术转让时，自然不会放弃攫取高额利益的机会，而相应地，在高额费用面前，发展中国家企业引进低碳技术的积极性也会大受打击。

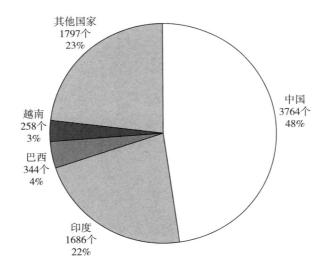

其他国家
1797个
23%

越南
258个
3%

巴西
344个
4%

印度
1686个
22%

中国
3764个
48%

图 2 - 19 2004 ~ 2020 年清洁发展机制（CDM）项目地区分布

资料来源：根据 CDM 网站资料整理，https：//cdm. unfccc. int/Projects/projsearch. html。

四 "共同但有区别责任"原则的困境

尽管"共同但有区别责任"原则已经成为在国际社会具有共识性的气候公平原则，但在其实践过程中仍然面临着巨大的挑战，主要体现在不同国家对于"区别"的理解和期待存在分歧，以及国际保障制度的缺失。

（一）共识性原则认识存在分歧

发展中国家与发达国家对"共同但有区别责任"原则持不同立场和观点，主要通过"减排责任如何分配"规则反映出来。发达国家强调"共同责任"，要求发展中国家也进行强制减排；发展中国家坚持基于历史排放和公平责任及"共同但有区别责任"和各自能力原则，要求发达国家承担主要减排责任。

1. 发达国家立场

尽管发达国家排放了大气中的绝大多数二氧化碳，但近几十年来，发展中国家二氧化碳排放量迅速增加，并且按照排放总量来看，发展中国家还有巨大的碳排放空间。伴随着发展中国家工业化进程的不断加快，温室气体排放将再次激增，全球变暖将进一步加快。因此，发达国家认为，过去的碳排放已经恶化了气候环境，当下必须限制未来的碳排放。而发达国家已经完成了工业化，未来的碳排放将主要由发展中国家贡献，从效率角度来看，应当限制发展中国家的二氧化碳排放。

2. 发展中国家立场

发展中国家主张，发达国家应率先弥补历史的气候巨债，遵从历史的发展顺序，并按照"谁排放，谁承担"原则，承担主要减排责任。并且从公平角度来看，世界上所有国家都拥有排放权，基于机会公平的原则，无论从排放总量还是人均排放量来看，发展中国家都还拥有很大的排放空间。另外，发展中国家尚处于不发达阶段，经济发展水平低、技术资金力量不足，发展经济仍为目前主要目标，强制减排将使发展中国家的经济和民生改善受到极大限制。而发达国家有足够的经济能力承担减排成本，按照 Rawls（1971）的"差别原则"[42]，发达国家应该承担减排的主要成本，并对相对贫穷的发展中国家提供资金与技术的援助。发达国家与发展中国家对"共同但有区别责任"原则的认知分歧严重阻碍了国际气候合作的进程。

（二）保障制度的缺失

虽然"共同但有区别责任"原则体现在《京都议定书》等国际协议与文件中，但是由于这些文件本身的法律强制性的缺乏甚至缺失，因而"共同但有区别责任"原则的应用与实施也缺乏相应的法律约束力，难以在实践中有效落实。例如，美国认为《京都议定书》的强制量化减排限制了其经济发展，在2001年拒绝承认《京都议定书》，而加拿大为免受未履行气候规定的惩罚，在2011年也退出了《京都议定书》。在此之后，《巴黎协定》确立了由各国以"自主贡献"的方式参与全球应对气候变化行动的方案，但实际上，大部分国家都难以完成国家自主贡献目标，美国再次以发展中国家未承担气候减排责任为由，于2019年正式退出《巴黎协定》。

此外，国际气候协议倡导发达国家向发展中国家提供资金支持和技术援助，以支持发展中国家实行对抗气候变化的举措。然而，这些国际气候协议中的规定并不具有强制性，也没有明确说明应该如何向发展中国家提供这些援助。提供资金援助将增加发达国家的气候治理成本与经济负担，技术转让将使发达国家失去技术优势与市场，这就导致在真正的气候合作实践中，"区别责任"的条款往往成为空谈。

五　中国支持发展中国家适应气候变化的实践

中国是全球气候治理的积极参与者和重要贡献者。作为最大的发展中国家，中国始终遵循《联合国气候变化框架公约》，坚持"共同但有区别责任"原则，在积极开展减缓、适应气候变化的行动的同时，还帮助其他发展中国家提升适应气候变化的能力。其方式主要包括开展基础设施建设和产能合作，以及加大气候技术援助和合作力度。

（一）"一带一路"

"一带一路"是2013年9月和10月由国家主席习近平分别提出建设"新丝绸之路经济带"和"21世纪海上丝绸之路"的合作倡议。"一带一路"倡议是中国对发展中国家进行能力建设的友好平台，它的提出推动了中国与发展中国家基础设施建设合作和产能合作。截至2021年1月30日，中国与171个国家和国际组织，签署了205份共建"一带一路"合作文件。[①] 在"一带

---

① 资料来源：中国一带一路网，https://www.yidaiyilu.gov.cn/index.htm。

一路"建设实践中，中国政府秉持绿色发展理念，积极开展生态环境治理、生物多样性保护和应对气候变化等领域的合作，推动沿线国家基础设施绿色低碳化建设[43]。

"一带一路"倡议的资金主要来自亚洲基础设施投资银行（Asian Infrastructure Investment Bank，AIIB）① 和丝路基金②。AIIB 积极开展绿色金融服务，鼓励绿色基础设施建设，不仅为"一带一路"沿线国家的互联互通做出贡献，而且帮助发展中国家大搞能力建设。截至 2020 年，AIIB 共批准了 108 个项目，总投资金额超过 220 亿美元。③ 其中，能源项目为最主要的投资领域，如水电、天然气、太阳能等，还有部分覆盖清洁水、交通、基础设施等领域。丝路基金于 2014 年建立，致力于为"一带一路"框架内的经贸合作和双边多边互联互通提供投融资支持。2015 年，丝路基金在巴基斯坦投资第一个水电项目，预计建成后每年将减少 270 万吨二氧化碳排放。截至 2019 年，丝路基金共签约 34 个项目，投资金额约为 123 亿美元。④

"一带一路"倡议推动了沿线发展中国家的城乡基础设施和能源基础设施建设，有利于降低沿线发展中国家的气候脆弱性，增强气候适应能力。在 2021 年博鳌亚洲论坛年会开幕式上，习近平主席强调将进一步加强与"一带一路"沿线发展中国家关于绿色基建、绿色能源、绿色金融等领域的合作，完善"一带一路"绿色发展国际联盟、"一带一路"绿色投资原则等多边合作平台，让绿色切实成为共建"一带一路"的底色。

---

① AIIB 是政府间性质的亚洲区域多边开发机构，也是全球首个由中国倡议设立的多边金融机构。AIIB 重点支持基础设施建设，成立宗旨在于促进亚洲区域建设互联互通化和经济一体化的进程，并且加强中国与其他亚洲国家和地区的合作。2015 年 12 月 25 日正式成立，总部设在北京。

② 丝路基金是由中国外汇储备、中国投资有限责任公司、中国进出口银行、国家开发银行共同出资，依照《中华人民共和国公司法》，按照市场化、国际化、专业化原则设立的中长期开发投资基金，重点是在"一带一路"发展进程中寻找投资机会并提供相应的投融资服务。

③ 资料来源：AIIB 官方网站，https：//www.aiib.org/en/index.html。

④ 资料来源：中华人民共和国商务部，http：//fec.mofcom.gov.cn/article/tzhzcj/xgzx/201912/20191202920473.shtml。

（二）南南合作

南南合作指南方发展中国家之间的经济技术合作，是促进发展的国际多边合作不可或缺的重要组成部分。发展中国家普遍缺乏应对气候变化的技术，适应气候变化的能力不足。在当今发达国家履约不力的情况下，发展中国家间的技术合作显得更为重要。技术合作作为南南合作中最重要的组成部分，是发展中国家提升应对气候变化能力的重要途径。

中国积极参与南南合作，为技术相对落后的发展中国家提供资金与技术方面的援助，为发展中国家增强气候变化应对能力提供了力所能及的帮助。2015 年，习近平主席在南南合作圆桌会上提出了"十百千"计划，即启动在发展中国家开展 10 个低碳示范区、100 个减缓和适应气候变化项目及 1000 个应对气候变化培训名额的合作项目。截至 2020 年，中国已与 35 个发展中国家签署 39 份气候变化合作文件并开展相关合作，累计安排 12 亿元人民币用以开展气候变化南南合作。[①] 2015～2020 年，中国面向发展中国家共举办了 415 个技术培训班，涵盖农业、新能源、卫星信息、医疗等领域（见表 2－10）。此外，中国还与其他发展中国家开展密切的科技合作，共建国家联合实验室、建设先进技术示范与推广基地、支持科技政策与科技园区规划研究等合作，在帮助发展中国家加强科技创新能力的同时，也提升自身的科技影响力。

表 2－10　2015～2020 年中国面向发展中国家开展的技术培训班

年份	培训班数量（个）	培训领域
2015	48	光伏技术、亚热带果树高效栽培技术、农业机械技术
2016	55	卫星应用技术、新农作物研发、太阳能技术
2017	67	海洋生物多样性监测、水产养殖技术、重大疾病防治与诊疗技术
2018	78	科技与创新政策、杂交水稻技术、技术转移、新能源技术
2019	84	疫病防治技术、粮食安全生产技术、空间信息技术、旱作农业
2020	83	农业、信息与先进制造、新能源、资源环境、医疗卫生和科技管理

资料来源：根据发展中国家技术培训网站整理，http://www.cistc.gov.cn/Training。

① 资料来源：中华人民共和国生态环境保护部，https://www.mee.gov.cn/xxgk2018/xxgk/xxgk15/202101/t20210126_818685.html。

在全球气候治理中，积极参与国际气候合作一直是中国的坚定立场。对于绝大多数发展中国家来说，气候问题亦是发展问题，中国支持发展中国家能力建设的努力有目共睹。应对气候危机需要全人类共同努力，这不仅需要国家、社会以及其他群体层面良性的政治合作，也需要每个人从生活观念与实际行动上做出改善。

第三节　普惠金融在应对气候变化中的角色

一　气候变化与弱势群体脆弱性

人类活动排放的温室气体加剧气候变化，全球极端气候事件频发，高温、热浪、干旱、洪水、飓风、寒潮等极端天气对人类健康、农业、经济及自然生态系统造成广泛影响。据《2019 年全球气候风险指数报告》测算，自 1998 年以来全球已有 52.6 万人死于极端天气，带来的直接经济损失高达 3.47 万亿美元。已有研究表明，在气候变化的大背景下，越是脆弱的个人、群体、阶层或地区，越容易受到气候变化带来的环境冲击的影响[44]。例如，农村妇女、儿童、牧民等弱势群体获得土地、就业、公共服务的途径有限，其应对气候变化风险的能力也更弱，在儿童时期经历过干旱的妇女身高更矮，经济状况更差，受教育程度也更低[45][46]。气候变化对依赖降雨的农业产业冲击极大，降雨的冲击会引起消费波动，贫困与消费水平和脆弱性有关，家庭（尤其是贫困农户）在面对收入风险时，容易受到伤害，这可能会抑制农民的农业投资，从而导致贫困陷阱[47]。此外，气候变化还将进一步加剧疾病、饥饿等问题，使弱势群体更加脆弱。

金融服务在缓解弱势群体脆弱性方面有积极意义。本节主要从普惠金融角度出发，探讨其对于缓解气候变化引起的经济社会问题的积极作用。

二　普惠金融的作用

（一）普惠金融的定义

大量关于普惠金融的研究对其有不同定义，但主要围绕消除获取金融服务的障碍，提供包括存款、借贷和储蓄在内的基本金融服务，消除不平等和提高效率这几个方面来谈论。广义的普惠金融是指向经济体的每个成员提供正规金融服务，它有助于克服和消除某些社会群体和个人获得和使用低成本、公平和安全的正规金融服务的障碍[48]。Zins 和 Weill（2016）[49]认为普惠金融是指一个人在正规金融机构拥有账户，该账户允许正式储蓄和借贷，签订保险合同和使用支付服务，并带来经济收益。普惠金融是确保弱势群体能以可承受的成本获得及时、充足的金融服务（储蓄、借贷、保险、支付等）的机制。拥有高比例无法获得正规金融服务人口的国家表现出更高的贫困率和更严重的不平等[50]。普惠金融有助于减少具有剥削性的非正规信贷，能通过提供可靠和安全的储蓄途径、有效的金融服务，提高社会效率和福利[51]。不同机构或组织对普惠金融的定义如表 2－11 所示[52]。

表 2－11　普惠金融的定义

机构/组织	定义
亚洲发展银行（2000）	向贫困和低收入家庭及微型企业提供广泛的金融服务,例如存款、贷款、支付服务、汇款和保险
联合国（2006）	金融部门为所有"可融资"的人和公司提供获得信贷的"渠道",为所有可投保的人和公司提供保险,并为每个人提供储蓄和支付服务。普惠金融并不要求每个符合条件的人都使用每一项服务,但他们应该能够根据需要选择使用它们
世界银行（2008）	广泛获得金融服务意味着在使用金融服务时不存在价格和非价格障碍
英国政府机构（2004&2005）	个人获得适当的金融产品和服务,这包括拥有充分利用这些产品和服务的能力、技能、知识和理解力
印度普惠金融委员会（2008）	确保弱势群体（如低收入群体）以可负担得起的成本获得金融服务和及时充足信贷的过程

资料来源：Rangarajan，2008，Reserve Bank of India Report。

（二）普惠金融的作用

普惠金融的支付服务可以节省远距离支付的成本，使偏远地区更容易获得政府汇款、政府转移支付，增加支付安全性，降低支付相关的犯罪，特别是对于妇女来说，普惠金融使其更容易获得工资报酬、政府支付等，对其财产拥有更强的控制权，有助于提高儿童的健康水平，增加健康、住房和食物的支出。储蓄产品可以提高储蓄的安全性，平滑消费，实现良好的资产管理，实现可持续发展，增加商贩、农民的储蓄，可以转化为更多的投资和产出，以及家庭支出，储蓄对女性的影响比对男性要大。人们会借钱做生意、买地、买房、上学或应对突发事件，信贷相比私人借贷可以为这些需求提供更充足的资金支持，缓解贫困，增加家庭资产、消费支出，提高儿童入学率。虽然人们可能会采用储蓄和信贷的方式抵御突发的危机，但保险可通过增加风险分担群体来分散风险，有农业保险的农民会种植风险更高但收益也更高的作物，在种植上投入更多，增加了作物产量，也增加了农民收入[53]。

农业生产常面临降雨异常、温度波动、冰雹、飓风、洪水等气候变化引起的灾害的威胁。而信贷和保险等金融服务的缺乏加剧了这些风险对于农业的影响，这些灾害带来的风险影响农民的生活和收入，甚至引起区域性的贫困，在一些极端案例中，甚至有农民因不可控的自然灾害导致的经济损失而自杀。农业保险被认为是一种能有效降低这些灾害所导致的不可控经济损失的重要机制，农业保险是农民控制风险、稳定收入的一种手段。农业保险能帮助风险厌恶者规避极端自然灾害的负面影响，比如农业作物保险可以有效降低风险和损失，使农民能承受巨大风险而不感到困难，提高抵御风险的能力，还能保护农民在农业生产上的投资，促使他们投资高投入高产出的作物，增加农业附加值，提高家庭收入[54]。

同时，信贷的可得性也会增强农户风险管理的能力，若官方机构信贷能提高信贷灵活性使其适应多样化的市场需求，在干旱和非干旱地区提供多样的还款方式，可帮助农户提高抵御风险的能力[55]。针对小规模农户的作物信贷提高了信贷的可获得性，通过增加投入、产出和就业提高小规模农户在总体信贷中的比例，有效提高社会公平和效率[56]。

三　全球普惠金融概况

全球普惠金融指数数据库是由世界银行编制的用于衡量不同国家和地区居民如何储蓄、借贷、支付和风险管理的数据集，该数据库经历了 2011 年、2014年和 2017 年的三轮调查，涵盖全球超过 140 个经济体，覆盖超过 15 万个个体样本，本节采用该数据库作为数据集来剖析全球普惠金融发展状况。

2014~2017 年，金融机构账户拥有率持续增长，但账户拥有率不平等的现象依然存在。2017 年，72% 的男性拥有账户，女性拥有账户的比例仅为 65%，性别差距相比 2011 年和 2014 年没有显著改善。截至 2017 年，全球约有 17 亿名成年人没有银行账户，大多数无银行账户的人口集中在发展中国家，他们更可能为女性，来自较为贫穷的家庭，年龄小，受教育程度低，可能为非活跃劳动力。

正规金融机构账户比例、正规储蓄比例、正规信贷比例是衡量普惠金融水平的三大指标[49][57]。如表 2-12 所示，2011~2017 年，拥有正规金融机构账户的比例从 46.8% 上升至 60.0%，正规储蓄的比例从 2011 年的 20.7%缓慢上升至 2014 年的 24.9%，2017 年有小幅度下降，而正规信贷比例从2011 年的 10.4% 小幅增长至 2014 年的 12.6%，在 2017 年也有小幅下降。虽然拥有正规金融机构账户的比例在这 7 年间有显著上升，但正规储蓄和正规信贷却发展缓慢，甚至出现萎缩。正规储蓄比例低的主要原因可能是收入低，导致储蓄的需求也低，居民缺乏储蓄观念，正规信贷在贫困和偏远地区运作成本高，坏账率高，发展缓慢[58]。

表 2-12　衡量地区普惠金融水平的三大指标

单位：%

普惠金融指标	2011 年	2014 年	2017 年
正规金融机构账户比例	46.8	56.2	60.0
正规储蓄比例	20.7	24.9	24.7
正规信贷比例	10.4	12.6	12.3

资料来源：根据全球普惠金融指数数据库资料整理。

虽然截至 2017 年，已有超过一半的居民拥有正规金融机构账户，但仍有高比例的居民没有账户。据 2011～2017 年的统计数据，阻碍居民拥有正规金融机构账户的因素包括："钱太少，没有开账户的需求"（67.2%），"拥有账户的成本太高"（29.6%），"距离太远"（21.2%），"缺乏申请账户的文档"（20.8%），"对金融机构缺乏信任"（18.3%），"其他家庭成员已有账户"（16.7%），"宗教原因"（6.8%）。其中，前三大因素主要与收入、账户成本和距离相关，因此，提高普惠金融水平需要从提高居民收入、降低金融服务成本和加强金融服务的可获得性抓起。

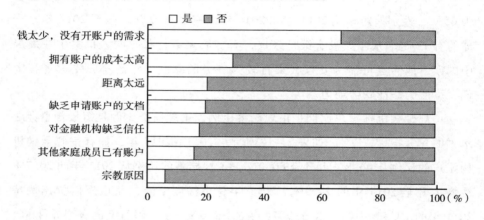

图 2-20　阻碍居民拥有正规金融机构账户的因素

资料来源：根据全球普惠金融指数数据库资料整理。

据上文分析可知，正规渠道信贷还不是主流信贷方式，非正规渠道信贷仍占主导地位，如图 2-21 所示，主要的非正规信贷渠道包括：向家人或朋友借贷、向商店借贷、向私人贷款者借贷、向储蓄俱乐部借贷和向雇主借贷。23.4% 的居民向家人、朋友借贷，该渠道仍是最主要的借贷方式，另外，2017 年的调查中出现了新的信贷渠道——向储蓄俱乐部借贷，该信贷渠道的出现可能与非政府组织提供的金融服务和金融指导有关。金融机构应更有针对性地向居民提供灵活且低利息的小额信贷服务，普及相关金融知识，才能更有效地提高正规信贷的比例和普惠金融水平。

储蓄是帮助居民抵御风险的一种重要方式，如图 2-22 所示，居民储蓄

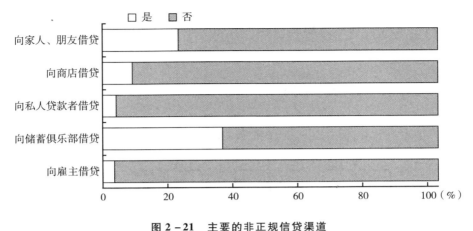

图 2-21　主要的非正规信贷渠道

资料来源：根据全球普惠金融指数数据库资料整理。

的动机主要包括：教育、养老和开展农业或创业。其中为教育和养老而储蓄的比例更高，为开展农业或创业而进行储蓄的比例相对较低。教育是对人力资本的投资，更高的受教育程度与更高的收入水平存在正相关性；储蓄可以在居民劳动能力下降的老年期为其生活提供保障，抵御风险。政府政策应更注重提高教育和养老保障水平，并鼓励居民将更多的储蓄投入农业生产或创业中，进而提高居民收入水平。

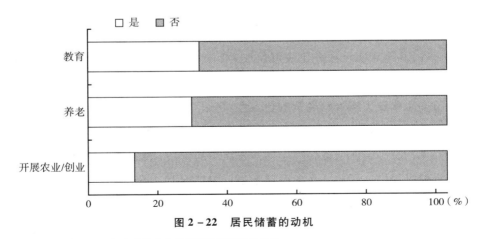

图 2-22　居民储蓄的动机

资料来源：根据全球普惠金融指数数据库资料整理。

四 发展中国家普惠金融案例分析

（一）印度

1. 印度普惠金融体系（见图2-23）

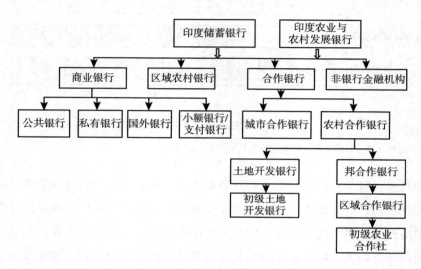

图 2-23 印度普惠金融体系组织架构

资料来源：王吉献、牛倩、王方哲《印度农村金融体系概况》，《农业发展与金融》2019 年第 4 期。

印度储蓄银行（Reserve Bank of India）成立于 1935 年，成立时为私有银行，在 1949 年实行国有化政策后成为印度的中央银行，其基本职能是规范银行票据的发行和储蓄，运用货币政策促进经济增长，稳定物价。印度储蓄银行多年来致力于推动经济的包容性增长，将更多人口纳入结构化、有组织的金融体系，让普惠金融成为驱动经济增长的重要推力。政府也意识到向公众提供信贷和金融服务在国家整体发展中的作用，希望将银行系统作为变革的重要推动力，因此，在印度储蓄银行的基础上，还组建了商业银行、区域农村银行和合作银行等银行金融机构，合作银行通过城市合作银行、农业合作银行及其下属的区域合作银行、初级农业合作社等向居民提供金融服务。此外，为了使金融服务广泛铺开，还开创了许多创新模式，利用小额信贷机构、民间组织、非政府组织、邮局、农民俱乐部等多种渠道发放信贷。

在印度储蓄银行的大力推动下,到 1970 年前后,正规农村信用系统开始取代民间放贷。1981 年,民间放贷的比例下降到 16%,农业信贷迅猛增长,但正规金融机构信贷远未惠及所有农户,只有约 1/4 的农户向金融机构借贷,多数小农户几乎没有获得贷款的渠道,信贷长期高度集中于大规模农户手中。农村金融的扩张对于非农就业和产出的促进作用比对农业活动的促进作用更强,并未创造出更多农业就业,也未能形成可行的借贷机制,高坏账率也导致推行政策的成本很高,发放信贷的成本甚至超过了发放信贷所获得的农业收益[58]。

随着农业信贷的迅猛增长,印度储蓄银行认为有必要成立一个独立的金融发展机构来管理与农业信贷和农村发展相关的问题。1982 年,印度农业与农村发展银行(National Bank for Agriculture and Rural Development)正式成立,该银行专注于农业金融服务,为发放农业信贷的银行提供再融资服务,通过金融和非金融干预,促进农业、农村可持续发展。

2. 印度普惠金融模式

(1)社交银行政策

印度社交银行的浪潮始于 1977 年,为确保农村和郊区也能获得信贷支持,印度政府和央行发布政策规定,商业银行要获得在城市开设 1 家分支机构的许可证,就必须同时在偏远的农村地区开设 4 家分支机构,因此银行在农村地区的分支机构数量迅速增长,减贫效果显著。该政策在 1991 年撤销,政府放松对银行的管制,采用宽松的利率,政策目标从扩大银行服务范围转变为提高银行利润,银行将侧重点转向优势产业,服务更富有的借款者,导致农村地区的支行数量下降。在银行业无法满足农民信贷需求的背景下,催生了创新型普惠金融模式[48][50]。

a. 自助小组 – 银行联结模式[52]

印度农业与农村发展银行于 1992 年发起自助小组 – 银行联结计划,银行作为信贷批发商,非政府组织作为代理人向贫困农户提供信贷服务。自助小组一般由 15～20 个成员组成,目标是加强成员的社会网络,改善经济状况，联合解决共同问题。银行、非政府组织、农民俱乐部、政府代理等组织作为代理人向自助小组提供咨询和培训，自助小组定期储蓄，形成共有基金，成员可利用共有基金向有需要的成员提供无抵押小额贷款，成员通过这种小组学到基础金融知识。一旦组织稳定成熟，自助小组就会和银行产生联结，银行按自助小组的存款数目的倍数向该小组提供无抵押贷款。

大多数自助小组成员属于低种姓或是社会少数群体，自助小组－银行联结计划虽然不仅限于女性，但由于受益的女性多于男性，该计划成为印度农村地区的一项妇女计划，截至 2010 年女性自助小组比例为 76.4%。该计划对于降低贫困、提高妇女的劳动参与率起到重要作用，但也存在局限性，贷款数额的限制使自助小组无法进行财务上可行的生产经营活动或利用技术发展获益。基于种姓、阶级、种族和宗教的群体结构和经济不平等现象使包括妇女在内的社会少数群体无法从该互助计划中获益更多，该计划也无法从根本上为金字塔底层的弱势群体提供庇护[59]。

b. 小微金融机构－银行联结模式

小微金融机构是向低收入群体提供小微金融服务的特殊机构，它们主要提供存贷款、保险和汇款服务，其资金来源于银行。还有一类小微金融机构的资金并不是源于银行金融资助，这些机构的组建也无须启动资金，它们遵循非银行金融公司的相关规定，作为仅提供储蓄和汇款服务的银行代理机构而存在。多数小微金融机构业务仅限于特定地区，深入了解农村贫困群体需求，在当地接受度高，运作模式更灵活，在小微金融机构－银行联结模式下，银行向小微金融机构提供金融资助，机构将利用这些资金向互助小组或其他弱势群体提供贷款，小微金融机构一般将这些群体组成 10~14 人的小组，通过开放储蓄账户与银行相联结[52][60]。

（2）农业保险

a. 农业信贷保险和农作物保险

农业信贷保险在农民遭受农业损失时可以帮助他们偿还来自正规金融机构的贷款，农民不必寻找私人借贷，且以保险赔款的形式偿还贷款还能降低金融机构收回贷款的成本，减少逾期和违约。针对边缘小规模农户，国家农业保险计划（The National Agricultural Insurance Scheme）同时惠及借贷和无借贷农民，覆盖多种作物，保障广泛性灾害和局部灾害。该计划通过农村信贷机构将农业保险出售给未借贷的农民，这些农民既不熟悉，也不愿意去偏远的信贷机构，因此能够提供有效的沟通和培训计划支持的专业农村代理人成为农业保险推广的关键。随着农作物保险的发展，该类型保险覆盖的地区和农作物类型不断扩大，赔付比例不断提高，逐步惠及小规模边缘农户[52]。

b. 降雨保险

降雨保险是一种"指数保险"，其偿付与公开观测指数，如降雨、气温或商品价格相关联。在印度的半干旱地区，降雨量是影响农户收入的重要因素，降雨保险可以在降雨异常的年份降低农户收入损失，同时，防范因信息不对称引发的道德风险问题。降雨保险仍处在发展早期，当前居民购买降雨保险的比例较低，其原因包括价格敏感度高、对产品的了解和信任度低、产品收益不明确和流动性约束等。

在推广农业保险的过程中，应最小化交易成本，引入市场竞争机制，有针对性地通过受教育程度更高，更有可能投入资源的村、生产组或群体来推广，从而提高推广效率；保险公司应加快保险赔付速度，降低流动性约束。此外，同时销售保险和其他金融产品可使交易成本降低[61]。

（二）孟加拉国

孟加拉国拥有绵长的海岸线，极易受到海平面上升的影响，南部和中部常因季风洪水和热带气旋受灾，随着气候变化的加剧，极端天气频繁发生。据亚洲发展银行统计，孟加拉国全国总人口达到 1.6 亿人，20.5% 的人口生活在国际贫困线下（维持基本生存所需消费 <1.25 美元/天），贫困是困扰孟加拉国的一大难题。此外，孟加拉国金融服务发展滞后，孟加拉国农村促进委员会小微金融项目数据显示，50% 的成年人没有银行账户，64% 的女性无法获得正规金融服务，77% 的农村劳动人口仅能获取有限的金融服务。在气候变化、贫困和金融问题的多重夹击下，孟加拉国弱势群体的脆弱性也愈加凸显，普惠金融作为缓解气候变化冲击的重要工具，引起了政府和有关机构的关注。

1. 孟加拉国普惠金融体系

（1）孟加拉国银行

孟加拉国银行成立于 1972 年，是孟加拉国的中央银行，普惠金融联盟成员。该行很早便意识到普惠金融在缓解气候变化对弱势群体冲击及驱动可持续发展上的作用，并积极发展绿色银行和普惠金融服务，推出基于普惠金融的绿色银行政策。该政策分两阶段推行（普惠金融联盟，2018）[62]：第一阶段的政策即"第一个战略计划"（2010～2014 年），重点扶持农业和中小企业，鼓励银行信贷投入农业、经营可再生能源或污水处理等环保事业的中小企业。通过发展作物保险以及承担中小企业贷款的部分风险来转移这些行业的借贷风险；第二阶段即"第二个战略计划"（2015～2019 年），基于前一阶段的政策，政府意识到普惠金融可帮助抵御气候变化这样的环境因素引起的经济冲击，因此将环境因素纳入金融部门考核指标，在农业方面推动促进环境可持续的绿色融资。升级现有环境风险管理指南，为银行和金融机构准备环境和社会风险管理指南，设立气候风险基金，孟加拉国银行要求金融机构每年应将其企业社会责任预算的 10% 分配给气候风险基金，从而利用该基金开展缓解或适应气候变化、灾害管理的活动。

（2）专业银行

农业是孟加拉国的支柱性产业，约 1/5 的国民生产总值来自农业，80%的孟加拉国农民经营着小规模农业，多数农民因无法获得正规金融机构贷款面临资源贫困，没有足够的农业生产投入将导致生产力低下，若不改变此状况，随着人口增长，现有农业生产力将不足以支持居民的基本生存。为了支持农业生产，促进农村经济发展，孟加拉国政府在 1973 年建立了孟加拉克里希银行（Bangladesh Krishi Bank）和拉杰沙希农业开发银行（Rajshai Krishi Unnayan Bank）两家专注于农业部门金融服务的银行，向农户发放补助性农业和农村信贷，但银行坏账率高、信贷效率低，贷款未能准确送达目标农户手中，反而被分配给了富有的贷款群体。于是孟加拉国银行建立了"农业信贷监控系统"来降低不良贷款率，提升农业信贷效率。随着政策的改进和私有银行、外资银行的加入，孟加拉国农业/农村信贷有了较大发展，正规银行机构在支持农业发展过程中虽然起到重要作用，但农业信贷的发放量和目标群体送达率仍然有待提高[63][64]。

（3）非政府组织

孟加拉国拥有超过 1000 个非政府组织，它们在推动孟加拉国普惠金融发展进程中也起到关键作用。孟加拉国农村促进委员会（Bangaladesh Rural Advancement Committee）是孟加拉国乃至全球规模最大的非政府组织，该组织成立于 1972 年，为无法从正规商业银行渠道获取贷款的农村小微企业、妇女、农民、低收入群体提供存款和小微信贷业务，截至 2020 年已拥有 800 万个客户，87% 的客户为女性，累计发放贷款 45 亿美元。

由于正规商业银行分支体系无法触及偏远农村社区，2009 年孟加拉国农村促进委员会发起农业小微贷款计划（Borgachashi Unnayan Prakalpa），为农户提供低利率贷款，遵循多阶段筛选机制以确保信贷最终到达目标农户。第一阶段，农户需要符合以下要求：拥有孟加拉国的身份证，年龄在 18 ~ 60 岁，在某个地区居住至少 3 年，拥有少于 1 公顷土地，不能是其他小微金融机构会员。第二阶段，项目组委会拜访符合条件的申请人计划投资的地方，以确认该贷款是否用于农业活动，确认完毕后分公司和项目组委会将向符合条件的农户提供农业小微贷款计划的详细条款，若农户同意条款，他们会被分配到最近的村组织，村组织会和农户讨论贷款用途及收回还款事项。通过这种筛选机制，贷款准确送达目标农户，该计划提供的 71% 的贷款均用作与农作物种植相关的活动，增加了农民的耕种收入，并提高了目标农户的农业活动的活跃度[65]。

2. 孟加拉国创新型普惠金融模式

（1）孟加拉国乡村银行模式

孟加拉国乡村银行试点始于 1976 年，主要向贫困农户提供无须抵押物的小额贷款，为借款人提供全面的投资咨询，监督贷款的使用，以便提高贷款的利用效率，鼓励借款人储蓄以购买银行股份，并从文化层面帮助借款人转变观念，鼓励他们摆脱传统社会恶习，在更清洁和优良的环境中生活，1983 年该项目获批成为正规金融机构在全国推广。孟加拉国乡村银行服务的对象主要是穷人、妇女、文盲等社会弱势群体，推行团体贷款制，5 个借款人组成一个小组，小组成员缴纳一部分款项作为保证金，若有成员违约，则从保证金中扣除无法偿还的部分，孟加拉国乡村银行将拒绝向有违约记录的小组提供贷款服务。截至 2017 年，该银行已有分行 2600 多家，还款率达到 98%，借款人大部分为女性。Wahid（1994）[66]认为该模式不存在代理或中间人，提升了贷款效率，提高了弱势群体，特别是女性的劳动参与率，创造了更多就业机会，提高了农业生产效率，不仅改善了弱势群体的经济条件、提高了其生活水平，也提高了其自尊和社会地位。

（2）正规商业银行与小微金融机构/非政府组织合作模式

农户因不能提供有效的担保抵押而无法通过正规银行渠道获得贷款是农业信贷发展中亟待解决的问题。基于此背景，衍生出了小微金融机构或非政府组织小额信贷。但传统小额贷款常常存在利率高、还款周期短、无法惠及极端贫困户的问题，使小额信贷无法更好发挥减贫和促进农业/农村发展的作用。在孟加拉国中部和西南部开展"农业扩大支持活动"（USAID Agriculture Extensive Support Activity）的政策背景下，2016 年一家商业银行、四个小微金融机构、非政府组织和美国国际开发署项目联合发起"A 卡"小微金融活动，该模式的目的是帮助农户以更低的利率、更灵活的还贷方式、更便捷的办理渠道获得正规金融机构的金融服务，商业银行对农民用于购买农业投入品的贷款仅收取 10% 的固定利息，与传统小额信贷机构或非政府组织平均 25% 或更高的利率比更具优势，农户在 6 个月内分期或一次性还款[67]。该模式有效利用了小微金融机构和非政府组织在农村及偏远地区密集的网络，帮助正规金融机构发挥其在普惠金融推广中应有的作用，构建了一套银行与小微金融机构/非政府组织合作的创新型普惠金融发展模式。

更多的私有商业银行和外资银行开始和非政府组织合作，利用其农村分支渠道提供无抵押农业信贷，贷款覆盖农作物、粮食、浇灌设施的购买和安装、农产品销售、畜牧业、渔业、扶贫创收活动及其他农业活动，商业银行在农业信贷方面做出了巨大贡献[68]。

（三）中国

1. 中国普惠金融体系

（1）政策性金融机构

中国农业发展银行成立于 1994 年，属于国有政策性银行，由政府出资成立，支持"三农"事业发展，服务于脱贫攻坚、粮食安全和区域发展等国家战略。中国农业发展银行通过向贫困地区发放定向扶贫贷款，扶持特定农业产业或小微型农业企业，或建立相应合作社，推动特定产业发展，达到带动农业发展、帮助农民脱贫增收的目的。

（2）商业性金融机构

以驱动普惠金融发展为特色的商业性金融机构包括：中国农业银行、农村商业银行、农村信用合作社、邮政储蓄银行等。中国农业银行设立"三农金融事业部"推进"三农"和县域金融服务，开发特色金融产品满足农村金融需求；农村商业银行是由辖区内农民、农村工商户及其他经济组织共同发起的地方性金融机构，其以农村信用社/信用联社为基础，深入农村/县城，为农业农村发展服务；中国邮政储蓄银行由邮政储蓄机构改制形成，依托邮政网络深入农村，建成覆盖全国城乡的金融服务网络，以小微金融为特色，为"三农"和小微企业提供信贷支持[69]。

（3）新型农村金融机构

a. 村镇银行

中国自 2006 年起启动村镇银行试点，主要发起机构为农村商业银行、信用合作社及其他商业银行。村镇银行吸纳存款、发放贷款，提供各类金融服务，分支机构覆盖县乡及以下的基层，其职能是服务县域、服务"三农"及小微企业，面向下沉市场，供给资金规模小，信贷风险也更高。据中国银保监会发布数据，截至 2020 年全国共组建村镇银行 1641 家，覆盖全国 31 个省 1306 个县（市、旗）。但由于知名度低、市场定位不明确，以及银保监会为监督村镇银行提供"三农"金融服务，为其套上对象限制、地域限制、额度限制这"三大枷锁"，村镇银行发展受限。而要破除这些难题和限制，应基于农村金融环境设计真正适合农村的经营模式，利用农村熟人社会网络提升村镇银行在当地的接纳度，充分调动当地有影响力的社会资本为村镇银行发展提供资金支持[70]。

b. 农村资金互助社

由乡镇、社区内农户或农村小微企业自愿入股组成，以满足农户资金需求为目的的一种金融合作行为。互助社分为两种类型：一种是获得银监会颁发的金融许可证，受银监会监督的正规金融机构；另一种是由农户自发组织的、基于农户专业合作社的信用合作，这是一种无金融许可证的非正规金融机构。

c. 小额贷款公司

政策推动下，小额贷款公司通过为贫困农户和小微企业提供小额贷款服务扶持其生产经营活动。小额贷款公司贷款流程便捷、担保形式多样、贷款期限灵活，扎根农村能缓解一定程度的信息不对称问题，小贷公司结构简单规模小、委托代理成本低，可以迅速对农户需求做出反应。但小额贷款业务有较高的违约风险，贷款成本高，因此政策应致力于降低小贷公司成本，通过政府担保并与小贷公司合作的模式分担经营风险，完善农村征信体系，建立相应数据库，从而有效解决小贷公司与农户间的信息不对称问题，降低小额贷款的风险和成本[71][72]。

2. 中国农村金融产品

（1）信贷类

顾宁、刘扬（2018）[73]和尹志超等（2019）[74]研究发现中国家庭正规储蓄率高，但正规信贷率低，农村传统家庭中女性地位低，家庭整体性观念使女性更容易放弃开设银行账户，老年人对金融服务自我排斥性强，低收入群体更是难以通过正规金融机构的贷款审核，只能转向非正规渠道借贷，受教育程度越低的群体也越倾向于选择非正规渠道借贷，这就导致女性、老年人、低收入群体和低受教育程度群体更容易遭受金融排斥。普惠金融应重点关注农户、女性、贫困家庭、低收入群体和受教育程度低的群体及老年家庭等弱势群体，针对不同特征群体实施精准的普惠金融支持。

针对不同贷款群体的需求，各大商业银行推出了各具特色的、灵活的小额贷款，以满足不同群体的贷款需求，表2-13列出了部分贷款模式。

表 2 – 13　中国各商业银行农村贷款类型

银行	贷款类型	贷款范围和额度
浙江农村信用合作社	农户联保贷款	向农户发放用于日常农产品生产、购销、经营等临时性资金周转，由农户相互担保的贷款。 由符合贷款基本条件且相互之间没有直系亲属关系的 5 户以上、10 户以下若干农户，在自愿的基础上组成联保小组，对提供的贷款由该小组成员之间承担连带保证责任；解决农户贷款担保难问题。 贷款额度不超过 50 万元
广东农村信用社	扶贫小额信贷	主要用于贷款对象发展家庭种植养殖业、家庭简单加工业、家庭旅游业、农村电子商务等生产经营项目，购置小型农机具、投资当地新型农业经营主体、光伏、水电等增收创收项目。 最高为人民币 5 万元（购买小额信贷保证保险的，可提高至10 万元）
广东农村信用社	妇女小额担保财政贴息贷款	为了解决妇女在创业、生产、经营过程中遇到的资金紧缺问题，适用于居住在县区域，并拥有本地区户口，具备一定劳动技能和创业能力的妇女；优先考虑返乡女农民工、已有一定种养基础和项目的女能手以及创业中的贫困母亲。 单户贷款额度原则上最高为人民币 5 万元，特殊情况可提高至 30 万元，但需抵押担保
浙江三门银座村镇银行	小本农业贷款	针对农、林、牧、渔等相关行业，具体包括种植、养殖、畜牧、捕捞，解决农户的资金需求。 10 万元以内，期限 1 年，按季还本付息、每月等额分期或灵活还款，分期还款，利率为 12.96%
浙江三门银座村镇银行	小本联合保证担保贷款	联保团队成员共同为其中成员小本贷款提供担保，并承担连带责任的小本担保贷款。小本联保贷款实行平等自愿、风险共担、责任连带的原则。 贷款期限为 3 个月至 1 年
中国农业银行	季节性收购贷款	在农副产品收购旺季，为解决农副产品加工、流通、储备企业正常周转资金不足的困难，满足其收购资金需求而发放的短期流动资金贷款。产品主要面对有季节性收购资金需求的AA 级（含）以上农业产业化龙头企业，贷款期限原则不超过 6个月，最长不能超过 9 个月
中国农业银行	惠农 e 贷	通过手机在线申请、取款、还款，让农民足不出户办理贷款，支持养殖业、种植业、生产加工和商贸流通。 3000 元起步，最高不超过 50 万元

资料来源：根据各商业银行网站信贷产品资料整理。

（2）政策性农业保险

黄颖等（2021）[75]针对地方特色农产品保险的研究发现，农户参保能显著缓解风险冲击导致的贫困脆弱性，特别是对以种植收入为主的农户效果更显著。但农业生产的高风险使保险费用高、农民对农业保险的购买力低导致有效需求不足、农业保险的低收益无法维持商业保险公司的运营等矛盾，使农业保险无法纯商业化，需要政府财政支持，农业保险应具有政策性属性[76]。2007年中央和地方财政对农业保险提供补贴，使农业保险从商业性保险走上了政策性保险的轨道。

随着政策力度的加大，农业保险的险种不断增加，截至2018年末，我国农业保险承保农作物近400种，涵盖了包括种植业、畜牧业、林业、渔业等涉农保险[77][78]。传统农业保险一般是以保险标的实际损失作为赔付依据的"成本保险"，保险公司需要确认损失，进行损失调整，理赔速度较慢，由于信息不对称，难以防范道德风险和逆向选择问题，可能导致更高的交易费用。基于以上问题，又出现了包括"天气指数保险"和"区域产量保险"在内的指数型保险。天气指数保险将气象条件对农作物的损害指数化，保险赔偿金不再与实际损失挂钩，而是基于气象时间与经济损失风险之间的估值；而区域产量保险按照区域亩产水平设定保险亩产标准，当区域平均产量低于该亩产标准时，对该区域投保农户进行赔偿。新的承保模式能有效降低信息不对称风险，防范道德风险和逆向选择问题，理赔速度也更快。随着气候变化引起的极端天气的增加，新型农业保险保障模式对于化解系统性风险，提高农业生产的抗风险能力具有重要意义[77][79]。

3. 中国普惠金融模式

（1）"农业保险+农业信贷"模式

农业生产充满不确定性，特别是种植业极易受到自然灾害的影响，农业信贷能帮助农民在遭遇灾害时尽快恢复生产生活，但也因这种不确定性农业信贷面临高风险、高贷款成本和高不良贷款率等问题。农业保险可以帮助农户控制风险，降低风险所致的损失，提高还款能力，降低违约风险；另外，农户资产抵押能力不足，面临贷款难的问题，农业保险可作为一种信用凭证，提高农户的信用等级，有效解决贷款问题。农村信用合作社、村镇银行、资金互助社等农村普惠金融机构延伸到县乡及以下的基层，农业保险机构可直接利用这套网络开展农业保险业务，高度契合的业务需求和下沉的普惠金融网络使"农业保险＋农业信贷"的普惠金融模式应运而生。

对于农业保险和农业信贷是否存在上述互动关系存在较多争议，方首军等（2012）[80]认为农业保险和农业信贷之间不存在长期稳定的协同关系，农业信贷比重低，资金缺口大，农业保险发展不稳定，使农业保险和农业信贷难以相互促进。王向楠（2011）[81]发现农业保险和农业贷款对农业产出具有促进作用，农业生产风险越高的地区，农业保险起到的作用越大，但农业信贷部门与保险部门之间资源共享、风险分担机制的不足，导致农业保险和农业信贷无法产生协同效应。

（2）政府主导的"普惠金融＋特色产业"模式

政府通过中国农业发展银行向地区发放贷款或扶贫资金，通过农村信用合作社、村镇银行等农村金融机构给建立档案的贫困农户发放小额扶贫贷款，贷款无须提供抵押担保，但只能用于生产经营。获得贷款的农户可以选择加入专业合作社，在合作社的组织下进行相应产业的农业生产经营，每年获得分红；也可以将小额信贷投入政府组建的投融资平台公司，该公司吸纳农户的贷款后建立"扶贫车间"，完善专业农业生产设施，并引入农业企业进行生产运营，提供相应产业的生产管理技术，并保价收购农户种植的相应农产品，农户可以通过土地或资金入股获得分红，也可以在"扶贫车间"就业获得工资收益，该模式下获取的收益既偿还了贷款又帮助了农户脱贫致富[82]。

这种以"银行＋合作社/农企＋扶贫车间＋农户"为基础的普惠金融模式为农村输入了先进的农业生产技术（见图2－24），发挥了当地的产业优势，保障了农产品的销售渠道，还调动了农户的生产积极性。越来越多的地区开始探索这种模式，如江西省银行机构针对贫困农户生产需求，根据当地特色，因地制宜地开发油茶贷、脐橙贷、光伏贷、乡村旅游贷等百余种信贷产品，通过"普惠金融＋扶贫车间"的模式帮助农户开展专业化生产。山

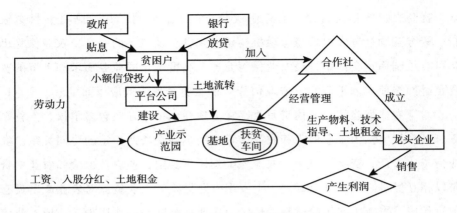

图 2 - 24   "银行 + 合作社/农企 + 扶贫车间 + 农户" 模式

资料来源：关获晨、陈飞《后脱贫时代南宁市邕宁区金融扶贫模式特点及可持续性研究》，《山西农经》2021 年第 5 期。

东农商银行推出"助养贷"，基于养殖保险为规模经营的养殖业提供贷款，养殖户个人、专业合作社或养殖企业均可获得贷款，这就发挥了"银行 + 农企/合作社 + 农户"的支持模式，有效帮助农民脱贫致富。在政府主导的"普惠金融 + 特色产业"模式下，农业生产更加集群化、规模化，有助于提高农户抵御风险的能力，相比传统农业生产模式，普惠金融支持下的新模式使农业生产更不容易因极端天气和自然灾害而陷入困境[68]。

五　推进普惠金融的政策建议

结合本节的分析，目前中国拥有正规金融机构账户的比例较高，但是仍存在的问题是正规信贷的使用有限，主要的信贷渠道依然是通过亲人、朋友借贷。因此，本节提出以下几点政策建议。

第一，政府应采取相应措施扩大正规信贷的使用，减少非正规渠道借贷，倡导现代化的普惠金融观念。长远来看，鼓励正规信贷可以对居民收入增长和经济发展起到正向的推动作用，也对维护金融秩序、加强金融监管具有重要意义。

第二，普惠金融政策应更有针对性地向更有可能面临金融排斥的弱势群体倾斜，普惠金融水平存在性别、年龄、收入和受教育程度等方面的差距，女性、老年人、低收入群体和受教育程度低的群体更有可能面临金融排斥问题。应倡导女性在家庭和社会生活中的平等地位，转变女性参与经济活动的观念；完善养老保障体系，更好地保障老年人的生活，降低老年群体对金融服务的主动排斥；降低获取金融服务的成本，向低收入群体提供用于创业或生产的小额低息贷款，帮助其脱贫致富；发展全面的金融普及教育，提高居民金融素养。

第三，协同推进农村精准扶贫项目和普惠金融政策，结合当地特色产业，因地制宜。通过农业信贷、农企和地区特色产业相结合的方式帮助贫困农户脱贫致富，促进农村经济发展，为农户提供更灵活、有针对性的普惠金融服务。

第四，大力发展政策性农业保险，将当地特色农产品列入重点保障范围，鼓励地区特色农业发展。并对特色农产品给予较高的保费补贴和保障，使其形成差异化的竞争优势，通过鼓励特色产业提高农村经济活力和竞争力。发展不同类别的农业保险，实现不同险种之间的优势互补，满足农户的多样化需求。

参考文献

［1］Harold Lubell，"Security of Supply and Energy Policy in Western Europe," *World Politics* 13（1961）：pp. 400 – 422.

［2］Mamdouh G. Salameh，"The New Frontiers for the United States Energy Security in the 21st Century," *Applied Energy* 76（2003）：pp. 135 – 144.

［3］Daniel Yergin，"Ensuring Energy Security," *Foreign Affairs* 85（2006）：pp. 69 – 82.

［4］Asia Pacific Energy Research Centre，*A Quest for Energy Security in the 21st Century*：*Resources and Constraints*（Tokyo：Inst of Energy Economics，2007），pp. 7 – 41.

［5］Keith Everhart，Gergely Molnar，*Severe Power Cuts in Texas Highlight Energy Security Risks Related to Extreme Weather Events*（Paris：International Energy Agency，2021）.

［6］James Doss-Gollin，David J. Farnham，Upmanu Lall & Vijay Modi，"How Unprecedented was the February 2021 Texas Cold Snap?" *Environmental Research*

Letters 16（2021）：064056.

［7］ Peter Cramton，"Lessons from the 2021 Texas Electricity Crisis," *Utility Dive* 23（2021）.

［8］ 胡毅：《电网大面积冰灾分析及对策探讨》，《高电压技术》2008年第2期，第215~219页。

［9］ 薛进军：《关于气候风险、环境危机与能源安全的思考》，《环境保护》2021年第8期，第9~14页。

［10］ Energy Information Administration（EIA），"U. S. Household Electricity Report,"（2005）.

［11］ Thomas Wilbanks, Vatsal Bhatt, Daniel Bilello, Stanley Bull, James Ekmann, et al. , "Effects of Climate Change on Cnergy Production and Use in the United States," *US Department of Energy* 12（2008）.

［12］ United States Geological Survey（USGS），"90 Billion Barrels of Oil and 1,670 Trillion Cubic Feet of Natural Gas Assessed in the Arctic,"（2008）.

［13］ 王诺、闫冰、吴迪、吴暖：《北极通航背景下中欧海运航线的时空格局》，《经济地理》2017年第12期，第9~16页。

［14］ Gal Luft, Anne Korin, Eshita Gupta, "Energy Security and Climate Change：A Tenuous Link," *In The Routledge Handbook of Energy Security*, ed. Benjamin K. Sovacool（London：Routledge, 2010），pp. 61 - 73.

［15］ Chin-Hsien Yu, Xiuqin Wu, Wen-Chieh Lee & Jinsong Zhao, "Resource Misallocation in the Chinese Wind Power Industry：The Role of Feed-In Tariff Policy," *Energy Economics* 98（2021）：105236.

［16］ Intergovernmental Panel on Climate Change（IPCC），"Synthesis Report of the Sixth Assessment Report,"（2021）.

［17］ Jordi Teixidó-Figueras, et al. , "International Inequality of Environmental Pressures：Decomposition and Comparative Analysis," *Ecological Indicators* 62（2016）：pp. 163 - 173.

［18］ Julia K. Steinberger, Fridolin Krausmann, Nina Eisenmenger, "Global Patterns of Materials Use：A Socioeconomic and Geophysical Analysis," *Ecological Economics* 69（2010）：pp. 1148 - 1158.

［19］ Diana Ivanova, et al. , "Environmental Impact Assessment of Household Consumption," *Journal of Industrial Ecology* 20（2015）：pp. 526 - 536.

［20］ Yannick Oswald, Anne Owen, Julia K. Steinberger, "Large Inequality in International and Intranational Energy Footprints Between Income Groups and Across Consumption Categories," *Nature Energy* 5（2020）：pp. 231 - 239.

［21］ Ray Galvin, Minna Sunikka-Blank, "Economic Inequality and Household Energy Consumption in High-Income Countries：A Challenge for Social Science Based

Energy Research," *Ecological Economics* 153 （2018）：pp. 78 – 88.

［22］ International Monetary Fund （IMF）, "IMF Executive Board Discusses Building Resilience in Developing Countries Vulnerable to Large Natural Disasters," *IMF POLICY PAPER* （2019）．

［23］ Bert Metz, "International Equity in Climate Change Policy," *Integrated Assessment* 1 （2000）：pp. 111 – 126.

［24］ 曹明德：《中国参与国际气候治理的法律立场和策略：以气候正义为视角》，《中国法学》2016 年第 1 期，第 29～48 页。

［25］ 潘家华、陈迎：《碳预算方案：一个公平、可持续的国际气候制度框架》，《中国社会科学》2009 年第 5 期，第 83～98 页。

［26］ 郑艳、梁帆：《气候公平原则与国际气候制度构建》，《世界经济与政治》2011 年第 6 期，第 69～90 页。

［27］ 杨通进：《温室气体减排的伦理原则》，《环境教育》2009 年第 12 期，第 10～11 页。

［28］ 曹明德：《气候变化的法律应对》，《政法论坛》2009 年第 4 期，第 158～167 页。

［29］ Kristian Høyer Toft, "Global Justice and Climate Change," *IOP Conference Series：Earth and Environmental Science* 6 （2009）：122009.

［30］ 总报告编写组：《中国参与国际气候谈判定位与被定位——公平地认识中国的责任和贡献》，载王伟光、郑国光主编《应对气候变化报告 （2014）》，社会科学文献出版社，2014。

［31］ Benjamin K. Sovacool, "Four Problems with Global Carbon Markets：A Critical Review," *Energy & Environment* 22 （2011）：pp. 681 – 694.

［32］ Larry Lohmann, "Carbon Trading：A Critical Conversation on Climate Change, Privatisation and Power," *Development in Practice* 18 （2008）：pp. 460 – 462.

［33］ Axel Michaelowa, Igor Shishlov, Dario Brescia, "Evolution of International Carbon Markets：Lessons for the Paris Agreement," *Wiley Interdisciplinary Reviews：Climate Change* 10 （2019）：e613.

［34］ United Nations Framework Convention on Climate Change （UNFCCC）, "Report of the Conference of the Parties on its Fifteenth Session," （2010）．

［35］ United Nations Environment Programme （UNEP）, "The Adaptation Finance Gap Report 2020," （2021）．

［36］ United Nations Environment Programme （UNEP）, "The Adaptation Finance Gap Report 2016," （2017）．

［37］ David Popp, "International Technology Transfer, Climate Change, and the Clean Development Mechanism," *Review of Environmental Economics & Policy* 5 （2011）：

pp. 131 – 152.

［38］Bonizella Biagini, Laura Kuhl, Kelly Sims Gallagher & Claudia Ortiz, "Technology Transfer for Adaptation," *Nature Climate Change* 4 (2014): pp. 828 – 834.

［39］Daron Acemoglu, Philippe Aghion, Leonardo Bursztyn & David Hemous, "The Environment and Directed Technical Change," *American Economic Review* 102 (2012): pp. 131 – 166.

［40］Varun Rai, Erik Funkhouser, "Emerging Insights on the Dynamic Drivers of International Low-carbon Technology Transfer," *Renewable & Sustainable Energy Reviews* 49 (2015): pp. 350 – 364.

［41］United Nations (UN), *Financing for Sustainable Development Report 2019* (New York: Inter-Agency Task Force on Financing for Development, 2019).

［42］Rawls J, *A Theory of Justice* (Cambridge: Belknap Press of Harvard University Press, 1971).

［43］环境保护部、外交部、国家发展改革委、商务部：《关于推进绿色"一带一路"建设的指导意见》，2017 年 4 月 24 日。

［44］Hans G. Bohle, Thomas E. Downing, Michael J. Watts, "Climate Change and Social Vulnerability: Toward a Sociology and Geography of Food Insecurity," *Global Environmental Change* 4 (1994): pp. 37 – 48.

［45］Jouni Paavolz, "Livelihoods, Vulnerability and Adaptation to Climate Change in Morogoro, Tanzania," *Environmental Science & Policy* 11 (2008): pp. 642 – 654.

［46］Sharon Maccini, Dean Yang, "Under the Weather: Health, Schooling, and Economic Consequences of Early-life Rainfall," *American Economic Review* 99 (2009): pp. 1006 – 1026.

［47］Dean Karlan, Robert Osei, Isaac Osei-Akoto & Christopher Udry, "Agricultural Decisions after Relaxing Credit and Risk Constraints," *The Quarterly Journal of Economics* 129 (2014): pp. 597 – 652.

［48］Satya R. Chakravarty, Rupayan Pal, "Financial Inclusion in India: An Axiomatic Approach," *Journal of Policy Modeling* 35 (2013): pp. 813 – 837.

［49］Alexandra Zins, Laurent Weill, "The Determinants of Financial Inclusion in Africa," *Review of Development Finance* 6 (2016): pp. 46 – 57.

［50］Disha Bhanot, Varadraj Bapat, Bera Sasadhar, "Studying Financial Inclusion in North-East India," *International Journal of Bank Marketing* 30 (2012): pp. 465 – 484.

［51］Mandira Sarma, "Index of Financial Inclusion," *Indian Council for Research on International Economic Relations Working Paper* (2008).

［52］C. Rangarajan, "Report of the Committee on Financial Inclusion in India," *Reserve Bank of India* (2008).

［53］ Asli Demirgüç-Kunt, Leora Klapper, Dorothe Singer, Saniya Ansar & Jake Hess, "The Global Findex Database 2017," World Bank Group (2017).

［54］ S. S. Raju, Ramesh Chand, "Agricultural Insurance in India: Problems and Prospects," *NCAP Working Paper* (2008).

［55］ N. S. Jodha, "Role of Credit in Farmers' Adjustment against Risk in Arid and Semi-Arid Tropical Areas of India," *Economic and Political Weekly* 16 (1981): pp. 1696 – 1709.

［56］ Pramod K. Mishra, "Crop Insurance and Crop Credit: Impact of the Comprehensive Crop Insurance Scheme on Cooperative Credit in Gujarat," *Journal of International Development* 6 (1994): pp. 529 – 567.

［57］ Zuzana Fungáčová, Laurent Weill, "Understanding Financial Inclusion in China," *China Economic Review* 34 (2015): pp. 196 – 206.

［58］ Hans Binswanger, Shahidur Khandker, "The Impact of Formal Finance on the Rural Economy of India," *Journal of Development Studies* 32 (1995): pp. 234 – 262.

［59］ Aditi Kapoor, "Financial Inclusion and the Future of the Indian Economy," *Futures* 56 (2014): pp. 35 – 42.

［60］ Surender Mor, *Microfinance and Micro Entrepreneurship* (Delhi: Vista International Publishing House, 2013).

［61］ Shawn Cole, Xavier Giné, Jeremy Tobacman, Petia Topalova, Robert Townsend & James Vickery, "Barriers to Household Risk Management: Evidence from India," *American Economic Journal: Applied Economics* 5 (2013): pp. 104 – 135.

［62］ Alliance for Financial Inclusion. "Bangladesh Bank's Journey with Financial Inclusion and Climate Change" (2018).

［63］ M. Wakilur Rahman, Jianchao Luo, Enjiang Cheng, "Policies and Performances of Agricultural/Rural Credit in Bangladesh: What is the Influence on Agricultural Production?" *African Journal of Agricultural Research* 6 (2011): pp. 6440 – 6452.

［64］ Firoja Akter Khanam, Kamrul Hasan, "Evaluation of Management of Agricultural Credit – A Case Study on Bangladesh Krishi Bank," *Journal of Education and Practice* 4 (2013).

［65］ Marup Hossain, Mohammad Abdul Malek, Md. Amzad Hossain, Md. Hasib Reza & Md. Shakil Ahmed, "Agricultural Microcredit for Tenant Farmers: Evidence from a Field Experiment in Bangladesh," *American Journal of Agricultural Economics* 101 (2019): pp. 692 – 709.

［66］ Abu N. M. Wahid, "The Grameen Bank and Poverty alleviation in Bangladesh," *American Journal of Economics and Sociology* 53 (1994): pp. 1 – 15.

［67］ USAID, "Smallholders' Access to Finance through Bank" (2016).

［68］ Islam Sarker, "Role of Banks on Agricultural Development in Bangladesh,"

International Journal of Ecology and Development Research 1 （2016）: pp. 010 – 015.

[69] 中国人民银行:《中国区域金融运行报告（2020）》, 2020 年 5 月 29 日。

[70] 陆智强:《基于机构观与功能观融合视角下的村镇银行制度分析——以辽宁省 30 家村镇银行的调查为例》,《农业经济问题》2015 年第 1 期, 第 101 ~ 106 + 112 页。

[71] 卢亚娟、孟德锋:《民间资本进入农村金融服务业的目标权衡——基于小额贷款公司的实证研究》,《金融研究》2012 年第 3 期, 第 68 ~ 80 页。

[72] 赵雪梅、安乐堃:《农村小额贷款公司金融扶贫对财务可持续的影响研究——以甘肃省为例》,《武汉金融》2020 年第 9 期, 第 59 ~ 64 页。

[73] 顾宁、刘扬:《我国农村普惠金融发展的微观特征分析》,《农业技术经济》2018 年第 1 期, 第 48 ~ 59 页。

[74] 尹志超、彭嫦燕、里昂安吉拉:《中国家庭普惠金融的发展及影响》,《管理世界》2019 年第 2 期, 第 74 ~ 87 页。

[75] 黄颖、吕德宏、张珩:《政策性农业保险对农户贫困脆弱性的影响研究——以地方特色农产品保险为例》,《保险研究》2021 年第 5 期, 第 16 ~ 32 页。

[76] 庹国柱、李军:《我国农业保险试验的成就、矛盾及出路》,《金融研究》2003 年第 9 期, 第 88 ~ 98 页。

[77] 庹国柱:《我国农业保险的发展成就、障碍与前景》,《保险研究》2012 年第 12 期, 第 21 ~ 29 页。

[78] 周才云、李其蓝、刘芳妤:《改革开放以来我国金融扶贫的政策演进、特色模式与成效》,《征信》2021 年第 4 期, 第 74 ~ 79 页。

[79] 陈盛伟:《农业气象指数保险在发展中国家的应用及在我国的探索》,《保险研究》2010 年第 3 期, 第 82 ~ 88 页。

[80] 方首军、黄泽颖、孙良媛:《农业保险与农业信贷互动关系的理论分析与实证研究: 1985 ~ 2009》,《农村金融研究》2012 年第 7 期, 第 60 ~ 65 页。

[81] 王向楠:《农业贷款、农业保险对农业产出的影响——来自 2004 ~ 2009 年中国地级单位的证据》,《中国农村经济》2011 年第 10 期, 第 44 ~ 51 页。

[82] 关荻晨、陈飞:《后脱贫时代南宁市邕宁区金融扶贫模式特点及可持续性研究》,《山西农经》2021 年第 5 期, 第 65 ~ 68 页。

第三章
应对气候变化下的环境治理问题

吴　戈*

第一节　气候变化下的中国大气环境治理

随着工业进步和社会发展，全球气候发生巨大变化。这种变化与大气污染存在密不可分的关系，两者之间相互影响。一方面，大气污染物通过影响辐射收支影响气候；另一方面，气候因变化反作用于大气污染，后者可以被温度、湿度等气候因素影响进行合成分解，增强毒性和生物学特征，对人类健康、农业生产和生态环境造成不良影响。在气候变化背景下，大气环境治理面临新的挑战与变革。

一　中国大气环境治理背景与历程

大气污染，根据国际标准化组织（ISO）定义，指"由于人类活动或自然过程引起某些物质进入大气中，呈现出足够的浓度，达到足够的时间，并因此危害了人类的舒适、健康和福利或环境的现象"。它与人类活动关系极为密切，并伴随工业化、城市化进程同步发生发展[1][2]，大气污染已成为中国乃至世界各国面临的重要挑战。中国在保持经济持续增长的同时，也付出了惨痛的环境代价，以霾为主要代表的大气污染事件发生频率之高、波及范围之广和危害程度之深前所未有[3][4]。

中国大气环境治理工作主要开始于 20 世纪 70 年代，大体分为四个阶

---

* 吴戈，管理学博士，西南财经大学公共管理学院副教授，主要研究方向为环境治理、绿色发展。

段：起步阶段（1972~1990年）、发展阶段（1991~2000年）、转型阶段
（2001~2010年）和攻坚阶段（2011年至今）[5]，各阶段特征如表3-1所
示。不难看出，1990年以前，中国大气污染表现为城市局地性，工作重点
是工业点源治理、消烟除尘等。发展阶段，大气污染由局地向区域性发
展，出现大面积的酸雨污染，中国开始对主要污染物排放实施总量控制，
重点控制燃煤锅炉与工业排放，并将酸雨和SO_2污染控制纳入修订的《中
华人民共和国大气污染防治法》（1995），开展大规模的重点城市和区域的
污染防治及生态建设和保护工程。转型阶段，区域复合型大气污染特征初
步显现，京津冀、长三角、珠三角等重点地区大气污染问题突出。为此，
国家实施大气污染物总量控制，将酸雨和SO_2污染防治纳入国家"十五"
计划和"十一五"规划，实施"两控区"和重点城市大气污染控制工程，
并在部分重点区域试点大气污染区域联防联控。2011年以后，跨区域、大
范围的灰霾天气不断出现，区域性、复合型大气污染特征日益突出，中国
大气治理进入攻坚阶段。以2013年国务院出台的《大气污染防治行动计
划》（简称"大气十条"）为纲领，污染防治目标从控制污染物排放总量
发展到同时关注排放总量与空气质量，进一步加快产业结构调整、能源清
洁利用和机动车污染防治，实施多种污染源综合控制和多污染物协同减
排，并全面开展大气污染区域联防联控。

表3-1　中国大气环境治理各阶段特征

治理阶段	污染特征	主要污染源	重点防治污染物	主要任务
起步阶段 1972~1990年	城市局地污染	工业点源	烟尘及悬浮颗粒物	排放源监管、工业点源治理、消烟除尘等，属地管理
发展阶段 1991~2000年	区域性污染，酸雨问题突出	燃煤锅炉与工业排放	烟尘、工业粉尘、SO_2和悬浮颗粒物	污染物排放总量控制，控制燃煤锅炉与工业点源治理，重点城市和区域污染防治，属地管理

治理阶段	污染特征	主要污染源	重点防治污染物	主要任务
转型阶段 2001～2010年	区域复合型特征初步显现,煤烟尘、酸雨、灰霾和光化学污染同时出现,京津冀、长三角、珠三角等重点地区大气污染问题突出	燃煤、工业源、扬尘、机动车尾气污染	SO_2、烟尘、工业粉尘、NO_x 和 PM10	污染物排放总量控制,燃煤排放控制、点源治理,启动多污染源综合管理进程,在部分重点区域首次尝试区域联防联控
攻坚阶段 2011年至今	区域性、复合型污染特征突出	多污染源综合控制	SO_2、NO_x、PM2.5、PM10、VOC_s 和臭氧逐渐受到关注	多种污染源综合控制,多污染物协同减排,改善空气质量,全面开展大气污染区域联防联控

注：根据王文兴等《新中国成立70年来我国大气污染防治历程、成就与经验》（《环境科学研究》2019年第10期，第1621～1635页）以及国家相关政策文件整理。

二　中国大气环境治理举措

（一）建立齐抓共管大气环境管理治理格局

1. 完善环境管理机构

自新中国成立以来，环境管理机构经历了国务院环境保护领导小组、城乡建设环境保护部环境保护局、国家环境保护局（副部级）、国家环境保护总局（正部级）、环境保护部以及生态环境部的多次调整和变革[5]，组织架构和职能不断完善。目前，生态环境部中专门针对大气污染防治的大气环境司共内设8个机构，不仅包括大气环境质量管理处、大气固定源处、大气移动源处、噪声与保护臭氧层处等负责全国大气污染防治的机构，同时针对京津冀及周边地区专设大气环境协调办公室、重污染天气应对处以及项目协调与监督处。

2. 落实责任分配和目标管理

根据中国行政管理制度特点，实施责任分配和任务落实机制。首先，国务院与地方人民政府签订目标责任书，开展实施情况年度考核。其次，各省（区、市）结合实际制定实施方案，将目标任务层层分解落实至基层人民政府。通过量化问责机制将大气污染治理任务与地方各级政府考核相结合，提高地方政府在大气污染防治中的履责意识。最后，国务院与国家相关部门间也实施责任制。如2018年国务院颁布的《打赢蓝天保卫战三年行动计划》将任务分解落实到国家相关部门，并明确各措施的牵头部门与参与部门，同时对相关指标进行量化并提出完成时限，有效推动了目标的实现。

3. 加强区域联防联控

大气污染存在较强的空间关联性，使按照行政区划边界的"属地管理"模式与大气污染物跨区流动之间的矛盾不断加剧，建立区域大气污染联防联控成为大气污染防治的必然选择。2010年国务院出台《关于推进大气污染联防联控工作改善区域空气质量的指导意见》，正式开启大气污染防治的区域联防联控。此后，京津冀及周边地区、长三角地区、珠三角地区等重点区域相继建立大气污染联防联控机制，定期召开协作机制会，探索区域统一规划、监测、治理、执法和应急等，协同推进重污染天气应对等重点任务。此外，上述区域还建立了重点任务完成情况定期调度机制，定期开展"回头看"工作，强化监督作用。根据生态环境部数据，2019年三个重点区域秋冬季攻坚行动成效达到3年来最好水平，PM2.5平均浓度同比均下降超过10%，重污染天数均下降超过30%，超额完成空气质量目标。

4. 提升企业与社会公众的参与度

计划经济体制下，大气治理政策多以命令控制类为主，主要通过行政手段控制污染行为。随着市场经济体制的确立客观上提升了企业的市场地位，开始出台各种政策来引导企业在大气治理中发挥作用，如大气污染物排污权交易政策、环境污染第三方治理政策、鼓励发展节能环保产业的政策等都强调了市场在环境治理中的作用。2013年发布的《大气污染防治行动计划》、2018年发布的《打赢蓝天保卫战三年行动计划》、2018年修正的《中华人民共和国大气污染防治法》等都对公众参与和信息公开提出了要求，呼吁社会共同参与大气治理，社会主体责任开始显现。一方面，设立"12369生态环境举报联网管理平台",公众可通过"12369"生态环境举报热线、"12369 生态环境举报"微信公众号、"12369 网络举报平台"三种主要渠道举报环境污染或者生态破坏事项。以 2019 年 9 月为例,当月共接到环保举报 36414 件,其中大气污染举报占比达 63%。另一方面,在环保督察过程中,邀请当地市民代表、当地人大代表、有关媒体记者全程参与,督察过程全部对外公开,不仅提高了督察的公信力,也提高了环保督政的效果。

（二）集中推进重点污染源减排

集中力量在重点领域和行业实施减排工程,重点突破固定源、移动源和面源污染防治。在固定源污染治理上,减少煤炭消费总量、控制燃煤污染成为核心。占全国煤耗近一半的煤电行业自党的十八大后迎来了大规模的煤电超低排放和节能改造。根据《中国大气污染防治回顾与展望报告 2018》,改造后燃煤电厂的 SO_2、NOx 和烟尘排放限值分别比国家排放标准降低 83%、50% 和 67%,达到天然气电厂排放水平。至 2018 年,中国已建成全球最大的清洁高效煤电体系,燃煤脱硫机组装机容量占煤电总装机容量的 99% 以上,脱硝机组装机容量占火电总装机容量的 92% 以上。随着 2019 年《关于推动实施钢铁行业超低排放的意见》的出台,非电行业开启超低排放改造。该政策要求重点区域的钢铁企业至 2020 年底完成 60% 的产能改造,并于 2020 年达到 80% 以上。

在移动源污染治理上,全面加强机动车污染防治,加快淘汰黄标车和老旧车,2014～2016 年累计淘汰 1713 万辆;大力推广应用新能源车辆,实施免征新能源汽车车辆购置税政策,2016 年共生产 51.7 万辆新能源车,同比增长 51.7%;积极推动油品质量改善,实施"国五""国六"机动车排放标准和清洁油品标准;开展船舶与港口污染控制,自 2017 年 4 月底起,天津港不再接收公路运输煤炭;基本完成加油站、储油库、油罐车油气回收治理。

在面源污染治理上,持续推进清洁取暖,至 2019 年,京津冀及周边地区"2 + 26"城市散煤取暖户数从 2400 万户下降到约 1000 万户,散煤用量从每年约 5600 万吨下降到 2300 万吨,首批 12 个试点城市基本完成清洁取暖改造任务，"2 + 26"城市的清洁取暖率达到75%；推行机械化作业，推进露天矿山综合治理，有效减少城市和矿山扬尘，2019年河北省各市的平均降尘量同比下降28%；严格秸秆露天焚烧，推进秸秆综合利用，2019年黑龙江秸秆综合利用率达81.9%，直接还田率达到57.4%，提前完成年度55%的目标[6]。

（三）构建大气污染治理法治保障

环境法治体系建设是大气污染防治成功的重要保障。目前，中国已经构建起以《宪法》为准则，以《中华人民共和国环境保护法》（以下简称《环境保护法》）和《中华人民共和国大气污染防治法》（以下简称《大气污染防治法》）为基础，国务院环境保护行政法规、部门行政规章与地方环境法规相配合的大气污染防治法律法规体系。

除《宪法》对环境保护问题做出原则性规定外，《环境保护法》和《大气污染防治法》等法律法规对大气污染防治进行专项规制，确立了大气污染防治的基本原则。尤其是1988年颁布的《大气污染防治法》作为中国大气污染防治的第一部法律，对中国大气污染防治纳入法制化管理起到奠基性作用。修订后的《环境保护法》和《大气污染防治法》进一步强化地方责任，明确了政府、监管者、排污者和公众的大气污染防治责任与义务，建立健全以排污许可制为核心的固定污染源环境管理体系，加强污染源治理，大幅提高违法成本。而《中华人民共和国清洁生产促进法》《中华人民共和国循环经济促进法》《中华人民共和国环境影响评价法》三部环境与资源保护单行法律的出台，旨在以预防为主，将各项生产过程中对大气环境造成的损害降低到最低点。在新《大气污染防治法》的基础上，多地出台更加细致和严格的《大气污染防治条例》，形成了地方性法律法规。在执法方面，最高法、最高检发布《关于办理环境污染刑事案件适用法律若干问题的解释》，将环境损害司法鉴定纳入统一登记管理范围，生态环境部出台《生态环境保护综合行政执法事项指导目录（2020）》，进一步明确了大气环保执法中的行政处罚标准，为大气污染防治和执法提供了强有力的法律武器。

（四）强化环保监督帮扶工作

1. 完善环保督察制度

环境保护督察是党中央、国务院关于推进生态文明建设和环境保护工作的一项重大制度安排，也是环保工作实施效果的检验与保证。2016 年第一批中央环境保护督察工作全面启动，分四批进入河北、内蒙古、黑龙江等省（区）实施督察进驻工作。2018 年第二批中央生态环境保护督察"回头看"全面启动，截至 12 月 6 日，共收到群众举报 49561 件，经梳理分析，受理有效举报 38133 件，合并重复举报后向地方转办 37679 件。地方已办结26873 件，其中，责令整改 12240 家；立案处罚 2991 家，罚款 21414.36 万元；立案侦查 186 件，行政和刑事拘留 88 人；约谈 1804 人，问责 2177 人。2019 年 6 月，中共中央办公厅、国务院办公厅印发《中央生态环境保护督察工作规定》，首次以党内法规的形式明确督察的基本制度框架和各相关方的职责分工，建立中央和省级的两级督察体制以及例行督察、专项督察、"回头看"等督察方式，并从单一的注重生态环保问题，转向与经济和社会相融合的一体化可持续发展。同年 7 月，第二轮中央生态环境保护督察全面启动。截至 2021 年 8 月，第二轮第一、二、三批督察共受理群众举报 33024件，地方已办结 7764 件。

2. 强化重点区域监督帮扶

围绕京津冀及周边"2 + 26"城市、长三角地区以及汾渭平原三大大气污染防治重点区域，生态环境部自 2013 年起持续 8 年对其大气环境质量进行监督帮扶（强化监督）。2013 年 10 月至 2014 年 3 月，环保部在大气污染防治的重点地区启动大气污染防治专项检查，检查重点为该区域工业企业燃煤设施脱硫脱硝除尘装置运行情况、污染物（烟粉尘、二氧化硫、氮氧化物等）达标排放情况等。2017 年，对京津冀"2 + 26"城市的大气污染防治督查升级，环保部调集 5600 名环境执法人员，对该区域开展为期一年的大气污染防治强化督查，发现和交办了 3.89 万个涉气环境问题，成为我国环境保护有史以来，国家层面直接组织的最大规模执法行动，因此，也被称为"史上最强、持续时间最长"的督查。此后连续 3 年，生态环境部在京津冀

"2+26"城市等三大重点区域持续进行大气污染防治强化监督，查处了一大批涉气违法企业，京津冀"2+26"城市等重点区域的"散乱污"企业得到彻底清理。2019年生态环境部发布《蓝天保卫战重点区域强化监督定点帮扶工作方案》和配套的《蓝天保卫战重点区域强化监督定点帮扶工作实施细则》，向京津冀和汾渭平原重点区域39个城市派驻300个强化监督定点帮扶工作组，持续开展为期两年（2019年5月至2021年3月）的滚动式帮扶工作。2021年，生态环境部专门印发《关于开展2021—2022年重点区域空气质量改善监督帮扶工作的通知》，明确生态环境部对重点区域持续开展强化监督定点帮扶。仅5月和6月，帮扶工作组现场检查企业3349家，发现1650家企业存在3565个涉气环境问题，并交办相关地方生态环境部门调查核实并落实整改[7]。

（五）依靠科技助力大气环境管理

首先，优化国家环境空气质量监测网络。至2019年，337个城市共覆盖1436个国控监测站点、16个国家空气质量背景站、96个区域站，各地建设省控、市控监测点位近4000个。组分网监测点位成功覆盖重点区域83个城市，包括94个手工监测点位与74个自动监测点位，为区域和本地的大气污染防治提供了更坚实的科技基础和更综合全面的分析支撑。此外，机场、港口和园区等热点区域的环境空气质量监测站建设也正在逐步推进。环境空气质量监测网络的不断完善为大气污染防治的科学决策提供了重要的信息基础。

其次，提升科技攻关能力。为有效治理大气污染，中国在不同时期针对不同大气污染物进行科技攻关。早期针对酸雨污染设立的研究专项明晰了中国酸雨的地域分布、变化趋势及成因，为"两控区"的划定及SO_2控制政策的制定提供了决策依据，有效遏制了酸雨污染。针对近年来颗粒物和O_3污染突出问题，科技部于2016年实施《大气污染成因与控制技术研究》重点专项，为全国大气污染治理提供全过程的技术和管理手段。针对京津冀及周边地区传输通道城市，2017年启动《大气重污染成因与治理研究攻关》专项，组织2000多名专家和科研人员参与攻关，在排放现状评估、来源解析、健康影响等 28 个方向开展专题研究。通过"一市一策"驻点工作,为地方政府环境管理和决策提供了科学支撑。

最后,运用新兴科技便利污染源监管。在重点污染源企业安装在线监控系统,并与环保部门联网,实时向社会公开企业排污信息,接受全社会监督。此外,遥感技术被广泛应用于颗粒物、污染气体、秸秆焚烧、气溶胶、机动车尾气等监测,并为执法助力,极大地提高了监管的效率。

三　中国大气环境治理成效

经过 50 年的努力,中国大气环境治理取得了令人瞩目的成效,不仅有效降低了大气污染物排放量和排放浓度,大幅提升了环境空气质量,基本控制酸雨问题,而且产生了良好的健康效益,得到联合国环境规划署等国际机构的积极评价。

(一)大气污染物排放量显著降低

总体而言,中国主要大气污染物(如 SO_2、NOx、颗粒物)的排放量呈下降趋势(见图 3 - 1),2019 年较 2011 年相比,三种污染物排放量分别下降至 79.4%、48.7% 和 14.9%。

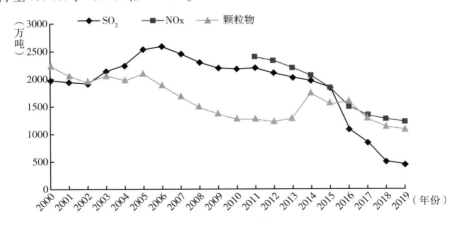

图 3 - 1　2000 ~ 2019 年中国主要大气污染物排放量变化趋势

注:颗粒物为烟(粉)尘。

资料来源:《中国环境统计年鉴》。

随着中国工业化、城市化进程加速，尤其是一大批燃煤电厂投入使用，2000 年 SO_2 排放量达到 1995.1 万吨，2006 年达到峰值 2588.8 万吨。此后，中国逐步淘汰中小型发电机组并全面推行高效的烟气脱硫技术，SO_2 排放量开始下降。加之更为严格的 SO_2 减排措施以及能源结构的调整，SO_2 排放量持续下降，"十三五"时期降幅达到 75.4%。至 2019 年，全国 SO_2 排放量减至 457.3 万吨。NO_x 排放量的变化趋势与 SO_2 类似，由于机动车保有量的增加，NO_x 的排放量在 2011 年达到 2404.3 万吨。随着更为严格的脱硫脱硝措施的推行以及机动车尾气排放标准的提升，NO_x 排放量开始呈现显著下降的态势。至 2019 年，全国 NO_x 排放量已降至 1233.9 万吨。受益于工业结构的调整以及高效除尘技术，废气中的颗粒物（烟粉尘）自 2000 年排放 2257.4 万吨后逐渐下降，其间经历 2014 年短暂升高后迅速降低，至 2019 年全国颗粒物排放量降至 1088.5 万吨。

（二）环境空气质量明显好转

1. 全国环境空气质量总体明显改善

自 2013 年实施《大气污染防治行动计划》以来，全国 337 个地级及以上城市的 PM2.5、PM10、SO_2、NO_2 和 CO 年均浓度分别下降 54.2%、52.5%、75.0%、45.5% 和 48.0%。至 2020 年，上述污染物浓度分别降至 33.0μg/m³、56.0μg/m³、10.0μg/m³、24.0μg/m³ 和 1.3mg/m³。O_3 年均浓度在经历 2018 年峰值后也出现下降，2020 年该污染物浓度降为 138.0μg/m³（见图 3-2）。

"十三五"期间，环境空气质量达标城市占比从 2015 年的 21.6% 提升至 2020 年的 59.9%。337 个城市平均优良天数比例为 87.0%。其中，17 个城市优良天数比例为 100%，243 个城市优良天数比例在 80%~100%，较 2015 年分别增加 11 个和 93 个城市。优良天数比重上升 10.3%，严重污染和重度污染天数比重分别下降 1.6% 和 0.4%（见图 3-3）。

2. 重点区域环境空气质量改善较为突出

作为大气污染防治的重点区域，京津冀地区、长三角地区和珠三角地区环境空气质量改善较为突出。相比 2013 年，三大重点区域 PM2.5 年均浓度分

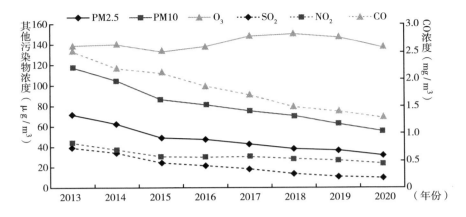

图 3-2 2013~2020 年中国主要大气污染物浓度变化趋势

资料来源：《中国环境状况公报》《中国生态环境状况公报》。

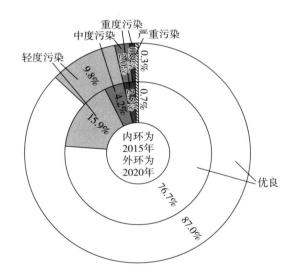

图 3-3 2015 年和 2020 年 337 个城市环境空气质量各级别天数比例

资料来源：《中国环境状况公报》《中国生态环境状况公报》。

别下降 51.9%、47.8% 和 55.3%，分别达到 $51\mu g/m^3$、$35\mu g/m^3$ 和 $21\mu g/m^3$；PM10 年均浓度分别下降 51.9%、45.6% 和 45.7%；SO_2 年均浓度分别下降 82.6%、76.7% 和 66.7%，为全国平均水平的 1.12 倍、1.02 倍，北

京 SO_2 浓度降幅更是达到 82.6%；NO_2 年均浓度分别下降 31.4%、31% 和 36.6%；CO 年均浓度分别下降 58.5%、42.1% 和 47.3%，京津冀地区该污染物浓度降幅是全国平均水平的 1.21 倍。就优良天数比例而言，三大重点区域分别增加 26.0%、21.0% 和 16.6%。重度和严重污染天数比例则分别减少 17.2%、5.3% 和 0.3%。总体而言，京津冀地区的环境空气质量改善更为显著，珠三角地区的环境空气质量整体更优（见图 3-4）。

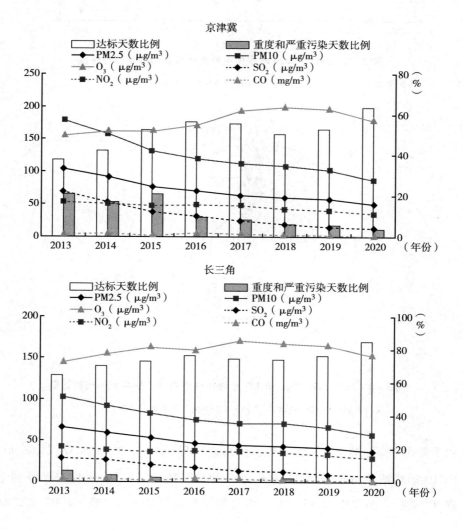

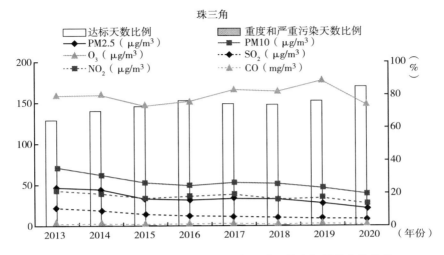

图 3 - 4 2013~2020 年中国三大重点区域环境空气质量变化趋势

资料来源:《中国环境状况公报》《中国生态环境状况公报》《广东省生态环境状况公报》。

(三)酸雨得到有效控制

20 世纪 80 年代中期至 90 年代中期,中国酸雨污染日趋严重。随着 1998 年《酸雨控制区和二氧化硫污染控制区划分方案》以及 2002 年《"两控区"酸雨和二氧化硫污染防治"十五"计划》等一系列政策的出台,酸雨污染得到有效控制。

从分布情况看,近 20 年来,西南、华南、华北、华中酸雨区明显缩小,年均降水 pH 值小于 4.5 的重酸雨区逐渐消失,2015 年后不再出现。至 2020 年,中国酸雨区面积约为 46.6 万平方千米,占国土面积的 4.8%,主要分布在浙江、上海大部以及福建、江西、湖南、广东、广西和重庆部分地区。

从酸雨频率和降水酸度上看,出现酸雨的市(县)逐渐减少,降水酸度渐趋下降(见图 3 - 5)。前者比例由 2011 年的 48.5% 降为 2020 年的 34.0%,降幅为 14.5 个百分点。酸雨(pH < 5.6)、较重酸雨(pH < 5.0)和重酸雨(pH < 4.5)城市比例分别下降 16.1 个百分点、16.4 个百分点和 6.2 个百分点。至 2020 年,三类城市比重分别为 15.7%、2.8% 和 0.2%。

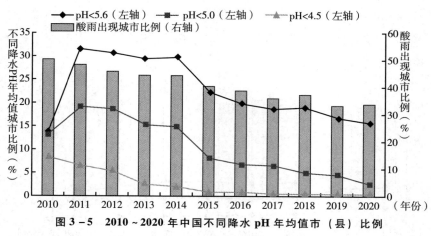

图 3-5　2010~2020 年中国不同降水 pH 年均值市（县）比例

资料来源：《中国环境状况公报》《中国生态环境状况公报》。

（四）居民健康收益提升

自 20 世纪 60 年代起学术界便开始关注大气污染与健康之间的关系。大量研究证实污染物浓度的上升将导致致病效应和致死效应，前者表现在呼吸系统和心血管疾病方面，后者则主要表现在总死亡、呼吸系统疾病、心血管疾病和肺癌等方面，进而产生健康损失以及经济损失，因此控制大气污染物能够给居民带来巨大的健康收益。

《大气污染防治行动计划》实施以来，大气污染导致的人体健康损失有所降低。根据测算，全国 338 个地级及以上城市地区因 PM10 或 PM2.5 污染导致公众患心血管疾病和呼吸系统疾病而过早死亡的人数从 2013 年的 52.1 万人降至 2017 年的 43.9 万人，山东省减少量最为显著（近 1 万人），城市人均预期寿命比 2013 年增加 0.16 岁[8]。部分学者得出相似的结论，并在此基础上根据"支付意愿法"研究结果，进一步估算出该行动计划带来约549.7 亿元的健康经济效益[9]。

四　中国大气环境治理面临的挑战

大气环境治理取得阶段性成效的同时，我们还应当看到，这种成效仍较为脆弱，大气污染防治的形势依然严峻，打赢蓝天保卫战仍面临诸多挑战。

（一）大气环境质量改善水平不高

生态环境部部长黄润秋在 2021 年全国生态环境保护工作会议上的工作报告中指出，中国生态环境质量改善从量变到质变的拐点还没有到来，现阶段生态环境的改善总体上还是中低水平的提升。

第一，就大气环境而言，中国城市空气质量整体得到改善，但大气污染防治的形势依然严峻。2020 年 337 个地级及以上城市中仍有超过 40% 的城市环境空气质量超标，如若剔除疫情这一突发外部因素，超标城市占比将更大。第二，尽管大部分大气污染物排放量和浓度总体呈现下降趋势，但颗粒物浓度依然偏高。这主要是指中国目前对于 PM2.5 和 PM10 的治理，对标的是世界卫生组织（WHO）过渡值第一阶段标准（IT-1，PM2.5 年平均浓度 35μg/m³ 和 PM10 年平均浓度 70μg/m³，见表 3-2）。以 2020 年两种上述污染物为例，虽然其全国年均浓度（33μg/m³ 和 56μg/m³）达到第一阶段标准，但距离第二阶段标准（IT-2，PM2.5 年平均浓度 25μg/m³ 和 PM10 年平均浓度 50μg/m³）仍有一定差距，更远低于标准值（AQG，PM2.5 年平均浓度 5μg/m³ 和 PM10 年平均浓度 15μg/m³）。在 337 个地级及以上城市中，PM2.5 和 PM10 达到中国二级标准的占比分别为 57.9% 和 53.1%，但达到一级标准的占比仅为 5% 和 23.7%。第三，O_3 污染逐渐显现，成为影响空气质量的重要因素。从图 3-2 不难发现，自 2015 年以来，O_3 年均浓度连续 3 年上升，尽管 2018 年后有所下降，但浓度仍处于高位（138μg/m³）。2020 年，以 O_3 为首要污染物的超标天数占比为 46.6%，仅次于 PM2.5。

表 3-2　中国与国际空气质量标准对比

空气污染物	指标	中国		WHO					其他国家
		一级	二级	IT-1	IT-2	IT-3	IT-4	AQG	
PM₂.₅（μg/m³）	年平均	15	35	35	25	15	10	5	欧盟 25，英国 25，美国 12，日本 15，加拿大 8.8，澳大利亚 8
	24h 平均	35	75	75	50	37.5	25	15	日本 35

续表

空气污染物	指标	中国		WHO					其他国家
		一级	二级	IT－1	IT－2	IT－3	IT－4	AQG	
PM_{10}（$\mu g/m^3$）	年平均	40	70	70	50	30	20	15	欧盟、德国、印度 40～65
	24h 平均	50	150	150	100	75	50	45	美国 50～150
O_3（$\mu g/m^3$）	暖季峰值（6个月）	—	—	100	70			60	
	日最大 8h 平均	100	160	160	120			100	美国、欧盟、英国等发达国家 120～150
	1h 平均	160	200	—	—	—		—	
SO_2（$\mu g/m^3$）	年平均	20	60						
	24h 平均	50	150	125	50	—		40	美国、欧盟、德国、日本、英国等发达国家 50～80
	1h 平均	150	500						
	10 分钟平均	—	—					500	
NO_2（$\mu g/m^3$）	年平均	40	40	40	30	20		10	美国、欧盟、德国、英国等发达国家 40～100
	24h 平均	80	80	120	50			25	美国、欧盟、德国、英国等发达国家 60～200
	1h 平均	200	200	—	—	—		200	美国、欧盟、德国、英国等发达国家 200～400
CO（mg/m^3）	24h 平均	4	4	7	—	—		4	
	8h 平均	—	—					10	美国、欧盟、日本等发达国家 10～25
	1h 平均	10	10	—	—	—		35	美国、欧盟、日本等发达国家 30～40
	15 分钟平均	—	—					100	

资料来源：《环境空气质量标准》（GB 3095－2012）、WHO 发布的《全球空气质量准则》（AQG2021）以及部分国家空气质量标准政策。

（二）大气污染物与温室气体减排协同性不强

根据生态环境部环境规划院气候变化与环境政策研究中心的《中国城市二氧化碳和大气污染协同管理评估报告》，2015～2019年，全国335个地级及以上城市中，仅 1/3 的城市实现了 CO_2 与主要大气污染物（SO_2、NO_x 和颗粒物）的协同减排。其中，30.45% 的城市实现 CO_2 和 SO_2 协同减排，

28.06% 的城市实现 CO_2 和 NO_x 的协同减排，29.85% 的城市实现 CO_2 与颗粒物的协同减排。仍有 3.28%、12.84% 和 4.87% 的城市，其 CO_2 分别与 SO_2、NO_x 和颗粒物同时增排。东部和西部城市 CO_2 和大气污染物排放协同管理绩效相对较弱。就 CO_2 排放与空气质量协同情况而言，仅 23.88% 的城市同时实现 CO_2 减排和 AQI 指数降低（空气质量提升）。其中，21.49% 的城市实现 CO_2 排放和 NO_2 浓度的协同下降，29.55% 的城市实现 CO_2 排放和 PM2.5 浓度的协同下降，6.57% 的城市实现 CO_2 排放和 O_3 浓度的协同下降。仍有 19.4%、32.8% 和 53.13% 的城市，其 CO_2 排放分别与 NO_2、PM2.5 和 O_3 浓度同时出现增长。大气污染物和温室气体协同管理极为迫切。

（三）区域型持续重污染天气应对能力不强

中国城市空气质量总体上仍未摆脱"气象影响型"，一些关键地区还未能摆脱对扩散条件的高度依赖。即使假期停工停产、行驶车辆大幅度减少，遇到大气扩散条件不佳的情况，依然会产生区域性持续重污染。2020 年和 2021 年秋冬季，部分地区重污染天气有所增加，甚至在新冠肺炎疫情期间也出现了反弹。主要原因在于中国以重化工为主的产业结构、以煤为主的能源结构和以公路货运为主的运输结构没有根本改变。其中：以重化工为主的产业结构没有根本改变是指传统产业规模大、比重高，且大量布局在大气污染防治重点区域；以煤为主的能源结构没有根本改变是指中国煤炭消费总量保持高位且仍在持续增长，煤炭消费比重超过 50%，京津冀及周边地区单位国土面积煤炭消费量是全国平均水平的 4~6 倍，汾渭平原煤炭消费在能源消费中占比超过 80%；以公路货运为主的运输结构没有根本改变是指公路货运强度过大，京津冀及周边地区等重点区域公路货运占比达 80% 以上，预计机动车保有量仍会持续快速增长。当区域大气排放条件不佳时，污染排放还会超出区域大气环境容量，造成严重的大气污染。

（四）农村大气污染防治重视程度不足

根据第二次全国污染源普查的农村能源调查数据，做饭、取暖产生的 PM2.5 排放量占总排放的 1/3。主要原因在于农村地区仍在大量使用原始生物质燃料或者燃煤来做饭和取暖，尤其是西北、西南、东北和华北地区的农村。在"2＋26清洁取暖计划"之前，华北地区农村近几年室内PM2.5约为200μg/m³。北京大学城市与环境学院陶澍院士通过研究证实，农村地区人口比城市地区人口对PM2.5的贡献更大，这也导致了农村地区人口的PM2.5死亡风险更高。其中，中国农村常用燃烧生物质（如木材和农作物秸秆）做饭和取暖，这些燃烧带来的PM2.5导致了37万人死亡[10]。由此可见，农村大气污染防治不容忽视。然而，当前大气环境保护工作的重心仍在城市尤其是地级以上城市，对于农村大气污染防治重视不够。部分农村地区燃煤散烧、焚烧秸秆等方面污染没有得到严格管控，加大了大气污染防治攻坚难度。大气环境质量的评价与改善需要进一步向农村拓展。

（五）区域联防联控的深度和广度不够

一是联防联控协调机制不明确。法律层面的规定往往原则性强而可操作性弱，在中国区域发展极不平衡的背景下，地方立法存在各自为政的现象，各地方制定的环境标准不统一。以地方政府牵头协调、定期召开党政联席会的运行机制，因法律定位不明、府际争议难以协调等因素，权威性不足，联防联控难以真正实现。京津冀及周边地区通过成立大气污染治理领导小组，与中央联系明显加强，但后续运行时能否解决好行政壁垒及责权分配等问题，仍需实践检验。二是区域管理体制缺失。从环境监管体制看，六大区域环保督察中心的主要职能是承担事后监督的责任，并不能承担对区域空气质量管理中的区域规划、区域监测、排污许可证发放等职能，不属于国家行政管理的主体，无法保证联防联控有序高效开展。三是联防联控实施效果具有局域性。自"十二五"以来，我国全面推行大气污染区域联防联控，但就具体实践而言，基本集中于京津冀及周边地区、长三角和珠三角地区，尤其是京津冀及周边地区，其他区域的联防联控尚不充分。如江苏省生态环境厅厅长王天琦指出，作为长三角和京津冀周边两个大气污染治理重点区域的连接带，苏皖鲁豫地区空气污染问题日益凸显，该区域联防联控机制亟待建立[11]。

五 国外大气环境治理经验借鉴

美国、欧盟等工业化国家或地区均经历过较为严重的大气污染，各国在结合本国实际情况的基础上，积极投入大气污染治理中，取得了一定成效，为中国提供了国际经验。

（一）建立科学监测评估体系

依据《清洁空气州际法规》框架，美国建立了一整套包括排放清单编制技术、空气质量数值模拟技术、情境预测技术等污染综合防治的技术体系，并连续 5 年开展 PM2.5 等大气污染观测超级站计划。通过污染物监测、排放清单研究和模拟计算，提出各类污染源减排方案和污染综合防治技术规定。欧盟则通过远程大气污染传送监测和评估合作计划，将监测、模型、评估、对策等过程紧密联系，覆盖欧盟的 PM2.5 监测、污染源监控、防治对策研究以及效果评估等多个体系，为大气污染防治提供重要的技术支撑。

（二）实施多污染物协同控制

面对复合型大气污染，美国环境保护署（EPA）设置了专门的大气污染防治目标，覆盖颗粒物、O_3、NO_x、VOC_s、SO_2、CO 等多种污染物的约束性指标，在《清洁空气州际法规》中，更明确了对各州 NO_x、VOC_s 等前体物的综合控制，以提升各州 PM2.5 和 O_3 的达标率。欧盟则通过 2016/2284/EU 指令，规定了成员国在 2020 年和 2030 年主要 5 种污染物（NO_x、$NMVOC_s$、SO_2、NH_3、PM2.5）的国家排放上限[12]。此外，空气质量标准不断提升。以 PM2.5 为例，美国环境保护署于 1997 年首次发布 PM2.5 标准，年平均和 24h 浓度限制分别为 $15\mu g/m^3$ 和 $65\mu g/m^3$，2006 年和 2012 年又分别进行了修订，该污染物浓度目前限定为 $12\mu g/m^3$ 和 $35\mu g/m^3$。欧盟的浓度限值从 2008 年年均 $25\mu g/m^3$ 提升至 2020 年的 $20\mu g/m^3$。

（三）注重大气污染联防联控

第一，从法律层面上规定了区域管理机制统一的监管机构和执行机构。1970 年美国联邦政府修正《清洁空气法》，组建了独立的行政机构——美国环境保护署，行使对全国公共环境监管、环保技术开发等职责。各州和地区按照环境保护署法律政策的规定，定期提交空气质量"达标"的详细实施计划。第二，注重部门间协调。联邦政府部门之间相互协调配合，进行空气治理。如能源部、环境保护署等不同的机构和部门会推出各具特色的空气污染治理项目，相互配合进行空气治理。第三，构筑大气跨界污染治理体系。环境保护署将美国 50 个州划为 10 个大区，每个大区设立区域环境办公室，由它们作为环境保护署的代表，对所辖大区的综合性环保工作进行监督，代表环境保护署执行联邦的环境法律、实施环境保护署的各种项目，协调州与联邦政府的关系。第四，为克服地域隔阂、责任主体不明等多种因素带来的区域跨界大气污染治理工作的困难，美国建立了跨区域空气质量管理机构，对污染问题进行共同协商和合作治理。如针对州际之间产生的臭氧污染问题，美国授权在臭氧污染严重的东北部 11 个州和华盛顿特区建立区域管理机构——臭氧传输委员会（OTC），加强州际间的协商与合作，平衡利益冲突，共同商讨臭氧问题的解决方案并实施，很大程度上使州际大气污染得到控制。欧盟于 1979 年签订《长距离跨界空气污染公约》，成为欧盟乃至国际社会第一部以控制跨界空气污染为目的的区域性多边公约，为区域联防联控提供了正式框架。《远程大气污染跨界输送协议》的签署，使欧盟各国建立起了跨国界政策平台，明确了减排总体目标和各国减排份额。除签订横向国际条约外，欧盟还通过颁布各项指令要求各成员国进行污染物减排，进而形成横向与纵向相结合的区域联防联控管理体系。

（四）建立排污权交易体系

20 世纪 70 年代以来，美国环境保护署在借鉴水污染治理的排污许可证制度的基础上，通过《清洁空气法》引入空气污染物排放许可证制度，授权环境保护署制定许可证实施法规，逐步建立起以气泡、补偿、银行、容量节余为核心内容的排污权交易体系。1990 年《清洁空气法修正案》通过后，联邦政府开始实施酸雨控制计划，排污交易主要集中于二氧化硫，在全国范围的电力行业实施，并制定了可靠的法律依据和详细的实施方案，成为迄今为止最广泛的排污权交易实践。排污权交易制度充分发挥了市场的功能，既可以刺激技术落后的企业努力改进技术，减少排污量，又可以给治理成本比较高的企业留出交易空间，通过排污权交易体系获得排污配额，满足排污需求。

（五）加强信息公开与公众参与

美国环境保护署和其他机构合作设立"空气质量指数"，通过 Air Now 网站向公众提供美国空气质量以及空气污染水平是否达到威胁公众健康的及时、易懂信息。美国各州每年向美国环境保护署提交年度监测网计划，公众可在 30 天的公示期内对监测计划提问和提出建议。此外，公众积极参与民间诉讼。20 世纪 70 年代以来，美国公众参与几百例空气质量诉讼案，其间环保型公益组织发挥重要作用，有力地推动了空气质量监测标准的提升。

六　中国大气环境治理的对策建议

（一）以 PM2.5 与 O_3 为核心，实施多污染物协同控制

鉴于中国目前复合型污染特征以及 O_3 污染的严峻形势，结合发达国家大气治理经验，中国应从国家层面实施 PM2.5 与 O_3 为核心的多污染物协同控制战略，构建 PM2.5 和 O_3 协同治理的综合防治体系。一方面，PM2.5 的削减，除控制一次性颗粒物外，还需控制其多种前体物，如 SO_2、NO_x、VOC_s、氨、持续性有机污染物等。而 O_3 污染成因复杂，目前形成机理、前体物清单等尚未明确。另一方面，PM2.5 与 O_3 存在复杂的耦合关系，两者存在共同的前体物（NO_x 和 VOC_s），且在大气中通过多种途径相互影响，对其的协同控制复杂而又艰巨[12]。因此，需要深化以 PM2.5 和 O_3 为核心的复合污染研究，完善监测网络，明确复合污染形成机理、各污染物以及前体物排放清单以及控制技术等，为多污染物协同控制措施的制定提供科学依据。

（二）以减污降碳为抓手，倒逼结构调整

中国在 2020 年提出"二氧化碳排放力争于 2030 年前达到峰值，努力争取 2060 年前实现碳中和"的承诺。这意味着中国既要减污，以实现环境质量根本改善，又要降碳，为实现 2030 年前碳达峰打好坚实基础，二者缺一不可，而同根同源同过程的性质使减污降碳协同增效成为可能[13]。具体而言，化石能源在使用过程中不仅产生 CO_2 等温室气体，也产生 SO_2、颗粒物、VOC_s 等污染物，它们同一来源、同时产生、同时排放，可以进行系统治理，以实现减污降碳的协同效应。一方面，通过调整能源结构，降低煤、

天然气等化石能源使用比例，提高非化石能源比例和能源转化效率，调整产业结构、严控两高行业，调整交通运输结构、推广新能源汽车等，不仅可以减少碳排放，而且能从根源上降低大气污染物排放。另一方面，通过减污降碳目标的设定，能够进一步倒逼中国能源结构、产业结构、交通运输结构的调整，使中国城市空气质量总体上摆脱"气象影响型"，提升应对气候变化的韧性。

（三）强化区域联防联控，实现区域协同治理

大气治理需要各级政府之间密切合作，打破行政区划界限，实施区域联防联控、协同治理。第一，建立联防联控的主体机构。结合国外经验不难发现，这一主体往往建立在国家层面之上，即在国家（中央）层面设立专门的联防联控委员会，进行统一规划和政策制定。在此基础上，各污染区域设立该区域的大气治理联合委员会，独立于区域内各政府部门，对中央联防联控委员会负责，主要制定符合区域内实际情况的治理方案，并在区域内统一调配资源、统一规划、协调、评估和监管。上述机构的设立将有效规避原先区域联合治理中各自为政的弊端。第二，做好区域大气污染防治政策的制定。一方面，中央和区域主管机构需考虑不同区域实际情况，制定差异化减排目标和政策。另一方面，区域内各省市在制定地方其他政策（如城市规划）时，必须考虑对所在污染区域大气环境的影响。

（四）重视农村大气污染防治，实现城乡协同

大气污染防治需打破城乡区别，避免重城市轻农村的现象，切实把农村大气污染防治工作落实到位[14]。在乡村和农林地区增设观测点，做好监测及预警，为农村大气污染防治的精准、科学治理提供数据支撑。针对农村群众环保意识薄弱的情况，需要充分发挥村干部的群众基础优势，强化动员宣传，提高群众环境意识。大力改善和升级农村地区的家庭能源结构，不仅通过"煤改气""煤改电""太阳能"等方式推进清洁取暖，而且鼓励利用清洁能源、推动清洁做饭，形成大气污染合力共防的工作格局。在此基础上，进一步强化农村环境执法监管，强化应急管控，扎实做好秋冬季大气污染防治工作。

（五）发挥市场工具效用，推动大气治理实现"环境中性"

复旦大学李志青认为[15]，制定环境政策要做到"环境中性"，即环境政策的制定具有其内在的、稳定的基本逻辑，就是借助市场来配置生态环境资源。目前，中国的环境政策工具以行政命令式为主，导致环境政策在大多数情况下处于"非中性"地位。因此，有必要完善以市场激励为主导的环境政策，充分发挥市场机制效用。在大气治理方面，除环境税等税收工具以及绿色金融等市场产业类工具外，还可以运用市场交易工具。如进一步完善排污权交易市场机制，丰富排污许可证的种类和内容，多政策激活排污权交易市场，健全监管规范制度，促进排污权交易活动规范化。同时，推动能源市场化，鼓励多元化主体进入能源市场，鼓励企业自主参与节能减排活动，促进清洁生产机制的发展。

第二节　气候变化下的中国水环境治理

党的十九大报告指出，我国社会主要矛盾已经转化为人民日益增长的美好生活需要和不平衡不充分的发展之间的矛盾。具体到水环境上，人民群众对美好生活的需要主要体现在三个方面：房前屋后的池塘、河流不能是黑的臭的，城市下雨后没有内涝，水龙头里的饮用水清洁安全[16]。然而，目前中国的水环境与人民群众的美好期望仍存在差距，并且伴随人类"开放式"风险活动引起的气候变化，水资源环境进一步恶化。在水环境治理已进入"深水区"的当下，重新审视和观察中国水环境治理问题，积极思考在水污染治理、水资源保护以及水生态修复不同层面精准施策，不仅是中国持续打好碧水保卫战的重要举措，也是应对气候变化的必然选择。

一　中国水环境治理背景与历程

水是经济社会发展的必须要素，水资源的供需不均衡已成为世界性问题。根据《中国水资源公报》统计，作为人均水资源缺乏国之一的中国。2020年人均水资源量仅为2238米^3/人，约为世界平均水平（6055米^3/人）

的1/3。从用水需求上看，中国各地区水资源分布极为不均衡，北方用水缺口严重。随着工业化、城镇化的不断推进，水资源出现结构性短缺的同时，水质情况也不容乐观，诸多地区和流域水体正遭受严重污染。水环境治理已成为社会经济绿色可持续发展的必然选择。

中国水环境治理工作主要开始于20世纪70年代，以1972年开展的官厅水库水污染治理行动为标志，拉开了中国水环境治理的序幕。总体而言，中国水环境治理历程大致分为三个阶段。

（一）起步阶段

在"九五"计划以前，中国水环境质量经历了由基本清洁向局部恶化以及全面恶化转变的过程，环境保护工作在经济社会发展中的地位逐渐受到重视，水环境治理进入以点源污染防治为主的起步阶段，初步构建起中国水环境管理体系。这一阶段中，与水环境相关的法律法规和政策制度相继出台，具体包括《中华人民共和国水污染防治法》、《水污染防治法实施细则》、《污水综合排放标准》（GB 8978－88）、《地下水质量标准》（GB/T14848－93）、《农田灌溉水质标准》（GB 5084－85）等[17]。1989年第一次水污染防治大会召开，提出水域分类管理、污染源分级控制、划分水环境功能区、发放排污许可证等一系列对策，强化了各级环保部门依法行政的手段。然而，由于治理经验的不足，该阶段侧重对工业污染源进行治理，在城镇生活、农业农村以及流域和区域性的水环境问题上缺乏思考，加上环境监管能力较弱，以点源污染防治为主的水环境治理并未取得明显成效。

（二）发展阶段

"九五"时期，以淮河为代表的流域水质面临全流域恶化的危机，中国进入大规模流域治水阶段。国家重要流域水污染防治规划问题首次在1996年修正的《中华人民共和国水污染防治法》中予以明确，中国污染最为严重的"三河三湖"（淮河、海河、辽河、太湖、滇池、巢湖）被列为国家治理重点流域。"十五"期间又陆续增加了"一江一库"（松花江流域、三峡库区及上游）、南水北调水源地及沿线。2008年又首次批准了《黄河中上游流域水污染防治规划》。从治理方针上，"九五"时期主要实施重点污染物排放总量控制、工业污染源达标排放、空气和地表水环境质量按功能区达标措施。

进入 21 世纪，国家全面加大了水污染治理力度。2000 年，为使南水北调项目发挥综合效益，确定东线治污，东、西、中三线的水污染防治与生态保护的任务，把中国水污染防治工作推向了新的高度，即让治污为重点工程开路，并融入重点工程的建设计划，实现先节水后调水、先治污后通水、先环保后用水。2002 年首个城镇污水处理厂污染物排放标准（GB 18918）出台，有力促进了城镇污水处理业的发展。"十一五"时期，中国实施"节能减排"战略，突出地方政府在水污染防治中的责任，提出在重点污染物减排目标的基础上，将减排指标层层落实到各省、市、县。重点保障饮用水水源地水质安全，实施跨省界水质考核，协调解决跨省界纠纷问题[17]。

2012 年全国污染防治工作会议提出"由粗放型向精细化管理模式转变、由总量控制为主向全面改善环境质量转变"。因此，"十二五"时期水环境治理改变传统污染物总量控制思路，采用总量控制和质量改善双约束的规划目标指标体系，在全国层面实施总量控制目标考核、重点流域层面实施规划水质目标完成情况和规划项目实施进展情况的考核；确定饮用水安全保障、工业污染治理、城镇生活污染治理、环境综合整治、生态恢复和风险防范等六方面的规划任务[18]。

（三）转型阶段

2015 年国务院颁布《水污染防治行动计划》（简称"水十条"），全面打响水污染防治攻坚战。2017 年 6 月新修改的《水污染防治法》首次纳入"河长制"，从法律层面明确各级政府的水环境治理责任。此后，全国各地的综合解决方案纷纷出台，水环境系统治理与生态修复如火如荼展开。

这一阶段的水环境治理从分治转为综合治理、从控污转为循环利用、由截污治污为先转变为生态修复为主。以"水环境、水资源、水生态"为重点的"三水"统筹的水环境管理体系，成为治水新机制[19]。流域层面，长江流域生态保护及黄河流域生态保护和高质量发展被上升到国家战略高度。水资源方面，《中华人民共和国国民经济和社会发展第十四个五年规划和

2035 年远景目标纲要》（简称"十四五"规划）中明确指出，实施国家节水行动，建立水资源刚性约束制度，强化农业节水增效、工业节水减排和城镇节水降损，鼓励再生水利用。水生态方面，生态环境部印发的《重点流域水生态环境保护"十四五"规划编制技术大纲》明确提出要突出"三水"统筹，实现"有河有水，有鱼有草，人水和谐"的目标。由此可见，"十四五"期间，水环境治理的重点是推动实现水生态环境持续改善，力争在水资源、水生态、水环境等流域要素统筹推进系统治理上实现突破。

二 中国水环境治理举措

（一）部门协调推进，逐步建立和完善水环境治理长效机制

水环境治理涉及环保、水利、农业、财政、工信、城建、发改等众多部门，部门之间的协同推进是水污染治理的重要制约因素。水污染治理工作既需要相关部门做好自己分内水污染治理工作，也需要部门之间相互协作。如2016 年，财政部、环境保护部等 4 部门出台《关于加快建立流域上下游横向生态保护补偿机制的指导意见》，明确将建立地方为主、中央引导的跨省流域横向生态保护补偿机制。同年，环境保护部联合国家发改委、住建部、水利部印发《关于落实〈水污染防治行动计划〉实施区域差别化环境准入的指导意见》，指导地方根据流域水质目标和主体功能区规划要求，切实从源头上推进水环境质量改善，逐步建立和完善水污染治理长效机制。2019年，中央农办、农业农村部、生态环境部、住房城乡建设部、水利部、科技部、国家发改委、财政部、银保监会 9 部门联合印发《关于推进农村生活污水治理的指导意见》。2020 年，国家发改委、财政部、住房城乡建设部、生态环境部、水利部印发《关于完善长江经济带污水处理收费机制有关政策的指导意见》，再次强调各部门要加强衔接，完善污水处理收费机制有关政策，细化实化具体工作方案，明确时间表和路线图，明晰分工，责任到人，确保任务落地，取得实效。

（二）创新河长制，助推责任主体落实

河长制是中国特殊国情水情下的产物，既是河湖管理工作的一项制度创

新，也是中国水环境治理体系和保障国家水安全的制度创新。所谓河长制，是指由中国各级党政主要负责人担任"河长"，负责组织领导相应河湖的管理和保护工作。2003年，浙江省长兴县在全国率先实行河长制。2016年12月，中共中央办公厅、国务院办公厅印发《关于全面推行河长制的意见》，在全国江河湖泊全面推行河长制，构建责任明确、协调有序、监管严格、保护有力的河湖管理保护机制，全面建立省、市、县、乡四级河长体系，为维护河湖健康生命、实现河湖功能永续利用提供制度保障。河长制工作的主要任务包括：加强水资源保护，全面落实最严格的水资源管理制度，严守"三条红线"；加强河湖水域岸线管理保护，严格水域、岸线等水生态空间管控，严禁侵占河道、围垦湖泊；加强水污染防治，统筹水上、岸上污染治理，排查入河湖污染源，优化入河排污口布局；加强水环境治理，保障饮用水水源安全，加大黑臭水体治理力度，实现河湖环境整洁优美、水清岸绿；加强水生态修复，依法划定河湖管理范围，强化山水林田湖系统治理；加强执法监管，严厉打击涉河湖违法行为。为推动河长制尽快取得实效，水利部制定《关于推动河长制从"有名"到"有实"的实施意见》，提出将"清四乱"专项行动作为今后一段时期全面推行河长制的重点工作，集中解决河湖乱占、乱采、乱堆、乱建等突出问题，管好河道湖泊空间及其水域岸线；加强系统治理，着力解决"水多""水少""水脏""水浑"等新老水问题，管好河道湖泊中的水体，向河湖管理顽疾宣战，推动河湖面貌明显改善。

截至2018年6月底，全国31个省（自治区、直辖市）全面建立河长制，河长制的组织体系、制度体系、责任体系初步形成，实现了河长"有名"，共明确省、市、县、乡四级河长30多万名，其中省级河长402人，59位省级党委或政府主要负责同志担任总河长。29个省份还打通了河长制的"最后一公里"，把河长体系延伸到村一级，设立了76万多名村级河长。31个省区市的省、市、县均成立了河长制办公室。各省级河长巡河巡湖926人次，市、县、乡级河长巡河巡湖210多万人次。水利部部长鄂竟平指出，通过实施河长制，中国的江河湖泊实现了从"没人管"到"有人管"，有的河湖还实现了从"管不住"到"管得好"的重大转变。

（三）强化水污染治理，加强生态保护修复

1. 实施城市黑臭水体治理

黑臭水体治理是水环境治理的重要任务之一。全国地级及以上城市排查确认的黑臭水体达到2000余个。从黑臭程度来看，已排查的水体中66.5%属于重度黑臭，33.5%属于轻度黑臭。从水体类别看，河流、塘、湖分别占比85.7%、9.8%和4.5%，主要以河流形式存在。2015年，国家"水十条"明确将"整治城市黑臭水体"作为重要内容；2016年，国务院《"十三五"生态环境保护规划》再次强调"大力整治城市黑臭水体"；2018年，《城市黑臭水体治理攻坚战实施方案》提出，至2020年底，各省、自治区、地级及以上城市建成区黑臭水体消除比例高于90%。

为确保2020年底全面达到黑臭水体治理目标，各地大力开展控源截污，强化排污管理，加强工业污染和农业面源污染控制，科学推进城市黑臭水体治理，而中央也将分三批次对60个示范城市予以资金支持。2019年，四川德阳市通过实施"控源截污工程""污水处理提质增效""内源治理工程""处理能力提升工程""岸绿工程""能力建设工程"等六大工程，黑臭水体治理获得显著成效，入选2019年全国城市黑臭水体治理示范城市，获得4亿元补助资金。截至2020年底，全国地级及以上城市黑臭水体消除比例达到98.2%。

2. 加大污水处理设施投建

污水处理设施是水环境尤其是水污染治理过程中的重要工具。自1984年中国第一座大型城市污水处理设施投建以来，中央政府相继实施了将国际贷款（赠款）向污水处理倾斜、国债资金支持、开征并不断提高污水处理费、以BOT方式进行市场化融资等措施，确保了污水处理建设资金的充足性，加速水环境治理行业发展。2001~2010年，国家全面加大水环境治理力度。"十一五"期间，国家开始实施"节能减排"战略，全国水环境治理步入高速发展轨道。2015年起，随着"水十条"在全国各地的贯彻落实，在政府财政的引导下，我国水环境治理投入呈快速增长趋势。2017年水污染治理行业的投入已从2011年的1967亿元增加到4000亿元。截至2019

年，城市排水管道长度已达到 74.4 万千米，比 2010 年提升 80% 以上。共建成城市污水处理厂 2471 座，县镇污水处理厂 1600 余座，分别比 2010 年增加约 70% 和 50%。

3. 开展水生态保护与修复

水环境治理除了控制污染外，还更应注重水生态保护修复，以恢复水体自净能力，进一步巩固污染治理效果。石嘴山市先后实施了防渗隔离沟、湖水内部循环净化工程、休渔还湖、退耕还湿、周边重点区域清淤等 20 项工程，通过固本培元打造水体健康内核，成为全国水质改善明显的三个城市之一。流域方面，2018 年长江水利委员会通过开展生态调度试验等方式，强化流域水生态环境保护与修复。其中，两次促进"四大家鱼"繁殖的三峡水库生态调度试验使"家鱼"产卵量比 2011 年增长近 86 倍，溪洛渡分层取水生态调度试验和汉江中下游梯级联合生态调度试验，均产生良好的生态效应。此外，首次在金沙江中游增殖放流圆口铜鱼幼鱼 1 万多尾，在丹江口库区增殖放流鱼苗 12 万尾。结果表明，以水生生物为主体的水生生态系统，在维系自然界物质循环、净化水域生态环境等方面发挥着重要作用。在黄河流域治理上，河南省持续开展黄河河道清理整顿等工作，清理渡船、游船、码头周边违建等，湿地逐渐恢复。在黄河三门峡段南岸，曾经猖獗的铝土矿露天开采造成沿岸植被毁损、山坡裸露，当地对辖区内沿黄 33 家铝土矿矿山企业采取专项治理整顿。同时，累计投入资金 1.7 亿元，完成矿区恢复治理。

（四）实施国家节水行动，鼓励再生水利用

实施国家节水行动是提升用水效率的重大举措。党的十九大首次提出实施国家节水行动，2019 年 4 月国家发改委和水利部颁布《国家节水行动方案》，旨在大力推动全社会节水，全面提升水资源利用效率，形成节水型生产生活方式，保障国家水安全。该方案对万元国内生产总值用水量、万元工业增加值用水量、全国用水总量、农田灌溉水有效利用系数等指标均做出明确的目标规定。实施国家节水行动，严格控制区域流域用水总量和强度，推动农业节水增效、工业节水减排和城镇节水降损，改革节水管理体制机制，

创新相关制度、政策、技术和机制，转变各领域、各地区用水方式，对提升我国用水效率具有不可替代的重要作用[20]。

"十四五"规划中明确指出，在实施节水行动的同时鼓励再生水利用。近年来，部分城市在加强污水处理、提升污水处理标准的同时，加快再生水利用，扩大其用途和用量。以北京市为例，根据北京市水务局提供的数据，2013 年至 2019 年底，北京市新建再生水厂 68 座，升级改造污水处理厂 26 座，建设规模超前 10 年总和。2020 年，北京市再生水利用量达 12 亿立方米，占年度水资源配置总量近三成，用水途径也由绿化、洗车、冲厕等逐步推广到工业、河湖环境及道路洒浇等方面。如京东方科技集团股份有限公司 8.5 代 TFT-LCD 生产线完全采用再生水生产，实现了"生产不用新水"的目标，仅 2020 年一年便节水 1000 万立方米。再生水已成为北京市稳定可靠的"第二水源"[21]。潍坊市作为极度缺水城市之一，将再生水纳入城市水资源总体配置，大力推进再生水利用，不断拓展再生水利用范围和规模，再生水利用率提高至 36%。为解决市政用水问题，潍坊市专门在中心城区设置了 19 处取水点，鼓励引导环卫、园林等部门优先使用再生水。据统计，该市每年用于城市道路冲洗、园林绿化的再生水总量达 255 万立方米。

（五）落实管理责任，做好排查整治和监管督察

"水十条"出台后，国家相关部门制定落实目标责任书，将任务分解落实到各省（区、市）1940 个考核断面。各省（区、市）均已编制水污染防治工作方案，国务院有关部门分别出台实施方案，积极推进流域水生态环境功能分区管理，明确控制单元水质目标。

在水资源考核方面，建立最严厉的水资源考核机制，出台实行最严格水资源管理制度和考核实施方案、考核办法。2021 年，根据《国务院关于实行最严格水资源管理制度的意见》和《国务院办公厅关于印发实行最严格水资源管理制度考核办法的通知》规定，水利部会同国家发展改革委、工业和信息化部、财政部、自然资源部、生态环境部、住房城乡建设部、农业农村部、国家统计局等部门，对 31 个省（自治区、直辖市）"十三五"期末实行最严格水资源管理制度情况进行考核，考核等级均为合格以上，其中

浙江、江苏、山东、安徽 4 个省考核等级为优秀，并获国务院办公厅通报表扬。

在排查整治和监管督察工作方面，生态环境部通过分析预警、调度通报、独立调查、跟踪督办等方式，逐月分析水生态环境形势，精准识别突出问题和工作滞后地区，并及时发出预警。适时开展水环境达标工作滞后地区调度会商，督促相关地方分析滞后原因，落实整改措施；针对久拖不决的问题，组织开展独立调查，实行清单管理，逐一销号。在饮用水水源地问题整治上，根据《全国集中式饮用水水源地环境保护专项行动方案》要求，各地方政府对本辖区饮用水水源地环境违法问题开展排查整治工作，2018 年起生态环境部启动水源地环境保护专项督察。根据督察结果，2016～2019 年全国通过对饮用水水源地生态环境问题排查整治，累计完成 2804 个水源地 10363 个问题整改，7.7 亿居民的饮用水安全保障水平得到有力提升。在城市黑臭水体治理上，首先对黑臭水体进行排查摸清家底。以 2019 年为例，城市黑臭水体整治专项行动以长江经济带和黄河流域地级及以上城市为重点，深入现场抽查督察。全国 295 个地级及以上城市（不含州、盟）建成区共有黑臭水体 2899 个；长江经济带 110 个地级及以上城市共有黑臭水体 1372 个，黄河流域 49 个地级及以上城市共有黑臭水体 253 个。全面完成了长江流域 2.4 万公里岸线、环渤海 3600 公里岸线及沿岸 2 公里区域的入河、入海排污口排查。其中，长江（包括长江干流和九大支流及太湖）入河排污口 6 万多个、渤海入海排污口近 1.9 万个，与之前地方掌握的排污口数量相比分别增加约 30 倍和 25 倍。2020 年又完成黄河流域试点区排污口排查，发现各类入河排污口 12656 个。

三　中国水环境治理成效

（一）水环境质量总体向好

20 世纪 90 年代初期，全国地表水总体污染严重，达到或优于Ⅲ类的断面比例仅为 25.3%，直到 2012 年总体转为轻度污染。2015 年，全国地表水监测中，Ⅰ～Ⅲ类水质断面（点位）达到 64.5%，而 2020 年这一比重更提升至 83.4%。

从流域上看，2020 年长江、黄河、珠江、松花江、淮河、海河、辽河七大流域和浙闽片河流、西北诸河、西南诸河主要江河中，Ⅰ~Ⅲ类水质断面占 87.4%，劣Ⅴ类占比仅为 0.2%。西北诸河、浙闽片河流、长江流域、西南诸河和珠江流域水质为优，黄河流域、松花江流域和淮河流域水质良好，仅辽河流域和海河流域为轻度污染。值得一提的是，长江流域、环渤海入海河流劣Ⅴ类国控断面基本消除，长江干流首次全线达到Ⅱ类水体，实现了历史性突破，黄河干流全线达到Ⅲ类水的水质标准，相当一些河段达到Ⅱ类水质。而在 2001 年的监测结果中，Ⅰ~Ⅲ类水质断面占比仅为 29.5%，劣Ⅴ类比重高达 44%，七大水系均为污染水平。其中，海河、辽河、淮河严重污染。从湖泊（水库）上看，2001 年，太湖、巢湖、滇池均为劣Ⅴ类水质，10 个淡水湖泊以及 5 个城市内湖中，最好的湖体水质也仅达到Ⅲ类标准。2020 年，Ⅰ~Ⅲ类湖泊（水库）占比已升至 76.8%，劣Ⅴ类占比降至 5.4%。重要江河湖泊水功能区水质达标率为 88.9%，比 2015 年提高 18.1 个百分点，完成了"十三五"期末提高到 80% 以上的控制目标。

截至 2020 年底，94.5% 的集中式生活饮用水水源监测城市水质全年均达标，老百姓饮水安全问题得以保障，而在"十五"时期，这一比重大多维持在 70%~80%。

（二）污水处理能力突飞猛进

2001 年，中国城市污水处理厂不足 500 座，污水日处理能力为 0.3 亿立方米（见图 3-6）。2020 年，城市污水处理厂数量增至 2618 座，且数量仍呈上升趋势，城市污水日处理能力达到 1.9 亿立方米。20 年间污水处理厂数量增长了 4.24 倍，污水处理能力增长了 5.33 倍，污水处理能力达到发达国家水平。2020 年城市污水处理率已达到 97.53%，顺利实现《"十三五"全国城镇污水处理及再生利用设施建设规划》提出的 2020 年城市污水处理率达 95% 的目标。

（三）废水污染物排放控制良好

在严格减排政策下，中国废水排放总量的增速得到控制，2017 年废水

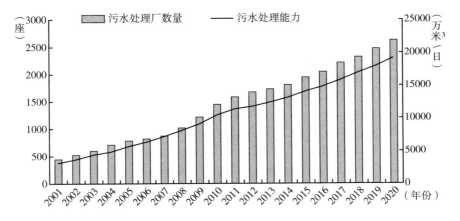

图3-6 2001～2019年中国城市污水处理能力情况

资料来源:《中国城市建设统计年鉴》。

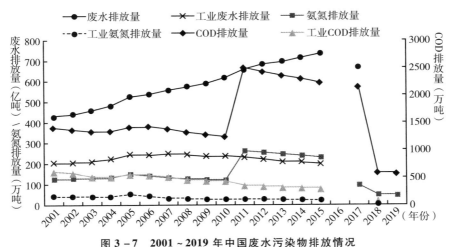

图3-7 2001～2019年中国废水污染物排放情况

资料来源:《中国统计年鉴》。

排放总量降至2011年水平(见图3-7)。废水中COD和氨氮排放量变化大体一致,在经历了2001～2010年缓慢下降后2011年骤然上升,此后在高位下降,2018年分别骤降至584.2万吨和49.4万吨,分别为2001年的41.6%和39.5%。从来源看,工业废水及其污染物减排成效尤为显著。其中,工业废水排放量自2007年达到峰值后持续下降,至2015年已降至最低水平（199.5 亿吨），甚至比 2001 年少排 3.1 吨。工业废水 COD 和氨氮排放量持续下降，至 2018 年，两种污染物排放量分别仅为 2001 年的 13.4% 和 9.7%，均低于总体均值水平。工业 COD 和氨氮排放量在总量中的占比已分别从 2001 年的 3.2% 和 33% 下降为 13.9% 和 8.1%。

（四）水资源利用效能提升

由图 3-8 可知，经济社会的发展使用水需求上升，到 2013 年达到 6183.4 亿立方米峰值，随后缓慢减少，至 2020 年全国用水总量下降为 5812.9 亿立方米，完成了"十三五"期末控制在 6700 亿立方米以内的目标。人均用水量基本维持在 410~450 立方米，并自 2017 年后一直低于 2001 年水平，2020 年人均用水量为 411.7 立方米，较 2001 年少 6.9 平方米。根据实行最严格水资源管理制度考核工作组通报信息，万元国内生产总值用水量、万元工业增加值用水量分别比 2015 年下降 28%、39.6%，完成了"十三五"期末分别比 2015 年下降 23%、20% 的控制目标。从效能上看，水资源利用效率持续上升。目前，用水效能为 174.8 元/米^3，是 2001 年的 8.8 倍。农业方面，2020 年全国农田灌溉水有效利用系数提高到 0.565，比 2015 年提高了 0.029 个点，完成了"十三五"期末提高到 0.55 以上的目标。

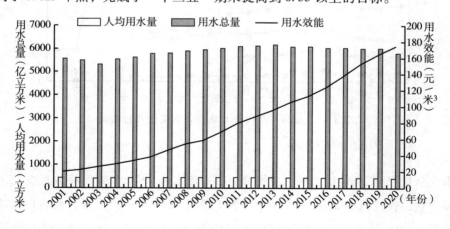

图 3-8　2001~2020 年中国水资源利用情况

资料来源：《中国统计年鉴》。

（五）水生态状况渐趋改善

随着水质的明显提升，中国水生态状况也渐趋改善。2020 年，长江、黄河、淮河、海河、珠江、松花江和辽河等七大流域开展了水生态状况调查监测试点工作，调查指标包括水质理化指标、水生生物指标和物理生境指标。507 个断面（点位）评价结果显示，全国重点流域水生态状况以中等、良好状态为主，优良状态断面（点位）占 35.7%，中等状态占 50.4%，较差及很差状态占 14.0%。施氏鲟等鱼类"指示物种"在乌苏里江出现，彩鹬、翻石鹬、铁嘴沙鸻等十多种消失多年的濒危物种重现于滇池。在辽河流域封育区，2010 年以前滩地植被覆盖率仅为 13.7%，植被类型单一，水生植物稀少，鸟类及鱼类种类及数量较少。根据 2018 年监测情况，封育区植被覆盖率已经提高到 90.2%，发现鸟类 62 种、鱼类 26 种、植物 337 种，生物多样性明显恢复，全线生态带基本形成。

四　中国水环境治理面临的挑战

在碧水保卫战取得一定成效的同时，我们应当看到，中国目前水环境治理仍存在诸多短板，打赢碧水保卫战仍面临诸多挑战。

（一）水体富营养化治理难度大，水质提升遇瓶颈

水体富营养化是指因水中氮、磷等营养物质含量过多而引起的水污染现象，严重时导致蓝藻暴发，不仅破坏水体生态环境，降低水体功能，造成鱼类等水生生物大量死亡，还会对人体健康产生危害。中国工程院曲久辉院士认为，水体富营养化已成为我国水环境治理亟须解决的重要问题。2020 年，在监测的 112 个湖泊（水库）中，轻度、中度和重度富营养状态分别占 23.65%、4.5% 和 0.9%。太湖、巢湖均为轻度富营养化，滇池、洱海等为中度富营养化。富营养化的出现除受到气候、地形等自然因素外，更多源自人类活动的影响。工业废水、生活污水以及养殖污水中均存在氮、磷等物质，常规污水处理技术较难将这些物质去除彻底。此外，农业生产中使用的化肥也会随雨水进入河流、湖泊等自然水环境，增加水体富营养化风险。可见，中国水体富营养化治理是一项长期艰巨的任务。

（二）污染源控制难点多，新型污染物带来潜在风险

水质的改善和水环境质量的提升，根本在于污染源的控制。研究表明，近67.8%的磷来自农业。农业和农村分散的污染源给污染治理带来诸多困难，如农村污水收集及处理问题。从工业上看，尽管更多表现为点源式污染，但工业废水中的污染物种类将随着工业体系的完善而变得复杂，监测和处理能力亟须跟上，并且在污染物处理过程中需要兼顾处理成本和环境效益。

2001年，美国对25个州水源调查后发现96%的水源都至少含有一类PPCP（药物和个人护理产品）物质，这一调查结果引发了世界各国对新型污染物的关注。2019年美国疾控中心和《国家地理》发布信息，除南极洲外，所有大洲的水体里均含有PPCP污染物，且部分河流超标严重。2020年，美国在饮用水中检测出PFAS（全氟或者多氟的烷基物质），其特点是永远不会降解，积累过多会引起肝脏、脂类代谢、甲状腺激素水平和免疫系统受损。清华大学研究团队在《欧洲环境科学》上发表的一项研究显示，若干中国城市和地区的饮用水中含有较高水平的PFAS，长江沿岸的部分城市如自贡、九江和连云港等的PFAS水平均超过了欧盟和美国机构发布的健康相关指南中的标准，迫切需要从受影响城市和地区的饮用水中去除这些物质，并且更好地控制和减少工业及其他源头释放的PFAS。此外，病原微生物成为水中的一个重大的潜在风险。更为严重的是，在单个化学物质不产生效应的情况下，多种物质混合可能产生所谓的联合毒性，如何去除这些污染物，保证饮用水安全成为水环境治理中的又一大挑战。

（三）管网设施建设滞后，污水处理减污降碳任务重

污水管网的建设是开展污水治理工作的基础，管网的收集效率会直接影响污水厂污水处理的效果。目前，我国污水管网总长度仅为100万千米，污水收集率不到50%。96%的农村地区没有排水渠道和污水处理系统，大部分生活污水未经处理直接排放。在城市，吴戈等（2018）通过对中国70个大型重点城市污水管网效率的分析，发现58.6%的城市处于低效状态[22]。由于管道错接、混接、漏接，大量污染物随污水直排水体，导致黑臭。又由于中国并未完全实行雨污分流，雨水、河水等和污水混在一起进入污水处理

厂。一方面，挤占了污水管网的收集能力和污水处理厂的处理能力，造成了污水处理费用的浪费，提高了污水处理能耗；另一方面，降低了进水浓度，影响污染物处理效果。生态环境部在监督检查全国 4303 个污水处理厂进水浓度时发现，55.4% 的污水处理厂 COD 进水浓度在 150mg/L 以下，COD 去除效果大打折扣。又由于合流制排水体制下管网截流能力并未有效提升，在降雨量较大的南方城市，管网入流入渗以及河水倒灌等特征加剧了合流制溢流污染。管网设施建设的滞后已严重制约水污染治理的效果，成为全国大部分地区黑臭水体的主要成因之一。

此外，曲久辉等（2014）认为，可持续发展理念的缺位导致了中国污水处理行业短视、粗放、混乱，甚至劣质[23]。污水处理厂超标排放现象时常出现，有的污水处理厂出水水质长期无法保证。清华大学教授王凯军指出，污水处理过程本身会排放大量温室气体，但有的污水处理厂非但不思考如何降碳，反而通过取消初沉池设计，大量采用延时曝气等高能耗工艺，以高能耗为代价实现污染物削减与减排，形成了"减排污染物、增排温室气体"的尴尬局面。①

（四）污水资源化利用水平低，利用途径存在局限性

与污水处理相比，中国污水资源化利用尚处于初步阶段，发展不充分，利用水平低。2020 年，中国城市污水处理量约为 556 亿立方米，再生水利用量仅为 109 亿立方米，利用率不足 19%。从用途上看，绝大部分再生水用于生态环境补水。

上述现象出现的原因主要有三点。一是价格机制和监管体制的不完善。一方面，再生水缺少合理的收费制度和激励机制，企业对再生水使用积极性不高。另一方面，政府缺少对污水资源化利用目标分级分层确定，监管体制不完善，导致总体规划目标难达成。二是标准体系不健全。再生水利用水质标准覆盖面不全面，水质分级标准缺失，缺少污水资源化利用效益评价标

---

① 章珂：《院士牵头打造"新概念污水厂"：不仅提供永续水质，还要实现碳中和》，第一财经网站，https://www.yicai.com/news/100905047.html，最后访问日期：2022 年 1 月 15 日。

准、生态环境风险管理标准、技术工艺标准、装备标准和服务与监管标准等。三是再生水设施建设欠统筹。在污水处理厂选址时，并未充分考虑再生水输配问题，导致后者建设投资大、效率低。

（五）水生态修复治理不深入，河道返黑臭风险依然存在

首先，中国目前江河湖泊生态破坏现象比较普遍。湿地、湖泊面积萎缩，水生态系统的功能失衡，28.0%的湖库出现不同程度的富营养化，太湖、巢湖、滇池等重点湖库蓝藻水华发生面积及频次仍居高不下，水生态保护和修复亟待加强。例如，2021年中央第五生态环境保护督察组督察四川时发现，南充市嘉陵江流域保护工作不力，在国家级水产种质资源保护区核心区内违规采砂、侵占岸线、废旧船舶滩涂拆解等问题长期存在，嘉陵江南充段生态环境遭到破坏，嘉陵江干流胭脂鱼等土著鱼类数量明显减少，生物多样性受到威胁。

其次，在河道治理当中，部分地区迫于时间和目标压力，将水生态修复理解为简单的种水草、撒药、铺石子、曝气、修浮岛等，只注重水质改善而忽略生态修复。一些地区甚至盲目追求大水面、高水位，导致河水倒灌排水管网，增大排涝压力，导致水体的生态修复治理表面化，河道返黑臭的风险依然存在。

五 国外水环境治理经验借鉴

（一）以流域为单位对水环境实施统一管理

流域是具有层次结构和整体功能的复合系统，是诸多水问题和生态问题的共同症结所在[24]。以流域为单元实施统一管理，是国外水环境治理的经验之一。由于河流往往经过多个行政区域，甚至多个国家，因此流域层面的水环境治理需要设置管理部门，明确各部门责任，并做好跨区域的协调。

英国成立泰晤士流域管理局，将多部门治水变成一个部门治水，该部门负责制定泰晤士河长期发展规划，并出台一系列污染治理法律。在密西西比河流域，美国联邦政府整体统筹，并建立跨州协调机制。由环保局牵头成立密西西比河/墨西哥湾流域营养物质工作组，环保局、农业部、商务部等部

门和 12 个州的管理部门共同参与。澳大利亚则由联邦政府水利委员会负责统筹全国的涉水研究规划，提供信息和政策指导，并通过流域部门对流域内各州治理情况进行协调。各州对州内流域治理有很大自主权，拥有自己的流域机构，适时开展流域治理活动。对于跨国流域治理问题，莱茵河流域于1950 年成立"保护莱茵河国际委员会"（ICPR），旨在全面处理莱茵河流域保护问题，组织协调各国的利益关系，实施制定评估管理对策、提交环境评估报告以及向公众通报莱茵河状况和治理成果等多项莱茵河环境保护计划，该机构的设立为跨国河流治理树立了成功典范。

（二）实施健全严格的水环境管理制度

2000 年以前，欧盟的环境立法以指令形式为主，即通过对预期具体目标做出明确规定，命令成员国通过立法以达到规定的具体目标，而具体采用何种方式、方法以达到所要求的结果可由各成员国当局决定[25]，因而水环境的管理制度也呈现零散化特征。在审议整合诸多零散的水环境管理法规基础上，2000 年 10 月 23 日欧洲议会和欧盟理事会制定了在国际水资源领域享有较高声誉的、统一的水环境政策文件——《欧盟水框架指令》（EU Water Framework Directive），为成员国提供了共同的目标、原则、定义和方法。该指令共 26 个条款 11 个附件，涉及水资源保护的各个方面，并将水域的保护与污染控制相结合，其核心目标是使所有水体达到良好状态，即地表水可以因为被人类使用而受损或改变，但受损或者改变的程度不足以损坏水体的生态功能和生态群落。

丹麦环境部及其下设的丹麦环保局负责境内所有水环境管理工作，自1973 年颁布《环境法》以来，已经建立起一整套完整的综合性法律制度，并制定区域水质规划作为各级政府实施严格水环境管理的基础[26]。1987 年启动《水环境行动计划》，对废水中的有机质、氮、磷等主要污染物提出严格处理要求，减少和限制农药使用。在《欧盟水框架指令》颁布实施后，丹麦依据其要求于 2009 年编制水环境规划以指导地方政府开展水环境管理工作。经过多年治理，丹麦境内高污染工业近乎消失，在降低人为因素对水体影响、减少污染物排放方面成效显著。

澳大利亚则构建起了从联邦到州以及地区性质的水环境治理法律体系。联邦层面，主要包括《关于国家水资源行动计划的政府间协议》、《水资源安全国家规划》、2007 年《水法》等；州际层面，如维多利亚州 1970 年《环境保护法》、1989 年《水法》等；地区层面，如首都地区发布 1997 年《环境保护法》，规定包括水质在内的环境保护，2007 年《水资源法》规定了水体治理和水生态系统保护。

（三）强调水环境的综合治理

19 世纪末至 20 世纪初，欧美国家开始重视水环境的综合治理，但早期的治理仅限于单一目标，大多基于水资源综合利用。20 世纪 50 年代后经济快速发展、人口剧增，大规模水资源开发导致流域水质恶化，水污染控制与治理逐步成为水环境治理的重要内容。进入 20 世纪 90 年代，以可持续发展为目标的水资源、水环境和水生态综合治理得到越来越多管理者和科学家的重视。

综合治理是欧盟水环境治理的核心理念，《欧盟水框架指令》以良好的水体状态为中心目标，密切关注水质和水生态问题。其具体目标包括：防止水资源状况的继续恶化并改善其状态；促进水资源的可持续利用；逐步减少初始污染物并停止初始有毒污染物的排放；逐步减轻地下水污染；减轻洪水与干旱的影响；保护陆地和海洋水，使水生态系统和相关的陆地生态系统退化明显减轻。在莱茵河流域治理上，不仅涉及治污、防洪，还包括生态保护、湿地保护、生态恢复等。各要素全覆盖的综合治理，不仅改善了水体水质，而且使大部分水生物种基本恢复。

（四）鼓励多主体参与水环境治理

推进水环境治理不仅仅是政府的职责，也关乎工厂、企业、农场主和居民的共同利益，需要在政府、企业和公众等共同参与下，应用行政、市场、法律手段，全面实行协调的、有计划的、可持续的管理。在莱茵河治理中，投资者在计划的实施过程中发挥了重要作用。各类水理事会、行业协会等作为非政府组织，参加到重要决策的讨论过程中。多元主体的广泛参与使决策具有更强的可操作性和公众认可度。同时，生态补偿、水污染税等经济手段逐步出现，德国、法国、荷兰等许多发达国家全面征收水污染税，对向水域（包括地表水和地下水）直接或间接排放废弃物、污染物和有毒物质的单位或个人征收水污染税，效果十分明显。美国、英国、澳大利亚等发达国家明确水权界定，开展水权交易，近年来引入水银行，在加州等地成功实践。在丹麦，为缓解哥本哈根市降雨时地表径流汇集及雨水处理压力，居民获得批准可在自家地面建立雨水渗透带，污水处理公司将退回该居民部分污水处理费用。丹麦通过该经济手段促进城市雨洪控制，降低污染物浓度。

（五）重视水环境监测和技术创新

环境监测是开展水环境治理的前期基础工作。国外早期环境监测的重点是典型污染事故，逐步发展为针对污染源的监督性监测[27]。20 世纪 70 年代以后，逐步转移到对环境质量的监控。随着自动化技术的迅速发展和遥感技术、无线传输的应用，全方位在线实时监控和预警成为可能。英国在塞文河、特伦特河流域内共设有 1800 个监测样点，平均每 7 平方米一个监测点。丹麦则基于密集的监测网络获取基础数据，并充分利用水环境模型对水环境治理进行决策。目前，丹麦已经建立了区域气候模型、流域管理模型、城市给排水管网模型、城市雨洪控制模型等，为水环境政策的科学制定以及解决方案的出台提供了科学依据。

水环境治理与技术紧密关联，技术创新对水环境治理的贡献巨大。如在农业节水上，国外采用精确灌水、培育新的节水品种、工程措施节水、推广节水灌溉新技术、推广增墒保水技术和机械化旱地农业技术等方式。在加强节水的同时，日本、美国、意大利、法国、以色列等缺水国家和科技先进国家大力发展非常规水源利用，其接近一半的工业用水用海水代替淡水。德国发展成为雨水收集利用最先进的国家之一。在供水和污水处理上，丹麦通过技术创新使自来水厂的供水漏水减少 40%，水处理行业社会用电量比例低于全球平均水平 2.1 个百分点，并计划在 2040 年以前实现水处理"零能源消耗"。在污水再利用上，以色列把再生水作为国家水量平衡的重要组成部分，经处理的污水有 46% 用于农业灌溉。

六　中国水环境治理的对策建议

（一）科学规划系统统筹，推动水环境综合治理

中国的水环境治理必须牢固树立系统统筹的思想，实行综合治理。

第一，做好流域统筹。生态环境部副部长翟青认为，河湖是水环境治理的关键节点。从空间角度而言，上下游、左右岸污染都汇聚于河湖中；从因果角度而言，河湖是水污染排放和水生态破坏的直接承载者，基础设施不足、超标排污、生态破坏等所有问题最终体现于河湖上。因此，水环境治理需要以流域为抓手，从流域层面进行系统规划，做好上下游、干流和支流、河流和岸线、内源污染和外源污染、河道补水和再生水综合利用等方面的统一治理，实现源头控制、末端治理和生态修复的统一。

第二，实行"三水"统一。水资源是水环境和水生态的基础，受污染的水资源可能使水生态失去平衡，而水生态又是水环境质量好转的根本保证。水环境的治理必须实行系统性的综合治理，做好"三水"的融合与统一。

第三，科学规划，因地制宜。综合考虑水环境治理需求，统筹规划建设污水管网、污水处理厂、再生水厂和河湖水环境治理设施。根据经济发展水平、水环境容量和敏感性、再生水利用需求等，确定污水厂和再生水厂的规模、布局，科学制定差异化的水质处理目标，推动水环境治理科学施策，实现"一地一厂""一水一策"。促进城镇污水排放标准、再生水标准和景观水体质量标准协同相容，推动实现水环境和水生态协同治理、水城融合发展。

（二）构建水环境多维网络治理结构，形成自发性协同效应

水环境系统是一个涉及生态、经济、社会、政治等多变量和多利益相关者的复杂系统，政府强制性的主导无法实现对诸多资源的有效配置。因此在水环境治理的机制中，应改变单一政府主导模式，积极吸纳社会资本参与水环境治理，提升社区、非政府组织和公众的参与度，最终形成各级政府、企业、社区、非政府组织和公众协同共治的多元治理网络结构。

一方面，各级政府部门间应明确在水环境治理中的责任，强化地方政府环保履责，并针对跨流域跨地区的水体治理建立协调机制，形成政府间的协同治理。另一方面，政府主要负责政策规划制定、协调引导，让环境制度在遏制负外部性和彰显正外部性两方面发力；企业提供咨询和技术支持，并积极开发参与节水环保项目，提高资本利用效率，增强资源整合能力；社区与政府相互协调配合，其行动也能获得企业的支持；非政府组织能够发挥咨询和信息处理优势，宣传环保理念，同时对政府企业行为进行监督；公众则起到政策响应和监督作用，从历史上看，国外成功的治水案例都尤为强调公众参与，最终形成多元主体间的协同。通过构建多维网络治理结构，水环境治理将从以各主体目标出发的强制性执行转向从网络整体利益出发形成的自发性协同。

（三）补齐污水管网短板，提升收集处理效能

作为市政基础设施建设的重要组成部分，污水配套管网建设的滞后不仅影响了污水的收集和输送，也抑制了污水处理能力的充分释放，削弱了黑臭水体治理成效的稳定性。因此，应秉承"厂网河湖"一体化的治理理念，及时解决管网空白区和老旧管网更新的问题。在新建污水配套管网时，应充分考虑人口规模的变化，进行前瞻性规划。对于管网建设需求大而财力较弱地区，政府可考虑引入 PPP 模式（public-private partnerships），鼓励和引导社会资本参与污水处理基础设施的建设，从而提高建设效率。对于不适合大规模新建管网的地区，则可以考虑结合老旧小区改造，加快补齐污水收集的"毛细血管"。推进雨污分流、管网更新修复和混错接改造，减少输送过程中的污水渗漏，提升集中收集效能。对于南方降水量较大的地区和城市，采取溢流口改造、截流井改造等多种手段推进雨污合流管网改造，降低雨洪等极端天气下的溢流污染频次，缓解城市内涝。

（四）推进污水资源化利用，保障再生水供水安全可靠

污水资源化利用是缓解水资源短缺和水环境污染问题的有效途径，也是实现碳达峰、碳中和的重要举措。

一是推进再生水利用增量提效，促进污水处理产业转型升级。水量稳

定、水质可靠的再生水已成为世界各国尤其是缺水国家的第二水源。各地应根据区域经济社会发展需求，积极促进污水处理厂实现从"治污单功能"向"治污供水双功能"转变，推进再生水增量提效。

二是健全污水资源化利用标准和监管体系，科学制定再生水价格。中国已经颁布再生水不同用途的水质标准，初步解决了"以用定质"问题，但是缺少"以质定用"和"以用定管"标准[28]。因此，需要加快推进污水资源化利用分级分质、利用效益评价、风险管理和监管等标准的制定工作，支撑再生水安全高效和规模化利用。此外，在再生水价格的确定上，应遵循合理比价、分类定价、同网同价的原则，完善再生水价格定价机制。

三是合理布局再生水设施。以污水处理厂为基础，合理布局再生水利用基础设施，严重缺水城市新建城区要因地制宜提前规划布局再生水管网，有序开展建设。

四是拓展再生水利用途径，提高再生水利用效益。《关于推进污水资源化利用的指导意见》（发改环资〔2021〕13号）提出，到2025年，全国地级及以上缺水城市再生水利用率达到25%以上，京津冀地区达到35%以上。因此，再生水利用途径的拓展是利用率提升的重要举措，而分质供水则是关键。对于一般的再生水，除生态环境补水外，还可广泛用于循环冷却、园林绿化、道路环卫、建筑施工等。信息技术、生物技术、新材料技术等行业对水的品质要求更高，将废水污水直接变成高品质再生水，不仅有利于缩短水循环的流程和时间，满足这类企业的用水需求，而且有利于提升再生水利用效益，实现高价值、高回报利用。

（五）推动信息管理系统建设，强化科技对水环境治理的支撑

一是推动信息管理系统建设，建立智能化管理平台。水环境的有效治理依赖于科学、高效的信息管理系统。中国应在常规监测基础上，发挥大数据、人工智能等方面的优势，加强上述手段在水环境领域的融合与应用，逐步建立以模型为参考的决策体系，最终建立智能化管理平台，推动水环境治理科学化、精细化、智能化。例如，针对水体日负荷量的管理：首先对各排污口排污量摸底调查，完善监测数据；其次根据水体功能和水环境容量测算

水体自身的承载力；最后结合监测的实际排污量测算出水体负荷量以及各污染物的减排量。借助决策模型和智能化的管理平台，水环境管理效率将得到极大提升。

二是加强技术创新，强化科技支撑。中国水环境治理中的诸多问题和挑战均需依靠技术创新才能从根上解决。如：在新型污染物治理上，如何通过创新废水处理方法，从源头上对新型污染物排放予以控制；在污水处理过程中，如何创新污水处理工艺，在保证出水质量的同时降低污水处理的能耗和温室气体排放；在污水资源化利用上，如何研发集成低成本、高性能的污废水再生处理技术、工艺和装备，在污水处理过程中有效回收污水中的纤维、碳源、沼气、磷等资源；在水生态修复方面，如何恢复水体的自我修复功能，强化水体的自净能力，避免富营养化和蓝藻水华；等等。因此，中国应加快技术创新体系建设，加大对水环境治理技术与产品研发的投入力度，鼓励产学研结合，做好水环境治理技术攻关，开发出切实可行、有效的水环境技术和产品。

第三节　气候变化下的中国固体废物治理

气候变化是全世界的共同挑战。当前全球气候变暖、极端天气等现象频现，引发全人类深刻反思。固体废物与温室气体排放密切相关，填埋固体废物时会产生二氧化碳和甲烷等温室气体，增强温室效应，若处置不当则会加重气候变化。在气候变化背景下，构建系统有效的固体废物管理政策框架意义重大。

一　固体废物的概述

固体废物是指在人们的工业生产、日常生活等过程中形成的，丧失原有利用价值或者虽未丧失利用价值但被抛弃或者放弃的固态、半固态和置于容器中的气态的物品、物质以及法律、行政法规规定纳入固体废物管理的物品、物质。作为固体废物产生大国，中国固体废物历史堆存量已超过

600 亿吨，并且以每年约 100 亿吨的数量增长。尤其随着网购电商井喷式发展，大量塑料、纸类、填充物等一次性包装物数量陡增，为城乡环境带来巨大压力，固体废物污染已成为百姓关心、社会关切、政府关注的热点、焦点。

（一）固体废物的类型

根据来源不同，固体废物一般可分为一般工业固体废物、生活垃圾、危险废物三大类。此外，还包括农业固体废物、建筑废料及弃土等。其中，一般工业固体废物指在工业生产活动中产生的除危险废物之外的固体废物。2019 年，中国一般工业固体废物产生量达 44.9 亿吨，196 个大、中城市一般工业固体废物产生量达 13.8 亿吨。该类废物数量庞大、种类繁多、成分复杂、处理困难。随着近年来电商的兴起，过度包装和塑料污染也成为固体废物的重要来源。生活垃圾是人们在平时的生活中制造的废弃物以及法律法规规定视为生活垃圾的固体废物，按地域可划分为城市生活垃圾和农村生活垃圾。在中国，城市生活垃圾的产生量每年约为 2 亿吨。其中，66.67% 的城市生活垃圾以填埋的方式进行处理，但近年来焚烧的比重也在不断增加。随着城镇化率的不断提高、城乡居民生活水平的日益增长，中国每年生活垃圾的产生量将呈高速增长趋势。危险废物指列入国家危险废物名录或者根据国家规定的危险废物鉴别标准和鉴别方法认定的具有危险特性的废物，主要包含工业生产中的废料、农村垃圾中的残留农药、城市垃圾中的医院临床废弃物等，它们具有毒性、腐蚀性、反应性、易燃性、浸出毒性等特性。2019年，中国危险废物产生量已达 8136 万吨。

（二）固体废物的危害

第一，固体废弃物中有害物质溶于水中后，将污染水质，导致动植物大量死亡、生态系统破坏，甚至威胁人类饮水安全。第二，存在于固体废物中的粉尘、颗粒物等会受风力作用飘至空中，而对于固体废物的焚烧处置方式，将排放大量二氧化碳和有毒气体，均加剧大气污染。第三，固体废物的堆放挤占大量的土地资源，部分有毒物质渗透到土壤中，导致土壤贫瘠化甚至毒化。第四，固体废物通过水、空气、土壤等媒介影响和威胁人类健康。

二　中国固体废物治理举措

自 20 世纪 70 年代开始，中国政府以"废渣"治理开启了固体废物污染治理的征程。党的十八大以来，国家通过优化完善依法治理体系，大力推进相关领域深化改革，实施垃圾分类制度以及"无废城市"试点等，深入推进固体废物减量化、资源化和无害化，中国固体废物污染状况得到显著改善。

（一）健全制度，不断完善固体废物污染防治法规体系

1995 年中国制定并公布《中华人民共和国固体废物污染环境防治法》（以下简称《固废法》），旨在保护环境、保障公众健康、促进可持续发展。随着管理的需要，该法律分别在 2004 年、2013 年、2015 年、2016 年和 2020 年进行了修订。新修订的《固废法》突出问题导向，进一步强化政府及有关部门的监督管理责任，大幅提高处罚力度，新增固体废物零进口、生活垃圾分类、污泥处理、危险废物分级分类管理、重大传染病疫情医疗废物应急处置等制度规定，为深入推进固体废物污染防治、打赢污染防治攻坚战奠定了坚实的法律基础。

以《固废法》为核心，围绕固体废物治理，相关法规制度也相继出台，涉及危险废物经营许可、医疗废物管理、畜禽规模养殖污染防治、城市市容和环境卫生管理、废弃电器电子产品回收处理、报废汽车回收管理等行政法规。在危险废物方面，中国建立了危险废物鉴别、申报登记、转移联单等 8 项制度，涵盖了危险废物产生、贮存、转运、处置的全过程；在电子废物方面，明确了名录、规划、基金补贴等 4 项制度，制定了基于生产者责任延伸制度的电子废物管理办法；在生活垃圾方面，发布了生活垃圾收集、运输、处理等相关管理规章和标准规范 100 余项；在工业固体废物和农业废弃物方面，出台了促进资源综合利用和无害化处置的相关管理办法和技术文件[29]。仅 2019 年一年，国家层面出台的固体废物污染防治主要政策文件共计 28 个，其中国务院 1 个、生态环境部 12 个，其他部门规范性文件 15 个。

（二）推进改革，逐步提升固体废物综合治理能力

1. 普遍推行垃圾分类和资源化利用制度

2017 年 3 月，国家发改委、住建部发布《生活垃圾分类制度实施方案》，明确要求在直辖市、省会城市、计划单列市以及第一批生活垃圾分类示范城市的城区范围内先行实施生活垃圾强制分类。2019 年，住房城乡建设部会同有关部门印发《关于在全国地级及以上城市全面开展生活垃圾分类工作的通知》，决定在全国地级及以上城市全面启动生活垃圾分类工作。2020 年 9 月，中央全面深化改革委员会第十五次会议审议通过《关于进一步推进生活垃圾分类工作的若干意见》，要求从落实城市主体责任、推动群众习惯养成、加快分类设施建设、完善配套支持政策等方面入手，加快构建以法治为基础、政府推动、全民参与、城乡统筹、因地制宜的垃圾分类长效机制，树立科学理念，分类指导，加强全链条管理。目前，绝大部分地级及以上城市已经启动生活垃圾分类工作，生活垃圾分类成为新时尚，再生资源回收比例和质量稳步提升。

2. 开展"无废城市"试点建设

2018 年底，国务院办公厅发布《"无废城市"建设试点工作方案》。"无废城市"管理理念的提出，旨在通过推动形成绿色发展方式和生活方式，持续推进固体废物源头减量和资源化利用，最大限度减少填埋量，将固体废物的环境影响降至最低的城市发展模式，最终实现整个城市固体废物产生量最小、资源化利用充分、处置安全的目标。2019 年，生态环境部会同有关部门成立部际协调小组和专家咨询委员会，筛选确定深圳市等"11 + 5"个"无废城市"建设试点城市和地区，编制印发《"无废城市"建设试点实施方案编制指南和《"无废城市"建设指标体系（试行）》等指导性文件。目前，"11 + 5"个试点城市和地区从制度、技术、监管和市场四大体系入手，初步形成了一批可复制、可推广的示范模式和创新做法[30]。

3. 实施固体废物进口管理制度改革

自 2017 年国务院办公厅印发《禁止洋垃圾入境推进固体废物进口管理

制度改革实施方案》以来，改革取得明显成效。生态环境部固体废物与化学品司司长邱启文在出席生态环境部新闻发布会上介绍，方案细化的 50 项重点任务，均已按计划完成或持续推进，固体废物进口量逐年大幅减少[31]。2017～2020 年，全国年固体废物进口量分别为 4227 万吨、2263 万吨、1348万吨和 879 万吨，与改革前 2016 年的 4655 万吨相比，分别减少 9.2%、51.4%、71% 和 81.1%[32]。2021 年 1 月 1 日起，中国禁止以任何方式进口固体废物。

（三）突出重难点，大力加强塑料污染的综合治理能力

一是以限制塑料购物袋为抓手，减少塑料制品使用。2017 年国务院办公厅发布《关于限制生产销售使用塑料购物袋的通知》（简称"限塑令"）在国内推行"限塑令"，用以节约能源资源、减少"白色污染"。

二是多部门携手，联合开展塑料污染监管。自 2020 年 1 月国家发展改革委和生态环境部联合印发实施《关于进一步加强塑料污染治理的意见》后，各部门各地方迅速行动，相继做出部署安排。生态环境部牵头配合全国人大有关机构修订《固体废物污染环境防治法》，为塑料污染治理提供了法治保障。国家发展改革委、生态环境部等 9 部委联合印发《关于扎实推进塑料污染治理工作的通知》。国家市场监管总局将超薄塑料购物袋等淘汰类产品纳入年度执法稽查工作重点，牵头完善可降解塑料产品、快递绿色包装、限制商品过度包装等关键领域标准。农业农村部等部门出台《农用薄膜管理办法》，细化农膜生产、销售、使用、回收等环节管理要求。商务部积极出台商品零售、电子商务等领域推进塑料污染治理的细化措施。国家邮政局印发《邮件快件绿色包装规范》，推动出台《邮件快件包装管理办法》。

三是全面禁止废塑料进口。中国自 2017 年实施禁止洋垃圾入境、推进固体废物进口管理制度改革以来，大幅度削减固体废物进口种类和数量，并于 2020 年底基本实现固体废物零进口。在废塑料方面，中国自 2019 年起已全面禁止废塑料进口。

（四）补齐短板，强化危险废物环境管理

首先，加强危险废物规范化管理。2019 年，生态环境部发布《关于提

升危险废物环境监管能力、利用处置能力和环境风险防范能力的指导意见》，进一步健全完善危险废物环境监管体系。目前，已有多个省（区、市）结合实际情况完善管理制度，开展危险废物点对点定向利用、纳入一证式排污、小散源危险废物集中收集贮存点、日常监管纳入执法、第三方会计师事务所审计、建立危险废物权责清单等创新监管方式[33]。

其次，严格落实危险废物产生单位主体责任，加快提升危险废物利用处置能力。根据《2020年全国大、中城市固体废物污染环境防治年报》，截至2019年底，中国各省（区、市）颁发的危险废物（含医疗废物）许可证共4195份，相比2006年增长3.76倍。持证单位核准收集和利用处置能力达到12896万吨/年（含单独收集能力1826万吨/年），实际收集和利用处置量为3558万吨（含单独收集81万吨），较2006年分别增长17.09倍和10.98倍。危险废物利用处置行业逐步从小散乱走向规模化，从低水平走向规范化。2020年，国家发展改革委牵头印发《医疗废物集中处置设施能力建设实施方案》，加快推进医疗废物处置能力建设，补齐医疗废物处置短板。截至2019年底，中国危险废物利用处置能力接近1.1亿吨/年，相比2012年（3238.7万吨/年）增长2.4倍。新冠肺炎疫情暴发后，生态环境部紧紧围绕"两个100%"，即全国所有医疗机构及设施环境监管与服务100%全覆盖，医疗废物、医疗污水及时有效收集和处理处置100%全落实，指导督促各地抓紧抓实抓细有关工作，坚决打好疫情医疗废物防控阻击战。

最后，加强危险废物出口核准管理。根据《控制危险废物越境转移及其处置巴塞尔公约》《危险废物出口核准管理办法》，中国对危险废物出口实行核准管理。2019年，生态环境部共受理和审查了28份危险废物及电子废物出口申请，全年危险废物申请出口总量为5.2万吨。

（五）开展专项整治，防范固体废物环境风险

一是开展固体废物排查整治。2018~2019年，生态环境部以长江经济带11省（市）为重点开展打击固体废物环境违法行为专项整治行动，即"清废行动2018"和"清废行动2019"。通过对固体废物非法倾倒情况大排查，遏制固体废物非法转移倾倒案件多发态势，推进固体废物从乱堆乱放到

分类、规范、科学处置转变，建立固体废物环境监管长效机制，确保长江生态环境安全，消除环境安全隐患。两年里，共发现 2562 个问题点位，完成整改 2467 个问题点位，整改率达到 96.3%。

二是开展危险废物专项治理。2018 年，生态环境部联合工信部、公安部、司法部等部门联合开展废铅蓄电池污染防治专项行动，整治废铅蓄电池非法收集处理。2019 年，生态环境部组织开展危险废物专项治理工作，针对 400 余个化工园区以及 2 万多家重点行业危险废物产生单位和持有危险废物许可证单位的环境风险隐患开展排查整治。2020 年，国家卫健委、生态环境部、工信部等联合开展医疗机构废弃物专项整治工作，加强对医疗废物集中处置单位的环境监管和执法检查，依法查处环境违法违规行为。

三　中国固体废物治理成效

（一）一般工业固体废物利用和处置总量渐趋提升

近年来，国家扎实推进供给侧结构性改革，深入生态环保领域改革，对电力、热力生产和供应业以及采矿业等加大固体废物治理力度，一般工业固体废物利用和处置总量不断提升。2019 年，一般工业固体废弃物综合利用量达 23.2 亿吨，较 2010 年增长 43.2%；处置量达 11.0 亿吨，较 2010 年增长近一倍。综合利用量在所有处理方式中占比达 52.6%，仍是处理一般工业固体废物的主要途径（见图 3 - 9）。

（二）危险废物（医疗废物）利用处置能力和处置率提升快

《中国生态环境状况公报（2020）》数据显示（见图 3 - 10），2019 年中国危险废物集中利用处置能力超过 1.1 亿吨/年，利用能力和处置能力比 2015 年底分别增长 1.0 倍和 1.6 倍。其中，工业危险废物产生量为 8126.0 万吨，利用处置量为 7539.3 万吨，综合利用处置率为 92.8%，较 2010 年 61.6% 的水平提升 31.2 个百分点，而 196 个大、中城市工业危险废物的综合利用处置率更达到 95% 以上。重点城市及模范城市的医疗废物处置率达到 100%，表明其产生的医疗废物基本得到及时处置。

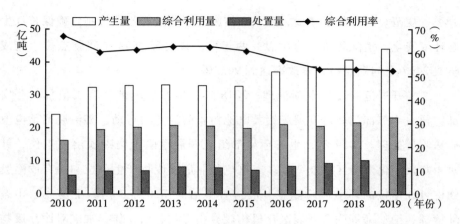

图3-9 2010~2019年中国一般工业固体废物利用、处置等情况

资料来源：《中国环境统计年报》《中国生态环境统计年报》。

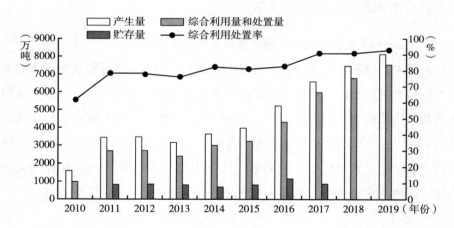

图3-10 2010~2019年中国工业危险固体废物利用、处置等情况

资料来源：《中国环境统计年报》《中国生态环境统计年报》。

（三）城市生活垃圾无害化处理能力和处理率提高

2010~2019年，中国城市生活垃圾无害化处理能力持续提升。2010年，全国生活垃圾无害化处理厂仅628座，无害化处理能力仅38.8万吨/日。至2019年，无害化处理厂已增至1183座，无害化处理能力提升至87.0万吨/日（见图3-11）。城市生活垃圾的无害化处理率高达

99.2%，较 2010 年提升 20 个百分点，45.2% 的省份这一处理率已达到 100%（见图 3 - 12）。

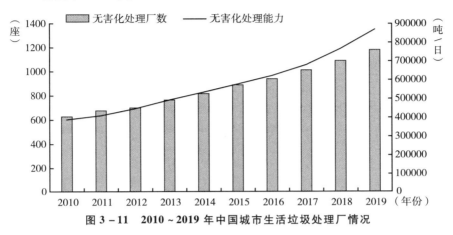

图 3 - 11 2010～2019 年中国城市生活垃圾处理厂情况

资料来源：《中国环境统计年报》《中国生态环境统计年报》。

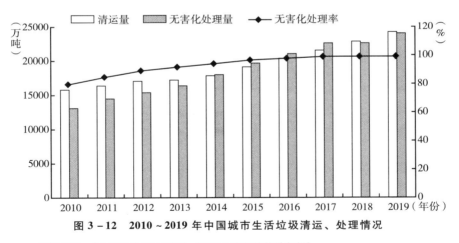

图 3 - 12 2010～2019 年中国城市生活垃圾清运、处理情况

资料来源：《中国环境统计年报》《中国生态环境统计年报》。

四 中国固体废物治理面临的挑战

（一）固体废物侧重末端治理，源头减量落地效果差

目前，中国固体废物治理尚处于"被动的末端消纳对策"阶段，相关政

策制定侧重贮存、处置等末端治理环节，未将"减量化、再利用、资源化"的原则应用于治理的具体环节和过程中，源头防控的压力和动力不足。以无废城市建设为例，为破解"垃圾围城"，各地纷纷新建垃圾焚烧填埋厂，但再生资源回收网和垃圾分类环卫网"两网融合"进展迟缓，垃圾分拣、贮存用地规划在不断缩减，快递过度包装等新型问题并未引起足够重视，固体废物的产生量仍以每年较快速度增长，极大影响了固体废物的治理效果。

（二）工业固体废物综合利用能力恶化，区域间差异显著

尽管中国固体废物综合利用能力总体上升，但工业固体废物的综合利用水平较低且逐渐恶化。从图 3-9 不难发现，2019 年中国一般工业固体废物利用率仅为 52.16%，较 2010 年下降了 15 个百分点。从增速上看，2010~2019 年，一般工业固体废物产生量增长了 83.0%，而综合利用量仅增长了 43.2%，提升缓慢的处理能力已无法满足快速增长的一般工业固体废物的处理要求。

此外，工业固体废物综合利用水平存在显著的区域差异。上海、江苏、浙江等省份固体废物治理水平一直处于全国领先水平，而山西、内蒙古等省份因区域发展过多依赖资源型产业，一般工业固体废物总量大且资源化利用水平长期低于全国平均水平。

（三）危险废物应急管理薄弱，环境风险防范能力不足

结合危险废物产生量等因素来看，目前中国建立的危险废物（医疗废物）集中处理设施能够基本满足本地区危险废物常态化管理的需求。但面对突如其来的新冠肺炎疫情，中国医疗废物应急管理的薄弱性逐渐暴露出来。个别传染源的出现正是医疗废物处理不当所造成。此外，黑龙江"3·28"伊春鹿鸣尾矿泄漏重大突发环境应急事件也为中国固体废物应急管理和环境风险防范能力的提升提出了更为严峻的挑战。

（四）农村固体废物治理形势严峻，重城市轻农村倾向依旧存在

农村固体废物是在农业生产和农民生活中产生的，是造成农业和农村污染的主要因素之一。农村固体废物种类繁多，影响范围广，影响程度深。从农业生产结构上看，包含养殖业产生的动物粪便、农田种植产生的植物秸

秆、农药化肥等的废弃包装、农用废弃薄膜等。其中中国每年畜禽粪便的产生总量高达 30 多亿吨，而综合利用率却较低，即使在 2019 年，畜禽粪污综合利用率也仅为 75% 左右。就农村生活垃圾而言，中国每年人均日排放量约为 0.95 公斤，其中厨余类、灰土类、橡塑类、纸类等占比超过 80%[34]。而根据住建部统计数据，农村每年生活垃圾的产生量约为 1.5 亿吨，但处理率仅为 50%。农村的生活垃圾增速快于城镇，且处于人均纯收入倒 U 形曲线的上升阶段。随着经济发展，农村生活垃圾产生量可能迎来迅猛增长阶段，农村固体废物治理将面临严峻形势[35]。然而，现有固体废物治理的法律法规大多针对城市，农村固体废物法律法规较为零散，且农村固体废物排放数据披露少，排放情况不详。农村固体废物治理需引起高度重视。

（五）部门、区域联动性差，多元主体协同共治体系尚未建立

政府层面，由于固体废物管理涉及生态环境、住建、工信等多个职能部门，且不同种类固体废物以及不同处理环节的主管部门不同，增加了固体废物污染防治工作的复杂性，多头管理和条块分割的现象严重。部门间垃圾统计、分类及运输处置体系不相统一，未能有效衔接，严重影响垃圾的精准分类、合理处置和资源化利用。此外，各地政府基于本地职能和利益考虑，对其他地区废弃物"敬而远之"，即使在本地区利用能力和处置能力充裕的情况下，也禁止其他区域固体废物的转移，"邻避效应"问题突出，客观上导致了固体废物利用处置的整体低效。

企业层面，拥有固体废物处理资质的企业数量少，固体废物处理投资在环保整体投入中所占比重不足 20%，大量的中小企业实力较弱，难以突破技术瓶颈，造成固废处置能力不足。此外，工业固体废物产生企业和资源化利用企业的"外部性"问题没有得到很好的解决[36]，致使两类企业之间无法形成长期稳定的合作互利关系，资源化利用工业固废的工作效果不显著。

公众层面，多年来垃圾分类和资源回收实际依靠无组织、流动的个体废品收购点和庞大的"拾荒大军"实现，随着这部分人群的老龄化、青年人择业观念的变化、废品回收价格的不断下跌甚至"倒挂"，以及近期许多大城市疏解人口压力的措施，传统"拾荒大军"逐步退出回收行业。混合垃

圾显著增多，一些原本可以回收的可再生物品再次大量进入垃圾末端处置环节。而居民作为生活垃圾的生产者和环境治理的监督者未能有效履行义务，垃圾分类大多流于形式。

五　国外固体废物治理经验借鉴

（一）美国固体废物治理

美国于1965年颁布第一部与固体废物治理相关的联邦法律《固体废物处置法案》，此后分别于1970年和1976年进行了修正，增加了适当处置危险固体废物的规定，并对原有的固体废物管理体系进行了重新构建，明确了美国固体废物治理的新思路，即废物预防（源头削减）、回收利用、焚烧和填埋处置。其中，固体废物的回收利用是美国各州固废治理计划中不可缺少的内容，也是其获取联邦政府财政援助的必要条件。该法案的修订标志着美国固体废物治理从最初重视末端处置向强调减少废物和节约资源转变。

在固体废物治理体系中，美国实行国家和地方的分级管理，即联邦环境保护局负责管理危险废物，各州政府则负责管理非危险废物，州政府制定的固体废物管理计划需经联邦环境保护局批准。在危险废物监管方面，美国环保署按照每月危险废物产生量及危害程度，将产生者划分大源、小源、豁免小源三种类型实施差别化管理。

此外，美国充分发挥许可、税收、抵押等经济杠杆作用。如：在各州普遍实行PAYT（pay-as-you throw）制度，对居民征收固体废物收集费，督促城市固体废物产生者承担其对社会的责任；印第安纳州、新泽西州等则对需要填埋的城市固体废物征收填埋费/税，倒逼城市固体废物的源头减量和综合利用[37]。

（二）欧盟固体废物治理

欧盟的固体废物治理经历了由单纯处理转向综合治理的过程，逐渐重视源头控制和综合利用，强调减量化、资源化和无害化，并将资源化作为废物处理的最终发展目标，有效提高了物质和能源的回收利用。以德国为例，在1972年《废物处理法》中，德国政府开始从注重固体废物处理能力的提升转向废物源头减量和循环利用，并于 1986 年和 1994 年分别颁布《废物防止和管理法》和《物质封闭循环与废弃物管理法》，明确了固体废物处理处置的原则顺序。即：首先是减量化，尤其是降低废物的产生量和有害程度；其次是将废物作为原料或能源再利用；最后是只有在当前的技术和经济条件下废物无法被再利用时，才可以在"保障公共利益的情况下"进行"在环境可承受能力下的安全处置"。

在固体废物回收利用方面，欧盟强调循环经济原则和零废弃理念，并确立了"废物分级"处理体系，即遵循"预防或减量—重复使用—循环利用—堆肥—处置"的顺序，强调资源化是废物处理的首选方式和最终发展目标；并将管理目标向物质产生的源头减量化延伸，全面且综合地考虑废物管理的每个阶段，通过对物质"从摇篮到坟墓"的整个生命周期管理，实现物质产生、流通、消费的全过程良性循环。

在固体废物治理过程中，欧盟颁布了《废物框架指令》这一基础法律框架以及《包装废物指令》等专项法规，在运用法律和行政手段的同时，辅以税收等多种经济手段，如对包装物等具有潜在环境污染的产品征收包装费/税等，有效推动了固体废物治理制度的实施。

此外，欧盟十分重视公众在环境治理中的作用。在推行新的废物管理指令时，政府对公众意见进行采集并进行及时反馈。欧盟公众较强的环保理念使废物分类得以充分地开展，降低了后端废物处理的难度与成本，有效实现了废物资源的再利用。

（三）日本固体废物治理

20 世纪 90 年代以前，日本固体废物治理一直侧重末端处理。面对经济增长带来的"大量生产、大量消费、大量废弃"问题，日本提出资源有效利用、循环使用的政策，并于 2000 年颁布《循环型社会形成推进基本法》，开启了循环型经济社会的建设之路。该法案提出了建立循环型经济社会的根本原则，即在确保预防废物产生、再生资源循环利用和废物合理处置的基础上，抑制天然资源的消费、最大限度地减少环境的负荷，同时明确了固体废物循环利用的法定顺序为：抑制产生、再使用、再生利用、热回收和适当处置。

在固体废物治理体系中，日本同样实行分级管理制度。即一般废弃物由市町村负责制定处理计划和监督管理，产业废物回收运输、处理处置行业则由都道府县进行许可和指导监督。

从治理手段上看，日本普遍实施回收处理收费制度。如在购买汽车时规定必须预先交付报废费用，购买电视机、空调等家电必须缴纳废家电处理费，城市废物则采取收费和征税的模式，通过强制使用收费袋和处理票的方式收取生活垃圾处理费，各区可以以付费形式将无法处理的垃圾交予别区处理。此外，公众在固体废物治理中的参与度高，尤其体现在垃圾分类上。这得益于充分的宣传教育、详细的分类指导、严格的法律制度以及可持续发展理念的推广。

六　中国固体废物治理的对策建议

（一）建立生命周期全过程管理体系，推动固体废物从末端治理向源头防控转变

固体废物涉及产生、收集、贮存、运输、利用、处置等过程。固体废物的管理应从末端治理向物质产生的源头减量化延伸，全面综合考虑固体废物各阶段特征，基于生命周期理念，建立固体废物生命周期全过程管理体系，实现固体废物产生、流通、消费、处置利用全过程良性循环，推动固体废物从末端治理向源头防控、清洁生产和资源化利用转变。

第一，通过对相关法律法规的修订与完善，明确固体废物全过程管理的优先次序；第二，根据产品设计、生产、贮存、运输、使用、回收利用、处置等阶段，分别制定固体废物的全过程管理政策，强化从源头减少固体废物产生，并将资源化作为固体废物处理的首选方式和最终发展目标；第三，出台重点行业强制性清洁生产审核政策措施，全面落实"污染担责原则"，在工业生产环节深入推行清洁生产和循环经济；第四，在居民（含城市和农村）消费和生活环节提倡绿色消费和生活，尽可能在源头减少固体废物的产生；第五，在农业生产环节，强化农膜使用控制，加快推进畜禽粪污等农

业固废的资源化利用。

（二）实施危险废物分级分类管理，补齐危险废物应急处置短板

鉴于危险废物种类多，在处理处置方式等方面存在较大区别，可以毒性控制为基准，对其进行分级分类管理。对产生量大、危害性大的危险废物及其对应产业和地区实施优先监管、重点防控，尽可能降低环境风险。在常态化管理的同时，统筹考虑应急管理需要，超前谋划、建设布局危险废物集中处理设施，推进企业、园区危险废物自行利用处置能力，强化危险废物全过程管理。基于新冠肺炎疫情防控检验，建立突发环境事件防控机制，提升危险废物应急处置能力。建立医疗废物协同应急处理清单，做好医疗废物的协同处置，加快建设移动式医疗废物处置设施，补齐危险废物收集转运和应急处置短板。

（三）加强科学技术支撑，推动固体废物精细化、智能化管理

一是加大科技研发政策的支持力度，鼓励高校、科研院所和研发中心参与固体废物治理的科研工作，加强固体废物在减量化、资源化和无害化处理处置关键环节的技术攻关和技术突破。二是加快科研成果转化，推动多种固体废物协同利用、全产业链协同利用、跨行业综合利用的先进适用技术产业化[38]。三是将固体废物综合利用纳入国家产业指导目录鼓励类，完善国家鼓励、限制和淘汰的技术、工艺、设备、材料和产品名录，促进先进适用环保技术装备推广应用[39]。四是促进物联网、大数据、人工智能等工具手段在固体废物管理领域的应用，推动固体废物管理精细化、智能化。如依托大数据等技术开展一般工业固体废物、危险废物、农业固体废物等生命周期溯源、跟踪管理等政策设计，利用"互联网＋"推进居民垃圾分类、流向监测，合理配置利用处置资源市场，建立线上线下融合的回收网络[40]。

（四）运用绿色环境经济政策，发挥经济杠杆作用

中国目前对固体废物的管理仍侧重行政化手段，针对固废的环境经济政策尚未完善，市场手段所发挥的经济杠杆作用并不明显。作为一种调控环境行为的工具，环境政策不仅是国外固体废物治理成功经验的总结，也是绿色发展的重要手段和核心内容。

建议充分应用财税、绿色采购等多种经济手段，推动固体废物管理和综合利用产业良性发展。在产生环节，通过征收环境税，促使固体废物产生者采取措施从源头减少废物产生。在综合利用环节，加大财税政策的支持力度，提高固体废物综合利用的财政补贴和税收优惠，有效补偿无法通过市场化途径弥补的正外部性缺口，积极探索绿色金融、绿色信贷对综合利用项目及企业的支持，引导社会资本投向固体废物综合利用，推动固体废物综合利用产业的快速发展。在产品使用和再生产品推广环节，将符合质量和环保要求的产品优先纳入政府绿色采购项目，通过政府消费引导，为固体废物综合利用创造良好的市场环境。

（五）加强部门地区联动，构建多元主体协同共治体系

固体废物治理关系生产者、消费者、回收者、利用者、处置者等多个利益方，亟须厘清各利益关系，加强部门和区域的协同，破解"邻避效应"，积极探索并建立政府、企业、公众等多元主体协同共治的政策体系。

第一，强化顶层设计，制定与目标责任、考核评价、联防联控相关的制度，明确各级政府和各部门在固体废物治理中的责任。第二，借鉴大气污染联防联控经验，打破行政区域壁垒，建立区域协调机制，统筹区域废物处置设施共享，科学规划处置设施能力，实现固体废物区域协同共治。第三，建立企业间共生代谢制度，强化相关产业间的资源耦合、原料互补、生态链接，实现固体废物由"单一治理"向"综合利用"的转变。第四，提高公众环保意识和参与度。充分发挥新媒体和传统媒体优势，加强宣传教育和舆论引导，树立绿色消费理念，积极践行垃圾分类、废物利用等绿色生活方式；推进环境信息公开，拓宽公众参与渠道，加强社会监督，共同推进固体废物多元共治，实现社会低碳循环发展。

参考文献

［1］ Lin G., Fu J., Jiang D., et al., "Spatio-temporal variation of PM2.5 concentrations and their relationship with geographic and socioeconomic factors in China," *International*

Journal of Environmental Research and Public Health 11 （2014）：pp. 173 – 186.

［2］Xu L.，Zhou J.，Guo Y.，et al.，"Spatiotemporal pattern of air quality index and its associated factors in 31 Chinese provincial capital cities," *Air Quality*，*Atmosphere & Health* 10 （2017）：pp. 601 – 609.

［3］李名升、张建辉、张殷俊等：《近 10 年中国大气 PM_{10} 污染时空格局演变》，《地理学报》2013 年第 11 期，第 1504 ~ 1512 页。

［4］秦耀辰、谢志祥、李阳：《大气污染对居民健康影响研究进展》，《环境科学》2019 年第 3 期，第 1512 ~ 1520 页。

［5］王文兴、柴发合、任阵海等：《新中国成立 70 年来我国大气污染防治历程、成就与经验》，《环境科学研究》2019 年第 10 期，第 1621 ~ 1635 页。

［6］亚洲清洁空气中心：《大气中国 2020：中国大气污染防治进程报告》，2020。

［7］郄建荣：《生态环境部持续 8 年开展重点区域大气污染防治　"十四五" 开局之年大气环境质量稳中向好》，《法治日报》2021 年 8 月 20 日，第 7 版。

［8］马国霞、於方、张衍燊等：《〈大气污染防治行动计划〉实施效果评估及其对我国人均预期寿命的影响》，《环境科学研究》2019 年第 12 期，第 1966 ~ 1972 页。

［9］武卫玲、薛文博、王燕丽等：《〈大气污染防治行动计划〉实施的环境健康效果评估》，《环境科学》2019 年第 7 期，第 2961 ~ 2966 页。

［10］Yun X.，Shen G.，Shen H.，et al.，"Residential solid fuel emissions contribute significantly to air pollution and associated health impacts in China," *Science Advances* 6 （2020）：eaba7621.

［11］《江苏省生态环境厅厅长王天琦代表　强化区域大气污染联防联控》，《人民日报》2020 年 5 月 27 日，第 11 版。

［12］李红、鲍捷萌、毕方等：《$PM_{2.5}$ 与臭氧污染协同控制：挑战与应对》，《世界环境》2020 年第 5 期，第 24 ~ 29 页。

［13］李丽平、李媛媛、姜欢欢等：《如何理解和推动减污降碳协同增效》，《中国环境报》2021 年 6 月 29 日，第 3 版。

［14］蒿彦：《重视农村大气污染防治》，《中国环境报》2019 年 12 月 12 日，第 3 版。

［15］李志青：《环境保护与经济发展：历史回顾和未来展望》，《世界环境》2020 年第 1 期，第 67 ~ 70 页。

［16］《中国城市规划设计研究院水务院资源能源所所长王家卓：城市水环境治理的现状与未来方向》，《环境经济》2018 年第 7 期，第 56 ~ 57 页。

［17］张晶：《中国水环境保护中长期战略研究》，中国科学院地理科学与资源研究所博士后研究工作报告，2012，第 14 ~ 30 页。

［18］徐敏、张涛、王东等：《中国水污染防治 40 年回顾与展望》，《中国环境管

理》2019 年第 3 期，第 65 ~ 71 页。

［19］ 吴舜泽、王东、马乐宽等：《向水污染宣战的行动纲领——〈水污染防治行动计划〉解读》，《环境保护》2015 年第 9 期，第 15 ~ 18 页。

［20］ 全国节约用水办公室：《实施国家节水行动　大力推进新时期节水》，《中国水利报》2021 年 1 月 12 日，第 1 版。

［21］ 夏莉：《北京再生水年利用量达 12 亿立方米》，《中国环境报》2021 年 4 月 20日，第 5 版。

［22］ Wu G.，Miao Z.，Shao S.，et al.，"Evaluating the construction efficiencies of urban wastewater transportation and treatment capacity：Evidence from 70 megacities in China," *Resources Conservation and Recycling* 128（2018）：pp. 373 – 381.

［23］ 曲久辉、王凯军、王洪臣等：《建设面向未来的中国污水处理概念厂》，《中国环境报》2014 年 1 月 7 日，第 10 版。

［24］ 范兆轶、刘莉：《国外流域水环境综合治理经验及启示》，《环境与可持续发展》2013 年第 1 期，第 81 ~ 84 页。

［25］ 谭伟：《〈欧盟水框架指令〉及其启示》，《法学杂志》2010 年第 6 期，第118 ~ 120 页。

［26］ 郭昕、陈新颖、杨玉川等：《丹麦水环境管理经验与启示》，《世界环境》2020 年第 4 期，第 78 ~ 81 页。

［27］ 田英、赵钟楠、黄火键等：《国外治水理念与技术的生态化历程探析》，《水利规划与设计》2019 年第 12 期，第 4 ~ 8 + 113 页。

［28］ 胡洪营：《聚焦矛盾精准施策　全面提升污水资源化利用水平》，《给水排水》2021 年第 2 期，第 1 ~ 3 页。

［29］ 李金惠：《中国固体废物管理现状及塑料污染治理成效》，《资源再生》2020年第 10 期，第 20 ~ 22 页。

［30］ 卢金曦：《"无废城市"怎么建？各地经验有看点》，《北京商报》2020 年 12月 14 日，第 6 版。

［31］ 《生态环境部 11 月例行新闻发布会实录》，中华人民共和国生态环境部网站，http：//www. mee. gov. cn/xxgk2018/xxgk/xxgk15/202011/t20201130 ＿ 810582.html，最后访问日期：2022 年 1 月 15 日。

［32］ 《生态环境部 1 月例行新闻发布会实录》，中华人民共和国生态环境部网站，https：//www. mee. gov. cn/xxgk2018/xxgk/xxgk15/202101/t20210128＿ 819282.html？keywords ＝ ％ E5％ 8F％ 91％ E5％ B8％ 83％ E4％ BC％ 9A％ E5％ AE％ 9E％E5％ BD％ 95，最后访问日期：2022 年 1 月 15 日。

［33］ 刘宏博、吴昊、田书磊等：《"十四五"时期危险废物污染防治思路探讨》，《中国环境管理》2020 年第 4 期，第 56 ~ 61 页。

［34］ 胡斌、杨旋、王建恩等：《农村生活垃圾分类模式探讨》，《环境科学与技术》

2019 年第 S1 期，第 85 ~ 88 页。

［35］操建华：《乡村振兴视角下农村生活垃圾处理》，《重庆社会科学》2019 年第 6 期，第 44 ~ 54 页。

［36］姚婷、曹霞、吴朝阳：《一般工业固体废物治理及资源化利用研究》，《经济问题》2019 年第 9 期，第 53 ~ 61 页。

［37］李金惠、段立哲、郑莉霞等：《固体废物管理国际经验对我国的启示》，《环境保护》2017 年第 16 期，第 73 ~ 76 页。

［38］王磊、陈敏：《京津冀协同视角下再生资源产业链构建研究》，《再生资源与循环经济》2019 年第 11 期，第 8 ~ 14 页。

［39］徐志杰、赵云皓、卢静等：《固体废物综合利用行业现状、问题与对策研究》，《中国环保产业》2021 年第 7 期，第 6 ~ 9 页。

［40］靳敏、郭甲嘉、苏明明：《互联网 + WEEE 回收模式的路径设计》，《环境保护科学》2019 年第 3 期，第 1 ~ 7 页。

第四章
气候变化与社会发展问题

何佩霖　李欣芮　张　健　李起铨*

第一节　气候变化对人类健康的影响探讨

随着工业进步和社会发展，全球气候持续发生巨大变化，而这种变化与大气污染存在密不可分的关系，两者之间相互影响。一方面，大气污染物通过影响辐射收支影响气候；另一方面，气候变化反作用于大气污染，最终在不同程度上直接或间接地对人类健康产生重要影响。

一　综述

根据联合国政府间气候变化专门委员会估计，人类活动导致的全球变暖已使全球平均气温较工业化前高出 0.8℃ ~ 1.2℃[①]，而美国国家海洋和大气管理局（NOAA）的监测也显示，从 20 世纪 80 年代开始，各年 6 月的全球平均气温自 1980 年开始便持续高于过去 100 年（1901 ~ 2000）来的同月平均气温，2021 年 6 月全球平均气温较均值高出 0.89℃（见图 4 - 1）。

除气温升高以外，气候变化导致的降水规律变化、极端天气频率与强度增加都将危害人类的生命与健康。2019 年 11 月中旬，由于海平面上升和来

---

* 何佩霖，西南财经大学经济学院 2020 级博士研究生，主要研究方向为量化历史与经济发展；李欣芮，西南财经大学经济学院硕士研究生，主要研究方向为经济史；张健，西南财经大学经济学院 2020 级博士研究生，主要研究方向为宏观经济学、金融学；李起铨，博士，西南财经大学公共管理学院副教授，博士生导师，主要研究方向为绿色发展与宏观经济、金融市场与金融机构等跨学科交叉领域。
① 报告中探讨的前工业化时段为 1850 ~ 1900 年。

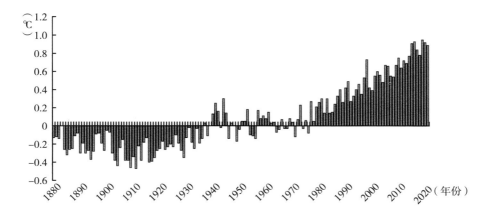

图 4-1 全球气温较 1901~2000 年 6 月全球平均气温异常 (1880~2021 年)

资料来源：NOAA National Centers for Environmental information，Climate at a Glance：Global Time Series，published September 2021，retrieved on September 16，2021 from https：//www. ncdc. noaa. gov/cag/。

自亚得里亚海的强劲西风，意大利威尼斯遭受 53 年来最严重的水患。洪水最高水位达 187 厘米，仅次于 1966 年的 194 厘米。洪水给威尼斯带来严重损害，大量房屋、商店和历史建筑遭到洪水侵袭。同年 8 月，南美洲的亚马孙雨林遭受十年来最严重的森林大火，超过 80 万公顷的土地被大火吞没。强风将燃烧产生的烟雾从亚马孙和朗多尼亚州带到圣保罗等大城市，造成严重的大气污染。2021 年，希腊埃维亚岛和美国加州北部森林也遭受野火侵袭。森林燃烧产生的烟尘中含有大量一氧化碳、二氧化碳和二氧化硫等有害气体，可能诱发化学性眼损伤、上呼吸道疾病、化学性支气管炎和中毒性肺水肿，严重威胁人群健康。森林的燃烧将消耗大量氧气，空气中氧浓度的下降将导致呼吸障碍、痉挛甚至窒息死亡。此外，燃烧释放的大量二氧化碳或将加剧温室效应。除上述现象之外，预计在 2030~2050 年，每年有 3.6 万名老年人死于气温过高，4.8 万人死于腹泻，以及 9.5 万名儿童死于营养不良，气候变化对健康带来的直接经济损失将达到每年 20 亿~40 亿美元①。这些自然灾害都说明

---

① 世界卫生组织：《气候变化与健康》，https：//www. who. int/zh/news - room/fact - sheets/detail/climate - change - and - health，最后访问日期：2020 年 2 月 10 日。

气候变化将是 21 世纪以来人类面对的最大的健康威胁①。

　　气候变化对人群健康产生影响的机制包括清洁的空气、安全的饮用水、充足的食物和有保障的住所，具体包含三种形式。第一，极端天气将对人群健康产生直接影响。极端气温可能增加心血管和呼吸道疾病患病率，增加超额死亡率、高温脆弱性和劳动时间损失。自然灾害和不定的降水模式也将导致健康风险。第二，气候变化可能改变病媒性和传染性疾病的传播范围和疾病负担，改变疾病传播的模式、频率和强度，扩大传染范围和延长传播时间。第三，气候变化下的粮食安全与营养不良。气候变化将导致部分地区主要农作物减产，给当地民众健康带来长期影响。全球气候变化在不同程度上直接或间接地对人类健康甚至生存产生重要影响，但这种影响存在多样性与复杂性，使针对减缓气候变化与提升卫生健康适应性方面的行动面临一定挑战：一是应对计划执行能力有限；二是资金约束；三是脆弱性地区及弱势群体面临更大的气候变化健康风险。

　　世界范围内，小岛屿发展中国家的温室气体排放比例不足全球的 1%②，却首当其冲地受到气候变化健康风险影响，这些风险来自极端洪水、风暴和干旱，更大的介水传染病、媒介传播疾病以及海平面上升。2015 年关于气候变化的《巴黎协定》指出小岛屿发展中国家的特殊脆弱性。2017 年 11 月于波恩举行的《联合国气候变化框架公约》缔约方会议第二十三届会议上，世界卫生组织、联合国气候变化框架公约秘书处和会议主席国斐济，合作发起了关于小岛屿发展中国家气候变化和卫生的特别行动，力图为小岛屿国家应对气候变化健康风险提供所需的政治、技术和财政支持，以便当地更好地应对气候变化健康风险。

　　作为世界上最大的发展中国家，中国同样面临由气候变化引致的严峻健康挑战。高温天气持续增多导致老年人死亡风险升高 10.4%。与 1990 年相比，2017 年中国的登革热全年龄段发病率上升 5.7 倍，达到每十万人中 183.8

---

① 《气候变化成 21 世纪全球面临最大健康威胁》，科学网，http：//news. sciencenet. cn/htmlnews/2017/11/392784. shtm，最后访问日期：2022 年 2 月 10 日。

② 小岛屿发展中国家气候变化与健康政策概述，世界卫生组织官网，https：//cdn. who. int/media/docs/default－source/sids－summit/sids－climate－policy－brief. pdf？sfvrsn＝c1536f14＿5，最后访问日期：2022 年 2 月 10 日。

例。气温每升高 1℃ ~2℃，中国南部的疟疾传播潜力将增加 39% ~140%。如不及时采取相应的气候变化适应和缓解措施，中国的人口健康和社会发展将受到自然灾害、极端天气以及气候敏感性疾病的影响。因此，为应对严峻的气候变化健康风险，中国制定了一系列减缓气候变化的重大战略、方针和政策。如完善卫生防疫体系建设、修订环境保护标准、普及应急防护技能、加强饮用水卫生监测和安全保障服务、开展监测评估和公共信息服务，以及加强应急系统建设等举措。在降低碳排放方面，中国的太阳能发电量每年增长 26.5%。与 2008 年的 1∶1 相比，中国的低碳能源投资是化石燃料投资的 9 倍。严重空气污染也有所减少，2015 ~2019 年，城市 PM2.5 年平均浓度下降 28%，避免了每年平均 9 万人的 PM2.5 相关死亡[1]。然而目前中国在气候变化对人体健康的理论研究方面仍有不足，未建立成熟的研究范式。气象监测工具的研制、监测有待进一步发展和完善。不同省份所暴露的气候变化健康风险具有区域特性，管理气候风险还需要针对性的应对策略。

二　气候变化对健康的影响

（一）极端天气对人群健康的影响

1. 极端天气

极端气温将扰乱人体正常的热平衡条件，增加人群疾病和死亡风险[2]。研究发现，2000 ~2019 年，世界范围内有 500 万人死于异常气温，占所有死亡人数的 9.43%。其中，8.52% 的超额死亡与寒潮效应相关，0.91% 与热浪效应相关。极端气温导致的死亡负担在地理上存在差异，约 50% 的超额死亡发生在亚洲，欧洲极端高温下超额死亡率较高，非洲地区冷相关超额死亡率较高[3]（见图 4 - 2）。另有研究表明，2010 ~2099 年的气温升高将显著提高赤道地区国家人口的死亡率。具体而言，气温每升高 1℃，越南的超额死亡率将增加 10.34%，菲律宾将增加 8.18%[4]。

另外，热浪频率、强度和持续时间的增加将提高热相关疾病的患病率，如心血管疾病、呼吸道疾病和中暑等。一项针对中国的研究发现，高温情况下气温每上升 1℃，心血管疾病和呼吸系统疾病导致的死亡率分别上升 3.02% 和 4.64%[5]。

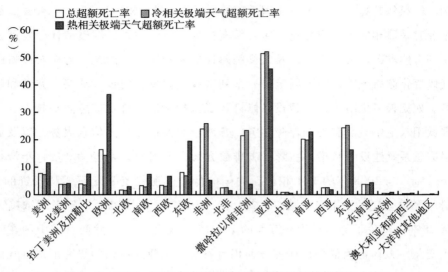

图 4 – 2　2000~2019 年各洲和地区异常气温下的超额死亡率

资料来源：Qi Zhao et al. ，"Global，Regional，and National Burden of Mortality Associated with Non-optimal Ambient Temperatures from 2000 to 2019：A Three-Stage Modelling Study，" *The Lancet Planet Health* 5（2021）：pp. 415 – 425。

　　65 岁及以上群体，特别是患有慢性疾病（如糖尿病、心脏病、肺病和肾病）的群体，更易遭受热浪影响。据此，《柳叶刀倒计时：追踪健康与气候变化进展2019》① 构建了地区高温脆弱性指数② ，以反映高温天气对不同

---

① 《柳叶刀倒计时：追踪健康与气候变化进展》（Lancet Cuntdown：Tracking Progress on Health and Climate Change）是由《柳叶刀》委员会（Lancet Commission）成立的项目。自 2016 年起，该项目集结了全球 35 所科院所和联合国机构的 120 名不同领域的专家，以分析全球人群健康情况和气候变化数据，发表阐述气候变化如何影响人类健康以及应对措施健康收益的报告。报告从气候变化对人群的影响、暴露和易感性，健康卫生调整、规划和恢复策略，气候变化缓解措施与健康共同益处，经济和财政支持以及公众与政府参与度等五个方面，构建了 43 个衡量健康和气候变化相关联的指标。后均简称《柳叶刀倒计时》。

② 如式（1）所示，DI_{it} 代表 65 岁及以上人群心血管、糖尿病和慢性呼吸道疾病的患病率，$Urban_{it}$ 代表城市地区人口占总人口比重，以反映热岛效应的影响程度。二者之比衡量了 65 岁及以上人口暴露于热岛效应的程度，即地区高温脆弱性指数（vulnerability index）。该指数取值范围在 0~100，数值越大意味着地区高温脆弱性越高。

$$\text{Vulnerabilty Index} = \frac{DI_{it}}{Urban_{it}} \tag{1}$$

区域人群健康的影响。从气候变化对健康影响的角度，脆弱性被定义为所有危害因素和保护因素综合作用下，人群或地区最终由于气候变化而经历的不良健康因素影响的程度。脆弱性能够反映一个群体或地区面临气候危险性因素的敏感性和适应性。如图4-3所示，1990~2017年，欧洲和地中海东部地区是受热浪影响最严重的地区，西太平洋和非洲地区脆弱性增加了10%以上。

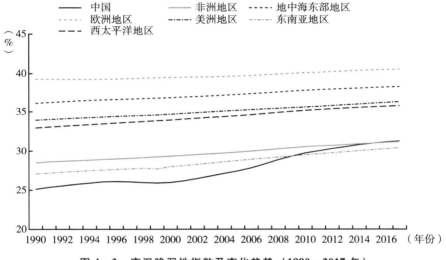

图4-3 高温脆弱性指数及变化趋势（1990~2017年）

资料来源：Watts N., et al., "The 2019 Report of the Lancet Countdown on Health and Climate Change: Ensuring that the Health of a Child Born Today is not Defined by a Changing Climate," *Lancet* 394 (2019): pp. 1836-1878。

值得注意的是，极端天气导致的农业、工业和制造业工作效率降低，同样会对个人和社区的健康及经济造成影响。极端高温天气使从事户外劳动的从业人员暴露在不断加剧的健康风险之下，导致劳动时间损失[①]，增加了低

---

① 劳动时间损失（change in labour capacity）强调了气候变化对脆弱群体劳动力能力的影响。与湿球温度（WBGT）相关的总工时损失累积分布函数如式（2）所示：

$$loss\_Fraction = \frac{1}{2}\left(1 + ERF\left(\frac{WBGT - Prod_{mean}}{Prod_{SD} \cdot \sqrt{2}}\right)\right) \tag{2}$$

式（2）中，$WBGT$分别由$WBGT_{max}$，$WGBT_{mean}$或者WBG_{Thalf}衡量。利用全球 （转下页注）

收入家庭的脆弱性。与 2000 年相比，2018 年气温上升导致全球约 450 亿小时的潜在工作时间损失，2019 年达到 1000 亿小时。如图 4-4 所示，气候变化下劳动力工作时间损失最大的部门为农业部门，其次是工业部门。如果不采取有效的气候变化适应性和缓解性措施，南亚等人口密集地区的服务业劳动时间损失将超过 10%，北纬 34°以下的农业和建筑业劳动时间损失为 15%～20%。

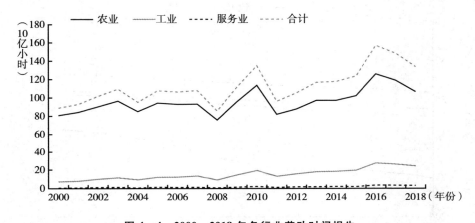

图 4-4　2000～2018 年各行业劳动时间损失

资料来源：Watts N.，et al.，"The 2019 Report of the Lancet Countdown on Health and Climate Change：Ensuring that the Health of a Child Born Today is not Defined By a Changing Climate，"*The Lancet*，394（2019）：pp. 1836-1878。

2. 洪涝和干旱

自然灾害和不定的降水模式同样引发健康风险。自 20 世纪 60 年代以来，全球与气候变化相关的自然灾害数量已增至 2 倍以上，造成年均 6 万多

（接上页注①）0.5°×0.5°网格内三小时温度、露点温度及表面太阳辐射来计算室内（或阴凉处室外）和室外太阳下的湿球温度（WBGT），生产损失率随 WBGT 增加而增加。*Prod* 代表工作时产生的内部热量，当行业为服务业时，$Prod_{mean} = 35.53$（200W）、$Prob_{SD} = 3.94$（200W）；当行业为制造业和工业时，$Prod_{mean} = 33.49$（300W）、$Prob_{SD} = 3.94$（300W）；当行业为农业时，$Prod_{mean} = 32.47$（400W）、$Prob_{SD} = 4.16$（400W）。W 代表功率，即代谢率。将工作分数损失函数分配给不同的活动部门（服务、制造和农业），将 WBGT 与劳动者在各部门中通常消耗的功率（代谢率）联系起来，计算人口加权的损失小时数，得出各部门潜在工时损失（WHL）。

人死亡。自然灾害导致的人员伤亡、医疗和卫生基础设施损坏，进一步加剧了发展中国家和医疗条件落后国家适应气候变化时的脆弱性。

不稳定的降水模式可能影响淡水供应、加剧淡水污染。其中，洪涝灾害将导致直接伤亡、病媒和水源性疾病、心理创伤等。长期干旱将影响个人和环境卫生，导致农作物减产，引发粮食危机和营养不良。《柳叶刀倒计时》的报告表明，2000～2018年，南美洲和东南亚极端降水事件增长最多，21世纪后期气候变化可能会在区域和全球层面提高干旱发生频率并增加严重程度。

（二）气候变化下传染性疾病对人群健康的影响

气候变化可能改变传染病的感染模式，延长病媒传播季节或扩大传播范围[6]，如登革热、寨卡病毒、疟疾等虫媒传染病。气候变暖可使登革热传播风险增加、传播季节延长，传播范围向高纬度和高海拔地区扩散。埃及的伊蚊和白纹伊蚊是传播登革热的主要物种，这两种蚊子的数量自20世纪50年代起分别增加了8.9%和15.0%①。气温上升改变或扩大了蚊子生活的地理范围，提高了感染登革热和其他发热疾病的概率。图4-5反映了各地区应对蚊媒疫情时的脆弱性②。经历了2010～2016年的下降之后，2016～2018年，在世界卫生组织划分的六个地区中，有四个地区的国家在应对蚊媒疾病疫情时脆弱性出现小幅上升。西太平洋地区脆弱性最高（0.28%～0.47%），欧洲地区最小。

---

① 《柳叶刀：气候变化已影响人类健康》，中国气象局官网，http://www.cma.gov.cn/2011xwzx/2011xqxkj/qxkjgjqy/201711/t20171113_453815.html，最后访问日期：2022年2月10日。

② 该指标反映一国应对虫媒传染病威胁时的适应能力，计算方式如式（3）所示：

$$Vu\ln erability_{it} = \frac{Vectorial\_capacity_{it}}{averageIHR_{it}} \tag{3}$$

其中，$averageIHR_{it}$代表一国应对卫生健康风险的能力。利用《国际卫生条例》核心监测框架中，一国卫生监测、立法、食品安全、人力资源、实验室、入境点、卫生事件应对、预警、风险沟通和人畜共患病等11项能力评价的平均值衡量。$Vectorial\_capacity_{it}$衡量了虫媒疾病的传播能力。

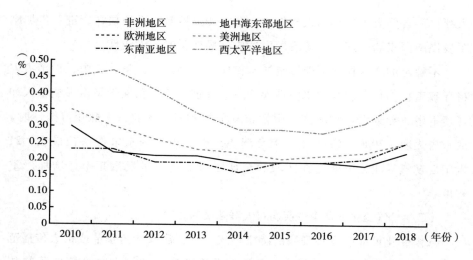

图 4 – 5　2010～2018 年各地区应对蚊虫传播疾病时的脆弱性指数

资料来源：Watts N., et al., "The 2019 Report of the Lancet Countdown on Health and Climate Change: Ensuring that the Health of a Child Born Today is not Defined by a Changing Climate," *The Lancet* 394 (2019): pp. 1836 – 1878。

此外，气温变化还会直接影响环境中病原体的复制和存活。流感作为一种气象敏感疾病，其发病受到气温、相对湿度、气压等因素的影响，而气象因素在肠道传染病流行过程中也是重要影响因素[7]。全球气候变暖导致极地冰层急速融化，影响了极地的洋流系统和生态系统，让生活在大西洋和太平洋不同区域、携带不同疾病的海洋生物相遇，可能引发致命病毒的传播。诸如海豹瘟热病毒（PDV）对海豹、海獭和海狮几乎造成毁灭性的打击。根据卫星遥感数据发现，海豹瘟热病毒的暴发与海冰减少的时间段相吻合。

另外，冰层的融化使深层永冻土暴露，一些埋于冻土的远古病毒经历极寒休眠后仍能恢复生机，部分病毒可能为了生存而进化为"超级病毒"。2016 年，西伯利亚亚马尔半岛上的驯鹿和游牧民患上炭疽病。经调查发现，病源是一具解冻的驯鹿尸体，而这头驯鹿可能死于当地 1941 年的炭疽病疫情。科学家还从阿拉斯加永久冻土中找到一具 1918 年流感受害者的遗体，利用现代基因测序技术从遗体中获得了该流感病毒的全部基因序列，重组病毒后发现该流感病毒对实验白鼠的感染力和致病力都强于目前流行的流感病毒[1]。气候变化下，永冻土的融化可能导致天花和黑死病卷土重来，对人类构成的威胁难以预测。

（三）气候变化下的粮食安全与营养不良

联合国政府间气候变化专门委员会、联合国粮食及农业组织等机构的报告显示，自 2009 年以来，干旱和高温等极端天气严重影响全球粮食供给。2021 年入夏以来，持续性的干旱天气使全球小麦主产国失收，全球第一大小麦出口国俄罗斯产出下降 15%，美国春小麦收成同比下降 41%。南美洲巴西的咖啡豆、甘蔗和玉米等农作物则因罕见的寒流和霜冻而减产。欧洲暴雨成灾，夏收大麦和小麦等农作物均受到影响。如图 4-6 所示，与气候变化相关，1981~2019 年玉米、冬小麦、大豆和水稻的潜在产量呈下降趋势。与 1981 年相比，受气候变化影响最大的农作物为玉米，减产 5.6%，其次大豆减产 4.8%，冬小麦减产 2.1%，水稻减产 1.8%[2]。

农作物供给减少可能引发粮食危机，给当地民众健康造成长期影响，阻碍人力资本积累，尤其是脆弱和贫困地区的儿童，将面临严峻的营养不良问题。自 1990 年以来，亚洲和非洲 30 个国家中，营养不良的人数由 3.98 亿人增加到 4.22 亿人[3]。若不采取有效的气候变化减缓措施，预计到 2050 年，全球人均可获取食物量将减少 3.2%，果蔬消费量减少 4.0%，红色肉类消费量减少 0.7%。气候变化可能进一步扩大全球不同国家之间以及国家内部的粮食安全不平等，而人均可获取食物量的微小波动都将影响人类的饮食结构和体重相关疾病。低收入和中等收入国家受此影响最大，果蔬消费量减少

---

① 《病毒"冰牢"正融化》，新华网，http://www.xinhuanet.com/globe/2020-08/18/c_139296713.htm，最后访问日期：2022 年 2 月 10 日。

② 除气候变化外，农作物产量可能受到多重因素影响，如品种、农业实践和病虫害等。此处以累积参考期（1981~2010 年）年均生长季累积温度总量（accumulated temperature total ATT）作为标准，如果 ATT 提前达到，说明作物成熟过快，产量低于平均水平，意味着作物产量下降等价于 ATT 天数的减少。

③ 《柳叶刀：气候变化已影响人类健康》，中国气象局官网，http://www.cma.gov.cn/2011xwzx/2011xqxkj/qxkjgjqy/201711/t20171113_453815.html，最后访问日期：2022 年 2 月 10 日。

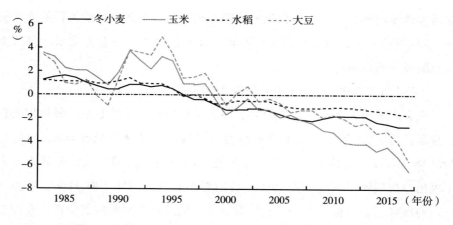

图 4 - 6　1980~2019 年主要农作物生长持续时间的变化率

资料来源：Watts N., et al., "The 2019 Report of the Lancet Countdown on Health and Climate Change: Ensuring that the Health of a Child Born Today is not Defined by a Changing Climate," *The Lancet* 394（2019）: pp. 1836 - 1878。

将造成高收入国家 58% 的超额死亡率，西太平洋低中收入国家超额死亡率将达 74%。预估受体重相关疾病影响最大的是东南亚（占死亡总数的 47%）和非洲（占死亡总数的 49%）[①]。

三　气候变化与卫生适应性行动的现状与挑战

气候变化对人类健康的威胁与日俱增，各国卫生系统承受的压力也日益增长。由于气候变化健康威胁存在地区和人口需求差异，且卫生系统适应性提升需要经历长期过程，因此构建全面的指标评估现有措施的成效较为困难。为此，本小节从三个方面探讨气候变化卫生系统适应性行动的实施现状与面临的一系列挑战。一是从政治角度评估世界各国应对气候变化的国家能力和卫生计划实施情况，衡量国家对气候变化的适应规划和评估，对突发卫生事件发现、预警和应对的能力等。二是从经济上分析各国

---

① 《截至 2050 年气候变化引起的粮食减产将使 50 多万人丧命》，中国气象局官网，http://www.cma.gov.cn/2011xwzx/2011xqxkj/qxkjgjqy/201603/t20160311_ 306185. html，最后访问日期：2022 年 2 月 10 日。

面临的资金约束，以及低碳经济投资的进展。三是从社会文化上，考察社会公众、企业对于气候变化健康风险的关注与政治参与，并探讨脆弱群体面临的气候变化健康风险。

（一）政治：国家能力与计划实施有限

1. 计划制定与评估能力

国家气候变化卫生计划或战略的制定能够反映一个国家对于本国气候变化健康风险的认识程度和应对能力。世卫组织通过 2018 年卫生和气候变化国家调查，发现制定国家气候变化卫生适应计划或战略的共识正逐步扩大，部分国家已经认识到气候变化对人类健康造成的威胁。参与调查的 101 个国家中，除了 3 个反馈为不知道外，有 51 个国家已制定了国家气候变化卫生计划，19 个国家正在筹备和制定中，但仍有 28 个国家尚未制定[①]。

然而，尽管各国已认识到提高卫生系统气候变化适应性的必要性，计划的实施却存在一定困难。在上述制定国家气候变化卫生计划的国家中，仅 24 个国家能够高度或中度贯彻卫生计划，仅 16.8%（17 个）的受访国家表示有充足的预算实施适应气候变化卫生计划。预算缺乏、政府执行和提案能力不足、应对计划缺乏优先性和针对性都影响了气候变化卫生适应计划或战略的实施效果。

另外，由于气候变化对健康的影响因地区和人口特征不同而存在异质性，对健康脆弱性的评估是制定国家气候变化卫生计划的重要依据。评估不同地区人群的高温脆弱性指数，有助于政府将更多资源分配给面临高温热浪危害更加严峻的地区和人群，进而有效地减少高温热浪的危害。整体而言，世界各国和公众对气候变化健康风险的认识尚浅。如图 4-7 所示，仅 48 个受访国家完成了对国家健康脆弱性和气候变化适应性的科学评估，仍有超半数的国家未进行科学评估，对本国健康风险知之甚少，部分国家未依据评估结果制定气候变化卫生计划。在进行了评估的国家中，仅 31 个国家指出评

---

① 因为世卫组织的调查是自愿的，受访样本并非所有国家的代表性样本，由此可能存在选择偏差。

估结果影响了当地应对气候变化的卫生和医疗政策优先性，20 个国家认为
气候变化健康影响和脆弱性的评估结果对公众和社会经济产生了影响。

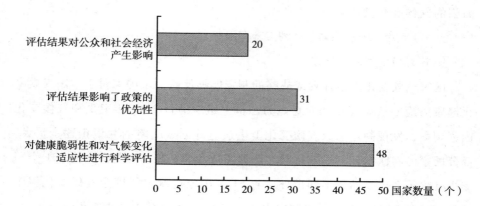

图 4-7　国家对气候变化健康影响的评估：脆弱性和适应性评估情况

资料来源：WHO，"Health and Climate Country Survey"（2018），https：//www.lancetcountdown.org/data-platform/。

2. 发现、预警和响应能力

2018 年，182 个世卫组织成员国完成了与《国际卫生条例》C8①有关
的调查。C8 中各项目的完成度反映了气候变化下各国发现、预警和应对突
发卫生事件的能力。如图 4-8 所示，整体来看，2010~2017 年，各地区对
突发卫生事件的响应能力存在一定程度提升。响应能力提升较大的是非洲地
区，对于 C8 中有关响应能力的调查项目完成度由 40% 余上升至近 80%。但
在气候变化突发卫生事件的预警方面，非洲地区的完成度在 60% 以下。在
有关气候变化卫生战略实施的调查项目中，非洲地区的完成度由 35.98% 上
升至 62.33%。对于卫生事件响应能力的调查项目，美洲、欧洲、西太平洋
地区的完成度基本可达 80% 以上，意味着在气候变化下，美洲、欧洲和西

---

① 《国际卫生条例》旨在帮助国际社会预防和应对严重公共卫生风险，该法律文书的第八部
分（Capacity 8）侧重于各国卫生应急框架。该框架适用于评估所有公共卫生事件和紧急情
况，包括疾病暴发、空气污染、极端气温、干旱洪涝、风暴和社会危害（如冲突和金融危
机）等。

太平洋地区预警和应对突发卫生事件的能力较强。但在 2019 年，上述地区气候变化战略与计划的实施能力却出现一定程度下降。

部分国家缺乏筹划国家提案的能力、无法判断策略与计划的优先次序，同时面临资源、技术、科学证据和工具的限制。尤其是发展中国家，在制定和执行气候变化健康风险相关国家行动方案时能力有限。

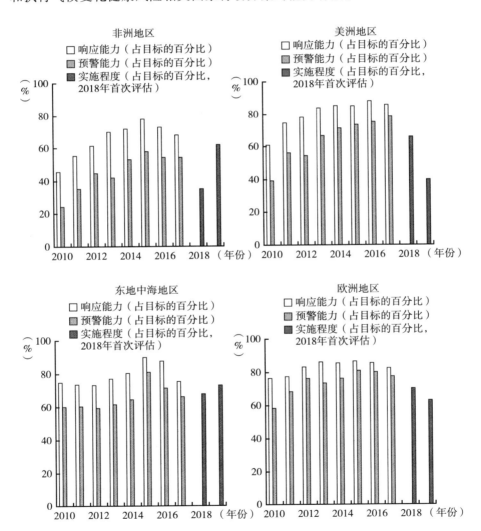

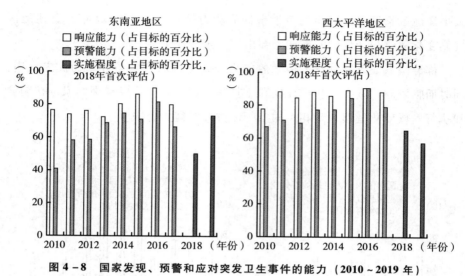

图 4 - 8　国家发现、预警和应对突发卫生事件的能力（2010~2019 年）

资料来源：WHO，"International Health Regulations Monitoring Framework"（2019），https：// www. lancetcountdown. org/data - platform/。

（二）经济：气候资金与低碳经济

1. 气候资金

全球范围内，各国在《气候公约》下建立了若干财政资助机制：支持应对气候变化的规划和评估项目，如国家行动方案（NAP Development）；资助气候变化适应性和缓解方案，如全球环境基金（the Global Environment Facility）、适应基金与绿色气候变化基金（the Adaptation Fund and the Green Climate Fund，GCF）等。其他组织，如双边捐助者、多边机构和慈善机构各组织也为获取气候融资提供了机会。

GCF 的报告指出，尽管国家确定捐款（NDCs）[①]中有 50% 以上的国家将卫生领域视为优先领域，但仅 20% 的国家计划、5 个 GCF 投资组合或拟议项目涉及卫生领域。在全球气候资金和其他多边气候基金投资组合中，与卫生相关的资金不到 6%。虽然各国越来越重视气候变化与健康问题，但仅

[①]　NDCs 相关介绍详见 https：//www. un. org/sustainabledevelopment/wp - content/uploads/2017/ 05/Download - Report. pdf，最后访问日期：2022 年 2 月 10 日。

有少数国家能够为健康与气候变化计划提供完全或部分资金。各国难以获得国际气候资金来保护暴露在气候变化健康威胁下本国人民的健康。

根据 2018 年世卫组织卫生和气候变化国家调查，最主要的困难在于：其一，缺乏融资机会，难以获得融资信息；其二，卫生行动者与国际组织在应对气候变化的行动上缺乏密切配合；其三，缺乏编制国家预算的能力；其四，部分国家难以获得申请资格。在接受调查的国家中，仅有 35.6% 的国家得到气候资金的支持，且获得资金的对象多为中等收入国家，在气候变化中最脆弱的低收入国家依然难以得到气候资金的支持（见图 4 - 9）。

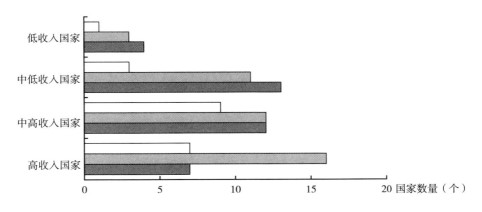

图 4 - 9　近期获得气候资金支持的国家数量（2019 年报告）

资料来源：WHO，"Health and Climate Country Survey"（2019），https：//www. lancetcountdown. org/data - platform/。

目前，以下优先事项仍然缺乏资金：气候变化与气象灾害的预警和响应系统、综合风险监测、对于脆弱性和适应性的评估项目、气候变化与健康风险的理论与实际研究、治理和应对能力建设、卫生服务和技术、对气候变化健康风险的宣传、监管体系、具有气候韧性的卫生设施，以及社区能力建设等。

2. 低碳经济

除提高卫生系统的气候变化适应性外，在推动气候变化缓解措施方面，以中国为首的部分国家积极推动低碳经济，以减缓气候变化进程，降低人群面临的健康风险。如图 4 – 10 所示，全球化石燃料的投资额在 2014 ～ 2019 年经历了明显的下降，由 13910 亿美元（2014 年）降至 9760 亿美元（2019 年）。然而，化石燃料的投资份额在总能源投资份额中仍占有较大比重，如何有序合理地淘汰化石燃料，提升清洁能源所占比重，仍需进一步的技术创新和合理的资源配置。

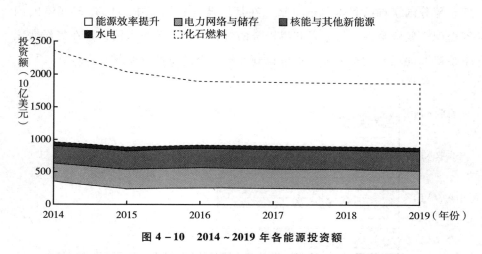

图 4 – 10　2014～2019 年各能源投资额

资料来源：Watts N. , et al. , "The 2019 Report of the Lancet Countdown on Health and Climate Change: Ensuring that the Health of a Child Born Today is not Defined by a Changing Climate," *The Lancet* 394（2019）: pp. 1836 – 1878。

3. 社会与文化：公众政治参与和脆弱性群体

公众的政治参与是世界应对气候变化的基础，其中包含媒体、公众、国家政府和多部门的参与。如图 4 – 11 所示，2007 ～ 2019 年，《泰晤士报》和《纽约时报》上的有关气候变化与健康的文章数量逐步增加，尤其在 2016 年后增长明显，体现了公众和社会群体对于气候变化健康风险意识的不断提升和加强。

健康风险评估研究确定了气候变化背景下的脆弱人群，包括老年人、婴幼儿、慢性病患者、低收入人群、户外从业人员[8]，以及生活在小岛屿的发展中国家和其他沿海地区、山区和极地地区的人群。卫生基础设施薄弱的地区及脆弱的发展中国家在气候变化健康风险下也表现出其脆弱性。

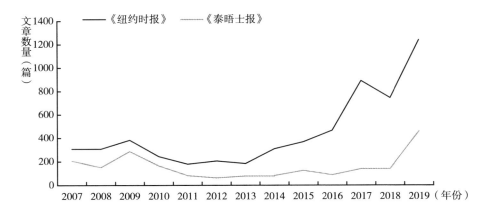

图4-11　2007~2019年《泰晤士报》和《纽约时报》对健康和气候变化的报道

资料来源：Watts N. , et al. , "The 2019 report of the Lancet Countdown on health and climate change: Ensuring that the health of a child born today is not defined by a changing climate," *The Lancet* 394（2019）: pp. 1836 – 1878。

2000~2016年，约有1.25亿名65岁及以上的老年人遭遇热浪天气，极端高温可能增加老年人罹患充血性心力衰竭、糖尿病和其他慢性疾病的风险。对于一些最脆弱的人群如残疾人，医疗护理中断或无法运送患者必要的药物、医疗记录和氧气等医疗设备可能加剧健康风险[1]。对于远郊从事户外劳作的人，高温天气则使其劳动生产率下降了约5.3%，将影响个人、家庭和整个社区的生计问题[2]。

高浓度的二氧化碳环境会导致水稻营养不足：蛋白质、铁、锌以及部分种类的维生素含量呈现不同程度的下降，给公众健康造成潜在威胁。同时，气候变化可能改变传染性疾病的感染模式和传播范围，使儿童成为最主要的受害群体，特别是生活在贫穷国家的儿童。全球主要农作物产量的下降，将阻碍儿童成长、破坏免疫系统、引发长期发育问题。随着气温上升，婴儿将

---

[1]　United States Environmental Protection Agency. Climate Change and the Health of Older Adults, https: //health2016. globalchange. gov。

[2]　《柳叶刀：气候变化已影响人类健康》，中国气象局官网，http: //www. cma. gov. cn/ 2011xwzx/2011xqxkj/qxkjgjqy/201711/t20171113_ 453815. html，最后访问日期：2022年2月10日。

受到营养不良和食品价格上涨的影响。空气污染则可能降低人类的生育能力，对胎儿大脑发育产生损害。

四 气候变化健康风险下的脆弱群体：小岛屿发展中国家（SIDS）

温室气体排放不足全球比例1%的小岛屿发展中国家往往遭受严重的气候变化影响，包括洪水、干旱、飓风、极端高温、海平面上升以及污染威胁等。由于岛屿自然环境脆弱且缺乏可耕地，高度依赖食品进口，气候变化对小岛屿发展中国家的粮食安全也产生极大威胁。多数小岛屿发展中国家面临因气候变化而不断加剧的气候敏感性疾病和营养不良、微量元素缺乏、肥胖等饮食相关非传染性疾病。

2019年8月25日，位于加勒比地区的巴哈马群岛遭遇其现代历史上最强的飓风"多里安"的侵袭，最高风速达295km/h[①]。海平面和温度的上升增强了飓风"多里安"的破坏力：一方面，海平面上升增强了飓风对巴哈马群岛地势低洼地区的影响，且风潮得以进一步向内陆侵袭；另一方面，气候变化导致的海水温度升高为飓风提供了更多动力。

"多里安"造成巴哈马群岛超7.6万名居民受到影响，约1万人撤离，逾40万人无电可用，经济损失超过34亿美元。飓风过后，居民房屋被毁，缺乏电力和干净水源。受灾最严重的大巴哈马岛以东地区，未及时处理的遗体可能导致霍乱等瘟疫传播[②]。除此之外，居民灾后的心理创伤也不容忽视。桑迪兰康复中心、公立医院、巴哈马心理协会以及非政府组织的工作人员被派往不同小岛和避难所，以提供心理健康服务（MHPSS），超过3000名儿童和3000名成人接受了面对面或远程心理辅导[③]。

---

① 《揭秘飓风"多里安"》，《南方都市报》，https：//www.sohu.com/a/340943303_161795，最后访问日期：2022年2月10日。

② 《飓风"多里安"将大巴哈马东部变成"死城"，仍有上千人失踪》，中国经济网，https：//baijiahao.baidu.com/s? id = 1645520686457126075&wfr = spider&for = pc，最后访问日期：2022年2月10日。

③ 资料来自世界卫生组织《气候变化与健康国家概况2021——巴哈马》。

为保护气候变化下极端脆弱的小岛屿发展中国家，2017 年 11 月，世卫组织在德国波恩举行的第二十三届《联合国气候变化框架公约》（UNFCCC）缔约方会议（COP23）中，基于《联合国气候变化框架公约》提出了关于小岛屿发展中国家气候变化和卫生的特别倡议《全球行动计划草案》。该倡议力图在 2030 年，使小岛屿发展中国家的所有卫生系统都能适应气候变化，并将应对气候变化的措施与世界各国减排行动相结合。倡议强调了四个方面的行动。一是增强权能：支持小岛屿发展中国家的卫生领导层参与国家和国际事务；二是为行动提供证据：建立国家计划和案例；三是战略的实施：设立气候变化预警、适应以及促进健康的减缓气候变化政策；四是筹集资源：促进获得气候与卫生资金的机会。

截至 2021 年，85%（34 个）的小岛屿发展中国家能够参与到国际应对气候变化健康威胁的事务中，并致力于减少全球碳排放，减缓气候变化影响。但仅有 50%（20 个）的小岛屿发展中国家能够提供有关国家应对气候变化健康发展的战略或卫生概况。仅 57.5%（23 个）的小岛屿发展中国家具备包含气候变化适应性和环境可持续性的医疗设施、气象监测与疾病预防系统。更值得关注的是，仅有 32.5%（13 个）的小岛屿发展中国家得到国际气候资金。

《联合国气候变化框架公约》秘书处执行秘书帕特里夏·埃斯皮诺萨指出，用于气候变化适应的国际资金中，保护人类健康的项目资金不到 1.5%，其中仅有一小部分用来支持小岛屿发展中国家[①]，如图 4 - 12 所示，受访的 15 个小岛屿发展中国家，有 10 个国家反映缺乏获取气候资金的信息，9 个国家反映卫生行动者与气候变化进程缺乏联系，超半数的国家缺乏编写国家提案的能力和技术支持。与此同时，国际气候资金通常基于项目，而非应对方案进行资金分配，可能导致气候资金配置

---

① "Launch of special initiative to address climate change impact on health in Small Island Developing States, *World Health Organization*, February 10th, 2022, https：//www. who. int/zh/news/item/12 - 11 -2017 - launch - of - special - initiative - to - address - climate - change - impact - on - health - in - small - island - developing - states.

不均、气候资金援助项目独立于国家应对气候变化的整体卫生和发展方案等问题①。

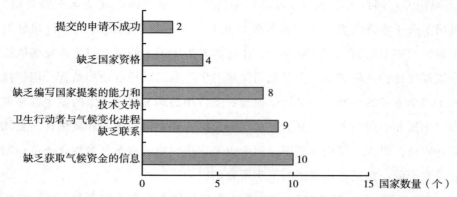

图4－12　小岛屿发展中国家无法获得气候变化健康资金的原因

资料来源：Small Island Developing States WHO Dynamic Data Dashboard on Health and Climate Change。

注：2021年6月28~29日，小岛屿发展中国家卫生峰会的结果申明，https：//app. powerbi. com/view? r = eyJrIjoiNTdhOGIzMDMtZmYyMy00ZTJmLWE0NDctMTYxOTE0OGViYjM2 IiwidCI6ImY2MTBjMGI3LWJkMjQtNGIzOS04MTBiLTNkYzI4MGFmYjU5MCIsImMiOjh9，最后访问日期：2022年2月10日。

在全球层面的气候变化谈判中，小岛屿发展中国家的健康和生存问题尚未得到普遍认识，导致各国气候变化与卫生目标之间存在分歧，国家内部和国际机构之间的卫生和气候变化治理、政策和规划的联系有限，阻碍了有利于健康和减少碳排放的政策实施。

首先，小岛屿发展中国家对应对气候变化健康影响、脆弱性和适应性进行评估，开展多部门合作，确保评估结果用于决定卫生政策优先次序和人力、财政的资源分配。同时分配必要的预算，定期监测和审查政策进展。其次，加强气象信息的疾病监测、预防和应急系统，卫生系统和健康部门（如粮食和营养、水和卫生以及社会保护）的复原能力，预防气候变化对卫生服务的

---

① 《小岛屿发展中国家卫生首脑会议：为了小岛屿发展中国家的健康和有复原力的未来》，世界卫生组织官网，https：//cdn. who. int/media/docs/default－source/sids－summit/sids－climate－policy－brief. pdf? sfvrsn = c1536f14_ 5，最后访问日期：2022年2月10日。

潜在破坏性影响，包括：进行危险评估、成本计算、加强结构安全、基本系统（电力、供暖、制冷、通风、供水、卫生服务、废物管理和通信）应急规划。建设低排放、可持续发展的服务设施等。最后，应减少获取国际气候变化融资的障碍，提高国家治理能力，以支持气候变化健康适应性的实现。小岛屿发展中国家需要开放新机制和可持续融资渠道，以增加获得发展资金的机会，为预防和控制非传染性疾病、加强卫生基础设施建设以及评估卫生风险提供资金，为加强卫生和社会保护体系提供更强劲的国内和国际融资①。

总的来说，在全球层面，各国应努力达成升温低于1.5℃的目标，实现建立适应气候变化的卫生系统和发展低碳可持续卫生系统的新倡议。同时，双边发展捐助者、多边气候基金以及各种国际开发银行与机构应积极与小岛屿发展中国家开展合作，以消除小岛屿发展中国家获得气候资金的障碍。

五 气候变化健康风险下的中国

中国幅员辽阔，气候条件复杂，是气候变化的敏感区域。作为世界上最大的发展中国家和二氧化碳排放国，在中国开展减缓气候变化的行动对控制全球变暖趋势至关重要。如不及时采取气候变化适应和缓解措施，中国人口健康将受到来自极端天气、粮食危机、因气候变化而加剧的空气污染以及气候敏感性疾病的威胁。

《气候变化与健康国家概况2015：中国》② 指出，现有排放情景下，1990~2100年中国年均气温预计上升6.1°C。相较2015年，2018年中国遭受热浪威胁的65岁及以上人群增加5200万人。如果不采取气候变化适应性措施，在高排放情境下（RCP8.5），预计到2050年中国27个人口稠密城市的热相关死亡率将从1986~2005年的每百万人32人，增加到1.5℃升温情

---

① 《小岛屿发展中国家卫生首脑会议：为了小岛屿发展中国家的健康和有复原力的未来》，https://cdn.who.int/media/docs/default-source/sids-summit/sids-summit-for-health---final-outcome-statement.pdf? sfvrsn=7a5db89f_5，最后访问日期：2022年2月10日。

② 《气候变化与健康国家概况2015：中国》，https://apps.who.int/iris/bitstream/handle/10665/208858/WHO-FWC-PHE-EPE-15.04-chi.pdf，最后访问日期：2022年2月10日。

景下的每百万人 49~67 人。预计到 2080 年，热浪效应导致的老年人（65岁及以上）死亡人数将增加到每百万人 49 人[①]。

"反映气候变化下居民健康威胁的高温脆弱性指数较 1990 年增长25%[②]。如表 4-1 所示，在极端高温天气影响下，2018 年全国高温脆弱性

表 4-1   2018 年全国高温脆弱性指数

单位：%

省份	高温脆弱性	省份	高温脆弱性
北 京	42	湖 北	42
天 津	43	湖 南	41
河 北	42	广 东	41
山 西	44	广 西	42
内蒙古	45	海 南	42
辽 宁	45	重 庆	41
吉 林	45	四 川	42
黑龙江	45	贵 州	44
上 海	42	云 南	44
江 苏	41	西 藏	43
浙 江	41	陕 西	43
安 徽	42	甘 肃	44
福 建	42	青 海	45
江 西	42	宁 夏	44
山 东	42	新 疆	44
河 南	41		

注：全国高温脆弱性指标的计算方法借鉴 Cai et al.（2021），具体计算公式如式（4）所示：

$$HV_i = \frac{(pop65_i + popurban_i + disease_i - AC_i - green_i)}{5} \tag{4}$$

其中，$pop65_i$ 表示 i 省 65 岁及以上人口占总人口的比重，$popurban_i$ 表示 i 省城市人口占总人口的比重，$disease_i$ 代表 i 省 65 岁及以上人口中患有慢性病的人口占总人口的比重，AC_i 代表 i 省每百人中拥有空调的人数，$green_i$ 表示 i 省内的绿化覆盖面积。

资料来源：Cai W., et al., "The 2020 China Report of the Lancet Countdown on Health and Climate Change," *The Lancet Public Health* 6（2021）: pp. 64 – 81。

---

① "Health and climate change: country profile 2015: China," WHO, https: //www. who. int/publications/i/item/health – and – climate – change – country – profile – 2015 – china。
② "Health and climate change: country profile 2015: China," WHO, https: //www. who. int/publications/i/item/health – and – climate – change – country – profile – 2015 – china。

由东南向西北递增。高纬度区域，如东北三省、内蒙古和青海等省份在极端高温下更为脆弱，山地和高原地区，如新疆、西藏及云贵地区在高温天气下也表现出较高的脆弱性[9]。"

与此同时，伴随全球气候变暖，大气环流形式的改变影响了大气扩散条件，而气温升高、降水减少阻碍了污染物扩散，逆温层出现频率的提高也将加剧空气污染①。在气候变化和污染排放的共同作用下，近60年来中国空气质量持续恶化。2013年，中国中东部地区在1月和12月经历了两次污染范围广、持续时间长、污染程度高的区域性灰霾污染。其中，1月的灰霾持续17天，造成74个城市共677天次重度及以上污染天气，京津冀及周边地区受害最为严重，特别是河北南部地区的石家庄、邢台等城市。12月，中东部地区严重的灰霾污染造成74城市共271天次重度及以上污染天气，长三角区域、京津冀及其周边地区和东北地区受到严重污染。雾霾所含的粉尘、化学污染物和病菌对居民健康产生严重威胁，增加罹患心血管疾病、呼吸道疾病以及肺癌的风险。次年2月，华中和华东地区143万平方公里的区域内共计900万人受到雾霾影响。

针对严峻的气候变化健康风险，中国制定了一系列减缓气候变化的重大战略、方针和政策。2013年的国家应对气候变化健康风险战略重点便提出以下几点。其一，要完善卫生防疫体系建设。加强疾病防控体系、健康教育体系和卫生监督执法体系建设，提高公共卫生服务能力。其二，修订居室环境调控标准和工作环境保护标准，普及公众适应气候变化健康保护知识和极端事件应急防护技能。其三，加强饮用水卫生监测和安全保障服务。其四，开展监测评估和公共信息服务。开展气候变化对敏感脆弱人群健康影响的评估，建立和完善人体健康相关的天气监测预警网络和公共信息服务系统，重点加强对极端天气敏感脆弱人群的专项信息服务。其五，加强应急系统建设。加强卫生应急准备，制定和完善应对高温中暑、低温雨雪冰冻、雾霾等

---

① 《气候变化对重污染天气产生哪些影响》，中华人民共和国生态环境部网站，https：// www.mee.gov.cn/gkml/sthjbgw/qt/201702/t20170228_397928.htm，最后访问日期：2022年2月10日。

极端天气气候事件的卫生应急预案，完善相关工作机制。2021 年 7 月，《中国应对气候变化的政策与行动 2020 年度报告》中针对应对气候变化健康风险部分的重点要求如表 4 - 2 所示。

表 4 - 2　《中国应对气候变化的政策与行动 2020 年报告》主要内容

重点要求	主要内容
开展健康影响监测响应	持续开展空气污染（雾霾）天气对人群健康影响的监测与风险评估，在全国 31 个省份 84 个城市设立 164 个空气污染（雾霾）对人群健康影响监测点
	制定洪涝、干旱、台风等不同灾种自然灾害卫生应急工作方案，做好自然灾害、极端天气卫生应急工作
	加强气候变化条件下媒介传播疾病的监测与防控，开展气候敏感区寄生虫病调查和处置
组织健康影响研究	组织开展极端天气事件对人群健康影响、气候变化对寄生虫病传播影响等研究
	在全国范围内确立调查基地，开展区域人群气象敏感性疾病专项调查
	开展气候变化健康风险评估策略和技术研究
	加强气候变化对寄生虫病传播风险影响评估研究

资料来源：《中国应对气候变化的政策与行动 2020 年度报告》。

在减缓和适应气候变化进程中，中国政府尤为关注空气污染对人群健康产生的威胁。雾霾天气导致的空气质量和能见度下降给居民的身体健康、交通出行和日常生活造成严重影响。继 2012 年 12 月 5 日环保部、国家发改委和财政部联合发布《重点区域大气污染防治"十二五"规划》后，国务院于 2013 年 9 月 12 日发布《大气污染防治行动计划》（以下简称《行动计划》），作为全国大气污染防治工作的行动指南。《行动计划》力图在 5 年后达成全国空气质量总体改善的目标，大幅减少重污染天气，改善京津冀、长三角和珠三角区域空气质量。2015 年分别出台和修订了《中华人民共和国环境保护法》和《中华人民共和国大气污染防治法》，明晰了地方政府对本辖区内大气污染问题所需承担的责任，从压减燃煤、严格控车、调整产业结构、强化雾霾治理、联防联控、依法治理等方面采取措施，重点整治雾霾频发的城市和区域。通过优化能源结构，治理工厂排污和尾气排放，完善空气质量检测，建立空气质量发布体系和重污染天气预警机制等举措，中国政府致力于降低空气污染对居民健康带来的负面影响。

除国家层面，2013 年 10 月 12 日《北京市空气重污染应急预案（试行）》（以下简称《应急预案》）正式发布。北京市成立空气污染应急指挥部，将空气污染应急纳入全市应急体系一管理，《应急预案》旨在减少污染排放，减缓污染程度，保护公众健康。

在近年来强有力的政策措施下，雾霾得到一定控制，空气质量得到改善。如图 4 - 13 所示，2015～2020 年，中国气象局对全国 337 个城市环境空气质量的监测结果显示，全国环境空气质量达标的城市占比由 21.6% 上升至 59.9%，空气质量未达标的城市占比由 78.4% 降至 40.10%，2020 年环境空气质量达标的城市（202 个）首度超过环境空气质量未达标的城市（135 个）。

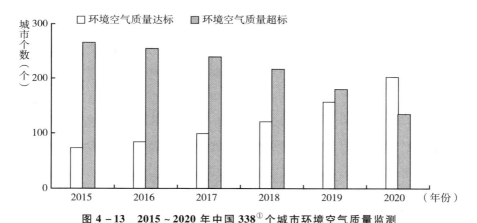

图 4 - 13　2015～2020 年中国 338① 个城市环境空气质量监测

注：2019 年山东省莱芜市并入济南市，故 2020 年城市个数由 338 个减少为 337 个。
资料来源：中华人民共和国生态环境部：《中国生态环境状况统计公报》（2015～2020），https://www.mee.gov.cn/hjzl/sthjzk/zghjzkgb/，最后访问日期：2022 年 2 月 10 日。

从重点监测的京津冀及其周边地区、长三角地区来看，如图 4 - 14 所示：2013～2020 年，京津冀及其周边地区 "2 + 26" 城市中平均优良天数占比由 37.5% 上升至 63.5%，平均污染超标天数占比由 63.5% 下降至 36.5%；长三角地区的 41 个城市中，平均优良天数占比由 64.2% 上升至 85.2%，远超平均污染超标天数，后者占比由 36.8% 下降至 14.8%。

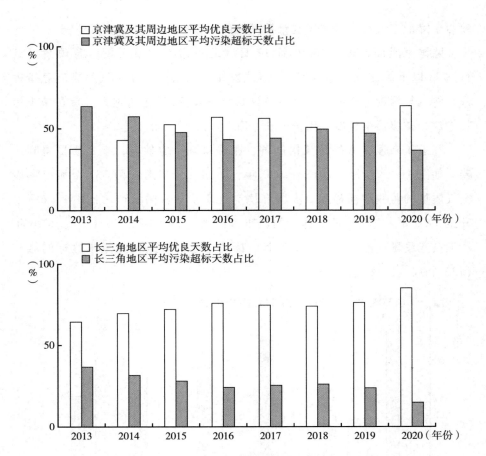

图 4 - 14　2013~2020 年中国不同区域城市空气监测

资料来源：中华人民共和国生态环境部：《中国生态环境状况统计公报》（2013~2020），https：//www.mee.gov.cn/hjzl/sthjzk/zghjzkgb/，最后访问日期：2022 年 2 月 10 日。

在政府环境规制下，中国空气污染防治初见成效。中国将进一步加大综合治理力度，减少污染物排放。首先，加强对工业企业大气污染综合治理，优化能源结构和产业结构，淘汰落后产能，增加清洁能源供应。其次，加强跨区域空气污染应急联防联控。统筹区域和城市之间的联动减排、信息共享和预警应急等措施，建立健全区域联动的重污染天气应急响应体系，同时引导公众做好卫生防护，切实降低空气污染的危害。再者，加强科普宣传工作，提高民众减排意识。倡导文明、节约、绿色的消费方式和生活习惯。充分发挥新闻媒体在大气污染环境保护中的作用，积极宣传区域大气污染联防联控的重要性、紧迫性，宣传国家采取的政策措施和取得的成效，加强舆论监督。最后，加强对雾霾的监测预报预警能力和危害性研究，科学有效地提高防控能力①。

目前，中国面临的气候变化健康风险存在三个特征。一是气候变化对健康的影响正在加快。二是气候变化健康威胁存在地区异质性。三是中国在应对气候变化的多个方面都取得进展，但针对气候变化健康影响的应对措施仍显不足。因此，中国首先需要加强不同部门间的合作，尤其是卫生、环境、能源、经济、金融和教育等各个部门之间展开实质性合作。其次，需增强突发卫生事件应急准备。中国对气候在健康卫生领域所造成的或即将造成的威胁的认知尚未得到应有的重视，需将健康问题纳入应急防范和响应系统之内，以便为未来的健康服务、医疗供应及基础设施需求实现做好准备。最后，应强化科研支撑，提升认知水平。政府还应加强对人类健康及气候变化领域的研究支持，以增强卫生系统对气候变化的适应和减缓措施及其健康效益的认识。同时还应充分调动媒体和学术界的力量以提升公众以及政界对该话题的认知程度。

六　全球气候变化背景下提升国民健康的对策建议

如今，世界各国愈加深切地感受到气候变化对人类生存和发展带来的影响，未来的气候变化可能抵消经济发展带来的健康成果，但减少排放等可持续经济行为能为人类带来更多的健康收益。通过使用更清洁的能源系统和公共交通，例如以骑自行车或步行取代使用私人汽车，可以减少碳排放，并减少室内空气污染和大气污染——后两者每年造成的死亡人数分别为 430 万人和 370 万人。应对气候变化是 21 世纪改善全球健康的最大机遇[10]。

（一）加强对气候变化健康风险的机理研究

关注不同区域气候敏感疾病的响应和适应机制研究，辨识与我国高发极

---

① 《雾霾天气成因分析及应对思考》，中国气象局官网，http：//www.cma.gov.cn/2011zwxx/2011zyjgl/2011zyjgldt/201402/t20140224_239174.html，最后访问日期：2022 年 2 月 10 日。

端天气事件相关的敏感性疾病及其特征，进而确定极端天气对我国人群造成的疾病负担。加强对气候因素变异与健康结局的暴露反应关系的研究：气候因素导致健康风险的关键环节要素、社会过程、脆弱性如何？引起传染病流行和扩散的传播动力学驱动过程是怎样的？这些机理对于气候变化健康风险的时空预警系统、对于脆弱地区脆弱人群的气候变化适应性工作至关重要，可以降低极端气候事件或气候变化的健康风险。

（二）加强健康危害相关的气候因素早期预警信号筛选

捕捉气象因素异常的先兆信号，提前对极端气象事件进行预测。对极端天气、气象灾害的早期预测和预警能够更好地适应气候变化，降低健康风险。中国尚未对气候变化的影响、脆弱性和健康适应性进行评估，未将气候信息纳入综合疾病监测和应对（IDSR）系统，以及未完全开发预警和响应系统等。

（三）加强未来气候变化引起的健康风险评估和适应策略研究

加强不同部门之间的合作和数据共享。对气候变化的影响、脆弱性和健康适应性进行评估，并投入有关气候变化与医疗成本和费用的关联性研究，以及极端气候对卫生服务资源影响的评估。在气候变化和人口流动背景下，预测不同情景中气候变化对普通人群、老年人口及户外工作者所造成的医疗费用，有利于优化相关卫生资源配置，加强医护人员人力资源储备和能力建设，对实施中长期人口健康战略和规划部署具有重要意义，并完善应对气候变化健康风险的筹资和成本－收益的评估。

第二节　气候变化下的贫困问题

气候变化与气候风险对全球生态系统和人类社会的影响日益显化，已成为世界可持续发展中反贫困面临的新问题和新挑战。本节阐述了气候变化与贫困的现状与成因，从农业、粮食安全、健康以及生存环境的角度分析了气候变化对贫困的影响途径，并辨析了发展中国家，尤其是小岛屿发展中国家和中国所面临的气候变化引发的贫困相关问题。在此基础上，提出了应对气候贫困问题的政策建议，包括建立气候贫困监测评估与预警机制、构建气候变化与贫困等多部门的协调机制、优化气候贫困保障体系，以及建立适应气候变化的资金机制。

一　综述

气候变化所导致的气温增高、海平面上升、极端天气与气候事件频发等现象，对自然生态系统和人类生存环境产生了严重影响。气候变化问题已引起全世界的广泛关注，被视为 21 世纪人类共同面临的重大风险。在各种受影响的经济个体、地区和国家之中，贫困地区和贫困人口是受气候变化影响最大的群体之一，但他们对气候变化的影响却是最小的，因此关注气候变化对贫困的影响十分重要。

贫困是一个源自不同学派思想所定义的复合概念，它可以指物质环境（例如需要、有限的资源）的匮乏、经济条件（例如生活水平、不平等或经济状况）的不足或社会关系（例如社会地位、所属地、排斥性、基本安全或应得权益）的脆弱[11]。贫困常常被理解为个人或家庭获取基本物品和服务的能力较弱，基本指标是收入和消费。如果基于权利的概念来看贫困，它就不仅是健康、营养和教育水平不足的结果，而且与缺乏社会关系、无保障和无权利有关[12]。

全世界正处于解决极端贫困问题的关键阶段，气候变化使扶贫工作面临新的挑战。气候变化所带来的自然条件变化，特别是自然灾害频发和全球变暖所造成的人们基本生活与生产条件被破坏、基本生存权利被剥夺的贫困现象被称为气候贫困[13]。气候变化将直接和间接地导致贫困或贫困加剧现象，直接影响主要包括气候变化所带来的极端气候事件和自然灾害发生频次增加对农业、收入、基础设施等造成的损失，间接影响则体现在温度、降雨、水资源、生态环境等变化所带来的贫困问题。气候变化主要通过农业和粮食安全以及健康和生态环境对贫困产生影响，影响程度的大小取决于气候变化的形式、社会经济与环境的发展情况和政府的气候政策[14]。

气候变化具有长期性和持续性，不仅在气候灾害发生期间对人类的生产活动造成显著负面影响，而且在灾后恢复和社会长期发展中会因自然环境和基础设施的损坏产生持续性冲击。这极大地阻碍了世界各国脱贫的进程，如果没有足够的措施保护穷人，预期到2030年全球贫困人口可能增加1亿多人[15]。作为发展中的农业大国，中国同样面临由气候变化引致的气候风险。2013年，国家发改委、中国气象局等部门联合公布了《国家适应气候变化战略》，将适应气候变化和管理气候风险提升到国家战略的高度。

2021年，中国实现全面脱贫，为确保实现可持续稳定的脱贫且实现乡村振兴，考虑气候变化对贫困的影响是十分必要的，因为气候变化不仅增加了自然环境变动的不确定性，还增加了环境退化和灾害增加所带来的返贫风险。地区气候变化及经济发展的差异强调了扶贫工作开展的因地制宜性，因为气候变化所产生的更频繁和更剧烈的负面冲击会使传统的贫困应对机制和社会安全网失效。

气候变化与贫困问题受到国际社会的广泛关注和高度重视，各国政府都需要关注气候变化对贫困人口所带来的影响并制订相应措施，帮助贫困人口更好地适应气候变化，在原先的贫困政策上提高低收入人群抗风险和抗脆弱性的能力，将气候变化纳入贫困政策的制定实施。

二　气候变化与贫困现状

（一）气候变化现状

气候变化一般包括平均温度变化和气温变化幅度的增减，但是当特定时段内气候要素量（包括温度或降水）显著偏离平均值，且达到或超出其观测或统计量值区间上下限特定阈值时，被称为极端气候事件。图4-15刻画了1880~2020年全球平均温度的变化趋势，全球地表平均温度近百年来（1906~2005年）升高了0.74℃，预计到21世纪末仍将上升1.1℃~6.4℃。20世纪中叶以来全球平均温度的升高，主要是化石燃料燃烧和土地利用变化等人类活动排放的温室气体（主要包括二氧化碳、甲烷和氧化亚氮等）导致大气中温室气体浓度增加所引起。随着温度上升，气候变化对淡水资源造成的风险将显著增加，温度每升高1℃，全球受淡水资源减少影响的人口增加7%。人地矛盾冲突加剧，使贫困地区的生存资本存量急剧减少，进一步增加了当地自然生态环境的脆弱性和暴露度，气候贫困问题逐渐显现[16]。温度上升还增加了森林火灾、洪水、干旱等自然灾害发生的频率和强度。

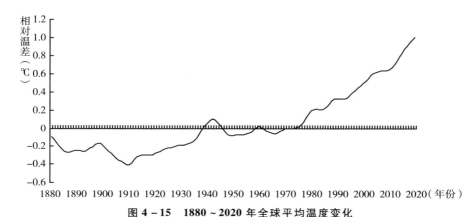

图4-15 1880～2020年全球平均温度变化

资料来源："Climate at a Glance: Global Time Series," *NOAA National Centers for Environmental information*, published September 2021, retrieved on September 16, 2021, https://www.ncdc.noaa.gov/cag/。

中国气候变暖趋势与全球的总趋势基本一致。据《中国气候变化蓝皮书（2020）》报告，1951～2019年，中国年平均气温每10年升高0.24℃。近50年来中国降水分布格局发生了明显变化，西部和华南地区降水增加，而华北和东北大部分地区降水减少。高温、干旱、强降水等极端气候事件有频率增加、强度增大的趋势。夏季高温热浪增多，局部地区特别是华北地区干旱加剧，南方地区强降水增多，西部地区雪灾发生的概率增加。近30年来，中国沿海海表温度上升了0.9℃，沿海海平面上升了90毫米。

目前，气候变化以极端天气与自然灾害事件发生频率的上升，全球变暖与海平面上升，以及水资源和土地资源条件的恶化为主要表现，典型极端气候事件包括干旱、暴雨洪涝等突发性气候灾害，同时包括病虫害、畜禽疫病等次生灾害。

（二）全球贫困现状

近年来，虽然全球贫困问题已得到缓解，全球极端贫困率持续下降，但世界上仍存在大量极端贫困人口，且贫困率下降的速度正在逐步放缓。2018年全球贫困人口6.4亿人，撒哈拉以南非洲地区有4.47亿人生活在贫困线以下，南亚地区贫困人口接近1亿人，中东和北非地区、拉美和加勒比地区、东亚和太平洋地区贫困人口均在2800万人左右。撒哈拉以南非洲地区的贫困率约为41%，而其他地区的平均贫困率低于13%（见图4-16）。世界上28个最贫穷的国家中，有27个在撒哈拉以南非洲地区，贫困率都在30%以上。农村贫困在很大程度上是非洲现象——全球农村贫困人口最多的10个国家中，有7个国家位于撒哈拉以南非洲地区，人数约占全球农村贫困人口的3/4（76%），即约3.05亿人。具体而言，2018年撒哈拉以南非洲地区的经济增长速度约为2.5%，低于2017年的2.6%。非洲地区的贫困率从1990年的54%下降到2015年的41%，但每年约2.6%的人口增长抵消了这些减贫成果，导致贫困人口净增长1.3亿人。

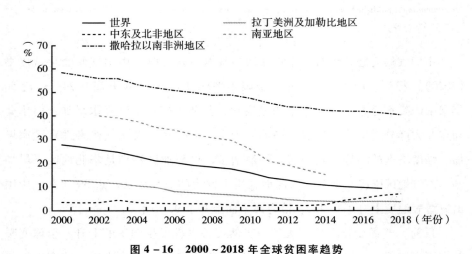

图4-16　2000～2018年全球贫困率趋势

资料来源："World Development Indicators," World Bank, retrieved on September 16, 2021, https://data.worldbank.org/indicator/SI.POV.DDAY? locations = 1W&start = 1981&end = 2015&view = chart。

在极端贫困还未消除的同时，极端贫困率的下降速度正在放缓。《2020年可持续发展目标报告》[①] 指出，全球极端贫困减少速率从2010年的15.7%下降到2015年的10.0%，2019年该速率为8.2%，而由于受到新冠肺炎疫情的影响，2020年的减贫速率预计为8.4%~8.8%，接近2017年的水平，这意味着4000万~6000万人将重新陷入极端贫困，是全球贫困人口20多年来的首次增加。

（三）气候变化与贫困关系

气候变化引发了新的贫困问题，阻碍全球的减贫进程和可持续目标的实现。与传统的收入贫困相比，气候变化的致贫因素与作用机制更为复杂，不仅包括收入，还包括人们维持生计的条件、基础设施和物资以及个人适应能力的缺乏等，因而气候变化对穷人的潜在影响更大。已有文献大多以沿海低洼地区人数和贫民窟人数作为易受气候变化影响人群的衡量指标，图4-17和图4-18提供了潜在受气候影响人口的分布和规模的粗略度量。

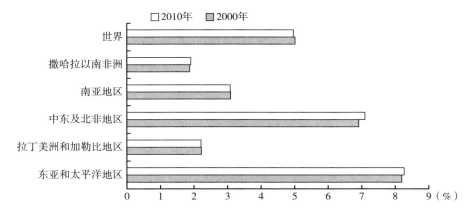

图4-17　全球沿海低洼地区人口比例（2000年、2010年）

资料来源："World Development Indicators," World Bank, retrieved on September 19, 2021, https://data.worldbank.org/indicator/SI.POV.DDAY?locations=1W&start=1981&end=2015&view=chart。

---

① 《2020年可持续发展目标报告》，https://www.un.org/sustainabledevelopment/zh/progress-report/，最后访问日期：2022年2月10日。

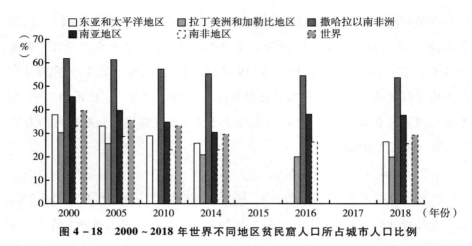

图4-18 2000~2018年世界不同地区贫民窟人口所占城市人口比例

资料来源："World Development Indicators," World Bank, retrieved on September 19, 2021, https：//data. worldbank. org/indicator/SI. POV. DDAY？ locations＝1W&start＝1981&end＝2015 & view＝chart。

联合国政府间气候变化专门委员会（IPCC）第五次评估报告[17]指出，气候变化及其引发的各种气候风险，是造成气候脆弱地区人们生活困难和贫困的主要原因。贫困人群受气候风险的不利影响更大，气候风险与其他非气候因素的相互作用加剧了生态脆弱环境中贫困人群不利的生活生存条件。此外，贫困地区缺乏基本的医疗服务和基础设施，且缺少资金去应对自然灾害过后恶劣的环境或疾病，落后的社会保障条件、脆弱的基础设施、匮乏的信息技术获得途径使贫困人口更难适应气候灾害所带来的持续影响[18]。

三 气候变化影响贫困的路径分析

（一）农业与粮食安全

IPCC第五次气候变化评估报告指出，气候变化会减缓经济增长，危及世界粮食安全，引发新的贫穷类型。具体而言，气候变化会通过消费和收入两方面影响农业，进而对贫困产生影响。

一方面，气候变化的负向冲击导致农业生产率下降，提高粮食和能源等基本商品和服务的价格，贫困家庭的食物支出比例上升，造成实际收入与投资能力的下降。同时，气候政策也可能使贫困人口的消费能力更低，环保或绿色的产品大多价格更高，使贫困家庭更难以负担，消费能力下降，由于穷人往往将收入的最高份额用于食品，不利的气候变化预计将对他们产生不成比例的负面影响。

另一方面，农业产出将受到温度升高、降雨模式变化、二氧化碳浓度升高导致的碳肥化、疾病、害虫和土壤侵蚀等影响，气候变化从多方面导致农业生产率的变化会影响农业部门的收入，图4-19表明全球主要地区作物生产指数的变化。不同地区的水资源短缺、干旱会导致土地生产力退化，可种植面积的减少使农业生产风险增加，农业生产率下降，小麦、玉米等主要农作物减产，农业损失不断上升，同时产生粮食短缺和价格上涨等问题[19][20]。此外，气候变化所带来的高碳排放会降低预期的农业作物生产力，这种影响会因作物、区域和国家而不同[21]。有研究预测，到2050年，大多数农业发展中国家所面临的玉米、大豆和小麦的种植风险将上升①。

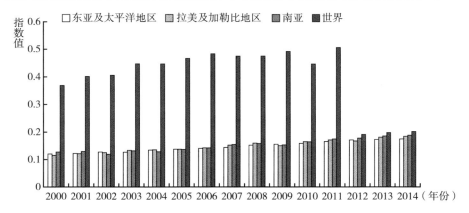

图4-19 2000~2014年不同地区作物生产指数变化趋势
（以2014~2016年=100为标准）

资料来源："World Development Indicators," World Bank, retrieved on September 19, 2021, https: //data. worldbank. org/indicator/SI. POV. DDAY? locations = 1W&start = 1981&end = 2015 & view = chart。

---

① 《截至2050年气候变化引起的粮食减产将使50多万人丧命》，中国气象局官网，http://www. cma. gov. cn/2011xwzx/2011xqxkj/qxkjgjqy/201603/t20160311_ 306185.html，最后访问日期：2022年2月10日。

此外，与农业有着密切联系的粮食安全同样也对贫困有着重要的影响，气温升高与水资源短缺会对粮食生产造成破坏，小麦、玉米等主要农作物减产，农业损失不断上升，人们生存所依赖的生计资源基础受到破坏，同时产生粮食短缺和价格上涨等问题。[22]联合国政府间气候变化专门委员会、联合国粮食及农业组织等机构的报告显示，自 2009 年以来，干旱和高温等极端天气严重影响了全球粮食供给。若不采取有效的气候变化减缓措施，预计到 2050 年，全球人均可获取食物量将减少 3.2%，果蔬消费量减少 4.0%，红色肉类消费量减少 0.7%[23]。气候变化可能进一步扩大全球不同国家以及国家内部的粮食安全不平等，进而对贫困产生更严重的影响。

总体来说，农业收入的降低是产生贫困的直接原因，极端气候与恶劣的生产条件所导致的粮食安全问题是间接原因。气候变化对农业的负向冲击难以通过贫困群体自发解决，需要通过政府支持与政策倾斜的方法，从根本上增加农民收入，如采取适应气候变化、升级产业结构、改善基础设施等一系列相关措施以解决由气候变化带来的气候贫困问题。

（二）健康与生存环境

一方面不利的气候变化会损伤国民健康，进而降低生产力和工作收益。由于人体生理在适应高温方面的限制，过高的温度会降低劳动能力和生产率。到 2030 年，这可能会使气候变化造成的总经济成本增加 56%[24]。例如能源价格上涨所引致的能源补贴改革会降低能源密集型产业的竞争力，从而降低劳动生产率和工资，这同时也会使维持劳动力生产适宜温度的成本更高。已有研究证明气候炎热国家的收入和全要素生产率低于平均水平，而气候寒冷国家的产出高于平均水平[25]。高温天气使从事户外劳动的从业人员暴露在不断加剧的健康风险之下，导致劳动时间损失，并提高了低收入家庭的脆弱性。如图 4 - 20 所示，气候变化下劳动力工作时间损失最大的部门为农业部门，其次是工业部门。

另一方面，气候事件会引起人力和物力资本的损失，从而引发贫困陷阱。对津巴布韦 20 世纪 80 年代早期干旱发生时小于 2 岁（孩子最易发生营养不良的年龄）孩子的纵向观察显示，那些从饥荒中存活下来的孩子生长

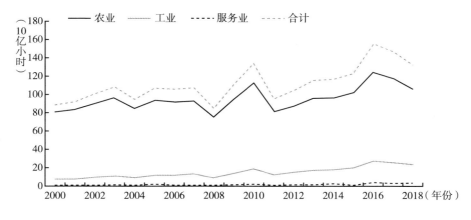

图 4 - 20　全球 2000～2018 年各行业劳动时间损失

资料来源：ERA5 reanalysis，European Centre for Medium-Range Weather Forecasts-Gridded Population of the World. 4 ed（GPWv4），2020. NASA – ILOSTAT，2020. ILO。

矮小、学习成绩较差、健康状况不好，他们一生的收入大概减少了14%[26]。气候变化伴随的频发的自然灾害会影响人力资本积累，自然灾害会减少对教育、健康等的投资而减少人力资本积累，进而导致贫困的代际传递情况加剧。

此外，气候变化还会使生态系统受到不利影响，例如导致草地、永久冻土以及水域面积减少，林地及荒漠面积增加。当某地区生态环境不断恶化直至超过其承载能力而不能满足区域内人们基本生存需要时，就会出现贫困现象。生态环境与生存环境存在密切关系，生态环境恶化通过影响人们的生存条件进一步引发贫困。

四　发展中国家的气候变化与贫困

（一）气候变化与贫困的发展中国家表现

不同区域的国家受气候变化的影响不同，暴露程度、脆弱性以及适应能力是影响气候变化所导致的贫困问题的关键因素[25]。受经济发展水平的限制，发展中国家大部分地区农田水利基础设施仍较为落后，农牧业生产高度依赖自然条件的特征并没有改变。洪涝灾害、大范围干旱灾害等出现频率的提高和强度的不断增加对农牧业生产的危害不断加剧，在造成直接经济损失的基础上还很大程度破坏了农户的自然资本和物质资本。

相比经济发展更好的发达国家，发展中国家对于灾害冲击的抵御能力更弱，气候变化导致的极端天气灾害直接加剧了发展中国家的贫困问题。其中，小岛屿发展中国家（SIDS）最易受到全球变暖与海平面上升等气候变化的威胁，这些国家主要分布在太平洋、印度洋、地中海和加勒比海地区，遭受着如海平面上升、飓风、干旱等严重的气候变化影响。然而小岛屿发展中国家往往资源禀赋条件较差，高度依赖进口的粮食和能源（见图 4－21），适应气候变化的财政、技术和制度能力也较弱，面临严重的贫困和不平等问题。

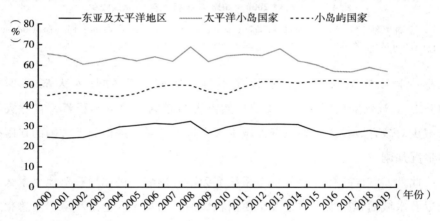

图 4－21　2000~2019 年世界不同地区进口商品 GDP 占比

资料来源："World Development Indicators," World Bank, retrieved on September 19, 2021, https：//data. worldbank. org/indicator/SI. POV. DDAY？ locations = 1W&start = 1981&end = 2015 & view = chart。

南亚和东南亚地区的沿海城市将因气候变化而承受更大的压力，尤其是全球变暖所带来的海平面上升。一方面，海平面上升可能导致沿海城市洪水泛滥，城市面临被淹没的风险；另一方面，海水淹没低洼地带的耕地会造成农业生产力的锐减，据预测海平面上升 30 厘米将导致农作物产量下降11%，例如越南的湄公河三角洲极易受到海平面上升的危害而失去大量粮食出口收入。气候变化还对渔业及海洋生物量有所影响。在南亚、东亚或太平洋地区等的热带国家，国民经济和渔业可能会经历潜在的生产力损失[26]，这些国家的大多贫困家庭以渔业为主要收入来源，图4-22描述了典型国家和地区的农林渔业增加值占比变化。在越来越大的环境压力下，气候变化会对小岛屿国家的贫困情况产生重要影响。

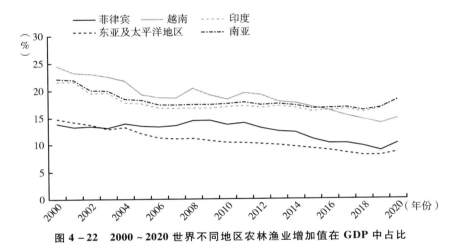

图4-22 2000～2020世界不同地区农林渔业增加值在GDP中占比

资料来源："World Development Indicators," World Bank, retrieved on September 19, 2021, https://data.worldbank.org/indicator/SI.POV.DDAY? locations = 1W&start = 1981&end = 2015 &view = chart。

沿海所遭遇的风暴灾害强度也可能越发严重，此外水温上升和栖息地的破坏将使菲律宾南部的海洋捕鱼量减少约50%[27]。南亚典型的气候特征之一是地区间水资源分布不均衡，气候变化导致的喜马拉雅山脉融雪的减少会降低印度河、恒河和雅鲁藏布江流域的水流量，一些地区的大量人口将面临缺水、缺粮和缺电的威胁。此外，气候变化所造成的飓风和极端高温天气可能严重影响南亚地区的农业产出。

从脆弱性和适应能力的角度来看，发展中国家的适应能力更弱，脆弱性更强，气候变化会导致其收入不稳定，进而引发贫困。这里有多方面的原因。一方面，发展中国家在购买防范气候灾害的保险或其他金融资产上更为不足，因而在发生极端气候事件时往往会遭受较大的损失。另一方面，在发生极端气候事件后，如果受灾人群有充足的资本进行再生产，在一定程度上可以挽回灾害造成的损失，然而，发展中国家的贫困人群收入来源大多为农业，往往居住在更加边缘和更易受灾的地方，面对灾害的暴露程度更高，因此极端气候对其收入的影响较大。部分发展中国家可能会逐渐陷入恶性循环，即贫困导致他们应对极端气候的能力更差，从而在灾害中受到更大的损失，包括劳动力受到伤害或死亡、生产资料的损失、丢失土地、暂时或长久的移民等，这些负面影响又导致人口的进一步贫困，由此跌入贫困陷阱。

为解决上述发展中国家应对气候变化可能遇到的挑战，《联合国气候变化框架公约》第 23 次缔约方大会（COP23）旨在向发展中国家提供所需的经济、政治、技术支持，以更好地应对气候变化与贫困问题。目前，发达国家主要通过两种渠道向发展中国家提供减缓和适应气候变化的资金及技术支持：一种是发达国家通过清洁发展机制（CDM）在实现自身低成本减排的同时，给发展中国家的国内减缓行动提供资金和技术支持；另一种是以发达国家自愿性捐赠为主的各类国际多边和双边体制的气候资金。气候资金在支持小岛屿发展中国家脱离贫困、走向可持续性道路上发挥重要作用[28]，作为一种国际援助，气候资金主要用于发展中国家对气候变化减缓行动，包括编制国家信息通报和国家行动方案、能力建设、技术转让及发展中国家的减排项目等；同时该基金也兼顾适应行动，包括收集气候变化信息、评估气候变化造成的影响和应对措施等。应对气候变化需要大量资金投入，因此发展中国家在解决气候变化与贫困问题时需要国际合作的全球框架。气候资金是这一框架的重要组成部分，而为适应气候变化而采取的行动同时也为减贫和促进可持续发展提供了机会。

（二）小岛屿发展中国家

全球气候变化带来了频繁的极端风暴灾害和海平面上升，这将威胁到小岛屿国家和低洼沿海地区的生存，最终整个岛屿可能被淹没。一方面，小岛屿国家自然资源匮乏，淡水供应缺乏，对全球气候变化十分敏感。另一方面，财政、技术和制度资源方面适应能力的长期缺失也使小岛屿国家在气候变化下最为脆弱。目前，联合国经济及社会理事会列出的 52 个小岛屿发展中国家分属于三个地区：太平洋、加勒比海、AIMS（即非洲、地中海、印度洋和南中国海）。

对太平洋地区的小岛屿发展中国家而言，该地区在消除极端贫困方面取得了重大进展。据估计，该地区每天生活费不足 1.90 美元的人口占比已降至 3.8%[29]，但是减贫进展仍然面临诸多新挑战。2019 年 8 月，老挝北部地区经历暴雨，加上湄公河上游连日来的暴雨，导致湄公河水位暴涨，老挝华潘省万赛县发生洪灾。"老挝东南亚灾害风险管理项目"帮助老挝华潘省万赛县减少水灾的危害，同时加强对各种自然灾害的监测、预报和早期预警，该项目还通过保险制度和一个全国灾害风险融资战略改善其应对自然灾害的财务韧性。此外，世界银行在老挝的一个公路项目也将气候韧性纳入了道路维护。此类项目均可帮助老挝从损失严重的洪灾中恢复，建立更强韧的基础设施，更好地应对未来的灾害。

加勒比国家的情况充分体现了小岛屿发展中国家的脆弱性，暴风和飓风的频繁发生造成了数亿美元的损失。在大宗商品市场繁荣和普遍经济增长的背景下，该地区的平均极端贫困人口所占比例下降到 9.9%，但气候变化所带来的气候灾害频发使很多人面临重返贫困的风险。例如多米尼克在玛丽亚飓风中严重受灾，75% 的电网受损，由此带来的经济损失使该国的贫困情况更为严重。为了帮助该国加快灾后恢复，世界银行向多米尼克政府的《国家韧性发展战略》提供支持，促进能源结构多样化，包括提供 2700 万美元建设一座 7 兆瓦的地热发电厂①。这些支持将帮助多米尼克实现其"成为世界上第一个气候韧性国家"的目标，以便更好地应对气候变化所带来的贫困问题等。

五 中国气候变化与贫困

（一）气候变化与贫困的中国表现

2021 年，中国区域性整体贫困问题得到解决，完成了消除绝对贫困的任务，但是气候变化可能成为致使贫困地区返贫或影响解决相对贫困的重要因素。中国是世界上自然灾害最严重的国家之一。气象灾害及衍生灾害的灾

---

① 《2018 年中国气候公报》，http://www.cma.gov.cn/root7/auto13139/201903/t20190319_517664.html，最后访问日期：2022 年 2 月 10 日。

害损失占自然灾害损失的70%以上，平均每年造成的直接经济损失约占自然灾害经济损失的85%。气候变化导致中国农业气候灾害的强度、类型和发展趋势均发生显著变化，而且贫困地区经济发展落后，基础设施建设落后，抵御气候风险的能力十分薄弱。

作为发展中的农业大国，农业对国民经济的重要性不言而喻，但中国农业的发展存在诸多问题，其中最大的问题是：中国是典型的农业资源约束型国家，却普遍运用小农生产方式进行农业生产。在当今气候变化的大背景下，小农生产方式规模较小、平均成本较高的生产特点，会导致其抵抗气候灾害的能力较差，在极端气候事件发生时，农业生产能力会受到很大影响，带来严重的损失。《2018年中国气候公报》[①] 显示，2018年我国气象灾害造成农作物受灾面积达2081万公顷，直接经济损失超过2645亿元，严重的经济损失凸显了贫困人口在气候灾害面前的脆弱性。2004～2018年我国气候灾害造成的农作物、人口与经济损失如图4-23所示，虽然受灾人口总体上呈下降趋势，但受灾面积及经济损失仍保持较高水平。

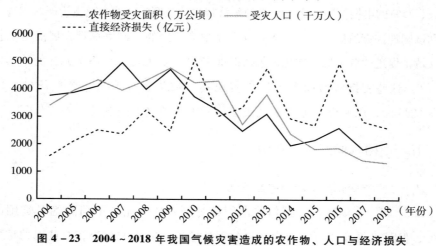

图4-23 2004～2018年我国气候灾害造成的农作物、人口与经济损失

资料来源：中华人民共和国国家统计局：《中国气象灾害年鉴》，中国统计出版社，2005～2019。

---

① 《2018年中国气候公报》，http：//www.cma.gov.cn/root7/auto13139/201903/t20190319_517664.html，最后访问日期：2022年2月10日。

气候变化主要通过四个方面影响中国农业生产。一是气候变化会加剧农业水资源的不稳定性与供需矛盾，农业水资源时空分布状况发生变化，气温升高使蒸散量增加，大部分地区农业水资源减少。中国目前干旱区面积约为297.60万平方公里，占国土面积的38.3%，且干旱和半干旱化趋势十分严峻。有研究表明，温度每上升4℃时，中国干旱区范围将扩大84.30万平方公里，湿润地区将缩小95.90万平方公里，而持续干旱必将影响沙漠化的扩展[30]。二是气候暖化所带来的影响。气候变化对我国作物产量有较大的影响，变化幅度随不同的农作物品种、气候情形和地点而不同。如果不采取任何适应措施，到2030年，我国种植业生产能力在总体上可能会因气候变暖下降5%～10%，其中小麦、水稻和玉米三大作物的产量将大幅下降[31]。三是气候变化将改变森林火灾、病虫害、洪水、干旱等自然灾害发生的频率和强度，例如降水及温度的变化可能导致农业病虫草害的发生区域扩大，农作物受害程度加重，历史上蝗虫高发区的华中地区灾情更为严重。四是气候变化会加重土壤侵蚀和沙化趋势，农田土壤沙化会引起土壤有机质大量损失，使农田土壤肥力不断下降。

此外，中国气候变化的影响呈现明显的区域性特征，贫困人群的生产生活方式受到严重影响，且与生态环境的脆弱性有很强的关联。过去气候事件所引起的贫困问题多发生在内陆干旱半干旱地区，干旱是西北生态脆弱地区贫困人群返贫的主要原因之一，如"十年九旱"的宁夏中南部西海固地区就是干旱致贫的典型案例，降雨量与蒸发量常年失衡，很多地区甚至"十年十旱"[32]。中国贫困地区的分布与生态环境脆弱性在地理空间分布上具有较高的一致性，大多贫困人口生活在受气候变化影响的主要生态脆弱地带[33]。中国生态脆弱区主要分布在北方干旱半干旱区、南方丘陵区、西南山地区、青藏高原区及东部沿海水陆交接地区，这些地区大多是生态破坏最典型和最强烈的区域。根据扶贫办2014年发布的"国家扶贫开发工作重点县名单"，贫困人口大多分布在上述自然条件恶劣、生态破坏严重、土地生产率低下的生态脆弱区。

为防止产生因灾致贫和新型贫困，保障脱贫成果的可持续性，必须将气候贫困问题纳入精准脱贫政策体系加以解决。因此，明确新的历史时期中国反贫困战略，对于日后解决相对贫困，防返贫和乡村振兴等工作的开展具有重要的战略意义。

（二）气候变化与贫困：中国案例分析

中国气候条件复杂，生态环境脆弱。气候变暖的严重后果之一是西部地区的冰川融化加速，冰川面积和冰储量将进一步减少，对以冰川融水为主要来源的河川径流将产生较大影响。在中国，气候变化导致的湖平面上升现象主要出现在青藏高原地区。同时，从现实的社会经济结构看，中国的贫困问题主要集中在农村。据国家统计局 2020 年农村贫困检测数据①，贫困的区域性特征仍然存在，仍有一半以上的农村贫困人口集中在西部地区。如图4-24 所示：2019 年，西部地区农村贫困人口 323 万人，占全部贫困人口的比例为 58.6%；中部地区农村贫困人口 181 万人，占比为 32.8%；东部地

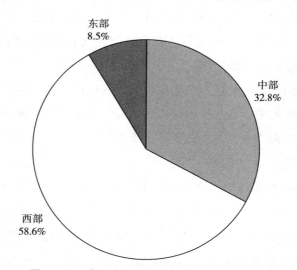

图 4 - 24　我国农村贫困人口的不同地区分布

资料来源：国家统计局，2019，http：//www. stats. gov. cn/，最后访问日期：2022 年 2 月 10 日。

---

① 国家统计局，http：//www. stats. gov. cn/tjSj/tjzd/gjtjzd/202011/t20201102 _ 1797973. html，最后访问日期：2022 年 2 月 10 日。

区农村贫困人口 47 万人，占比只有 8.5%。因此，本案例分析以西部青藏高原色林错地区周边申扎县为例，对中国气候变化与贫困的相关情况和相应政策做简要分析。

　　青藏高原是世界上中低纬度地区最大的现代冰川分布区，绝大多数湖泊的水源补给来自冰川融水产生的径流，因此，青藏高原湖泊水量受气候变化的影响十分显著。在气温升高的影响下，冰川融化速率呈现逐渐提高的趋势，图 4 - 25 显示了色林错流域冰川融化的趋势。色林错湖平面上升的直接后果是淹没了周边大范围的草场。草场是牧业生产的基本生产资料，草场被淹没导致可供养的牲畜数量大幅减少，以牧业为主要经济来源的牧民生计受到严重影响，出现了贫困化的趋势。

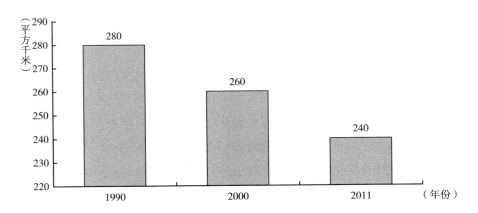

图 4 - 25　1990～2011 年色林错流域冰川面积变化趋势

　　资料来源：杜鹃、杨太保、何毅《1990～2011 年色林错流域湖泊 - 冰川变化对气候的响应》，《干旱区资源与环境》2014 年第 12 期。

　　在已有的研究与实践中，应对湖平面上升的措施主要有四个方面。一是调整产业结构，向温室气体排放较少的产业进行转型。二是采取相应的工程、技术手段，如完善防洪、防潮和堤坝等基础设施。三是建立预报和预警系统，强化对湖平面上升及其灾害的监测能力。四是人口迁移，以减轻湖平面上升的威胁程度，且有利于生态环境的恢复。然而这些应对措施都必须投入巨大的成本，需要在中央或地方政府的主导下才有可能进行，诸如色林错等湖平面上升的现象目前尚未引起足够的重视，仅靠当地社区是难以操作的。比如草场淹没理论上可以用工程措施加以控制，但考虑到生态及经济成本，这一措施难以推进。

基于以上客观条件，面对气候变化下湖平面上升的冲击，社区合作恢复草场集体使用的传统，一定程度上有效缓解了气候变化引致的湖平面上升所引发的生计问题。扩大放牧范围可以使牧民根据环境条件灵活安排生产，将风险从独立个体分摊到整个社区，极大地提高了牧户应对气候变化的能力。此外，国家与地方政府的一些政策也为缓解贫困化问题做出了贡献。一是社会保障制度的不断完善，如对生活困难者进行无偿的物质帮助，维持其基本生活水平；二是草原补奖政策的推行，该政策按照草原面积对符合草畜平衡管理标准的牧户进行一定的资金补助。

当气候变化导致生态环境恶化、草场面积减少时，色林错地区提供了一个典型的应对案例，即在实现草原游牧生态价值的同时，充分发挥地方自主性，尊重与挖掘地方性知识，做好防返贫工作及解决民生问题。然而，社区合作只是缓解问题的一种手段，随着湖平面的持续上升，作为合作基础的草场生产资料被淹没得越来越多，仅仅在社区层面依靠牧民自发来应对气候变化是远远不够的，需要更多主体的参与以及更多方式的探索。在政府层面，应制定应对气候变化的相关政策进行引导，完善相关基础设施建设，建立气象预警机制，加强宣传教育，等等。牧户是牧区精准脱贫与脱贫攻坚的微观基础，西部草原牧区因气候变化所导致的经济脆弱性问题依然会在一定程度上长期存在。因此，解决气候贫困问题需要政府、社区、个人多方面的合作与努力。

六　政策启示

（一）当前中国在气候变化适应方面的政策

根据国务院 2007 年发布的《中国应对气候变化的政策与行动》①，各地

---

①　中华人民共和国中央人民政府：《中国应对气候变化的政策与行动》，http：//www.gov.cn/zhengce/2008－10/29/content_ 2615768. html，最后访问日期：2022 年 2 月 10 日。

区、各部门根据实际情况出台了具体政策。2013 年发布了《国家适应气候变化战略》，2016 年印发了《城市适应气候变化行动方案》，在 28 个城市开展气候适应型城市试点工作。2019 年制定了《2019 年林业和草原应对气候变化政策与行动》。该方案中涉及适应的几个重点领域，包括农业、森林和其他自然生态系统、水资源和海岸带及沿海地区等，并针对性地提出了一些适应建议，如：加强气象灾害风险管理，加强农田水利气候韧性基础设施建设，推进农业结构和种植制度调整；提高森林、草原、湿地等生态系统服务功能，遏制草地荒漠化加重趋势。

在《中国应对气候变化的政策与行动》中，中国分别在减缓气候变化、适应气候变化、提高全社会应对气候变化意识、气候变化领域国际合作这四大方面采取了一系列政策措施。中国已将适应气候变化作为国家战略的重要组成部分，目前国内正在开展评估，组织编制《国家适应气候变化战略 2035》，明确我国到 2035 年适应气候变化目标任务，并且把适应气候变化和科学发展、基础设施建设、消除贫困等工作有机融合，构建适应气候变化新模式。

（二）气候变化对中国贫困政策的挑战

2021 年，中国 832 个贫困县全部摘帽，提前 10 年完成联合国 2030 年可持续发展议程的减贫目标，目前中国关于贫困的政策更多是关注贫困人口收入和可持续发展能力领域的指标，而对于由气候变化导致的发展环境的变化尚缺乏深刻的认识和有效的应对策略。根据《中国农村扶贫开发纲要（2011—2020 年）》[①]，专项扶贫政策主要涉及精准扶贫、产业化扶贫、整村推进扶贫、自愿移民扶贫等战略。已有的扶贫政策对贫困社区提高气候变化能力起到一定积极作用，应对气候变化政策也对贫困人口脱贫提供了支持，比如，其中行业扶贫包括：推进贫困地区土地整治，加快中低产田改造，开展土地平整，提高耕地质量，加强了农村贫困人口对抗灾害的能力；贫困地

---

① 《中共中央国务院印发〈中国农村扶贫开发纲要（2011—2020 年）〉》，中国政府网，http：//www.gov.cn/gongbao/content/2011/content_ 2020905.htm。

区可再生能源的开发利用，因地制宜发展小水电、太阳能、风能、生物质能，推广应用沼气、节能灶、固体成型燃料、秸秆气化集中供气站等生态能源建设项目，提高了贫困地区的能源利用率。

过去《中国应对气候变化的政策与行动》中提出的适应气候变化的政策，如在丘陵山区和其他干旱缺水地区建设雨水集蓄利用工程、恢复草原植被、提高草原覆盖度、防止荒漠化进一步蔓延、保护自然生态系统等政策都已在贫困地区施行，但没有明确提出将适应气候变化与扶贫相联系，没有专项内容涉及如何改善受气候变化影响最大的贫困人口适应能力。然而，气候变化与扶贫所属不同部门所带来的政策体系不融和，使全面脱贫后维持可持续稳定脱贫成果工作面临新的挑战，主要表现在以下方面：一是气候变化所带来的生态环境恶化、干旱和自然灾害的增加所导致的返贫人口增加的问题，特别是因灾致贫的人口，这要求社会保障、应对气候变化与扶贫的有机结合；二是一些地区追求经济效益而导致的生态环境恶化，例如在干旱地区过度开发地下水资源，这种不可持续式的经济增长使日后的扶贫工作与减缓气候变化工作更为困难；三是气候变化的地区差异性及经济发展差异所要求的因地制宜性，扶贫措施要建立在当地的资源禀赋基础上，过去以村为扶贫单位的试点政策做出了很好的尝试，正如色林错地区在吸收村民参与扶贫规划后形成适合当地的兼具适应气候变化与解决贫困问题的发展道路。

总体来说，我国有关适应气候变化与扶贫的政策与行动尚处于起步阶段，并面临如下挑战：一是《中国应对气候变化的政策与行动》和《国家应对气候变化规划（2014—2020年）》的部分要求尚未落地，部分工作要求尚未转化为政策制度，导致适应战略和气候变化规划难以全面落实；二是对气候变化影响的监测和评估不足，尤其缺少气候贫困评估过程与后续监测评估体系的建立；三是尚未建立起国家、部门和区域间的适应气候变化与贫困的组织和协调机制。

（三）对现有政策及措施的建议

基于上述挑战与国外实践及经验，本章尝试提出以下改善现有政策及措施的建议，以便在确保减贫成果的同时更好地适应气候变化。

1. 开展监测与评估，建立气候变化与贫困评估体系和预警机制

《联合国气候变化框架公约》提出了国家信息通报与盘点机制，包括国家信息通报（NC）、国家自主贡献（INDC）、年度报告（Biennial Report）。主要国家开展气候变化适应监测与评估的做法可以归纳为以下三种：一是开展气候变化风险监测与评估，如气候变化风险和脆弱性评估、识别优先适应领域等；二是定期评估适应工作的实施进展和效果，包括依法依规开展适应气候变化年度评估、建立适应气候变化的年度报告制度等，如英国气候变化委员会依法具有"独立评估NAP的执行和进展情况"的法定责任，英国也于2012年启动了每五年一次的"气候变化风险评估"；三是建立科学的监测与评估体系，如德国监测框架基于DAS提出的15项行动和跨部门优先适应领域提出的具体影响与响应指标，法国监测与评估框架基于NAP提出的19个领域的既定目标和跨部门活动提出的分领域适应措施与行动。

总体来看，各国均是通过建立监测与评估机制，系统收集气候变化及其风险数据，了解社会经济对潜在气候变化影响的准备程度，科学评估气候变化风险变化趋势及各领域适应现状，从而精准指导适应气候变化实践，提升国家适应举措的针对性和有效性。中国政府应加强气候贫困与灾害统计数据的整合，根据地方特色建立气候贫困监测评估体系，加强对气候贫困与气候变化脆弱性的过程控制、风险分析与预测预警。现有的天气预报和预警系统仍需改进以更好地掌握极端天气的消息，在灾难爆发时，政府也需要具有足够的应急救援队伍以及能够处理临时疏散工作的应急体系。

2. 构建协调机制，为气候变化与贫困部门的工作提供机制与平台支持

目前，其他国家建立跨部门或跨区域协调机制的主要方式包括：成立应对气候变化的专门管理机构、科研机构、部级工作小组等组织机构，如美国成立"联邦应急管理委员会"；也有国家通过构建信息平台，实现适应气候变化的信息共享，如加拿大建立"国家适应平台"，以促进不同领域的决策者集中决策。中国在《中国应对气候变化的政策与行动》中欠缺与相关部门规划的统筹性，区域规划中也缺乏对气候变化适应的考虑，这都导致适应气候变化的主体责任不明。在《国家适应气候变化战略2035》的落实中强

调各单位在主管部门的协调下，研究制定针对适应气候变化的行动计划，构建国家适应气候变化项目库，并定期跟踪评价项目进展；加强现有适应气候变化基础信息的整合，开发建立网络信息共享平台，为各领域决策者提供信息交换与服务平台，在政策制定中平衡经济发展。

3. 优化气候贫困保障体系，建立适应气候变化的资金机制

减缓气候变化对贫困的影响可从三个方面来考虑。一是降低气候变化带来的风险，相关措施包括建设气候适应型建筑和其他基础设施，保护湿地并将其作为防洪屏障，以及在必要时迁离不适宜居住的地区。同时，完善的社会保护计划可以帮助低收入人群获得必需的基本服务以及全民医疗保健，通过识别因气候变化带来的短期贫困人群，政府还可有针对性地进行投资帮扶。二是在灾难发生后的恢复期，政府需要为各收入阶层的人群提供灾后重建保险，尤其是无法承担的低收入人群，并确保灾后重建设施比先前的设施在面对气候变化冲击时的适应能力更强。三是将气候扶贫与绿色发展结合起来，兼顾生态环境保护、防灾减灾、脱贫攻坚等相关工作，建立应对气候贫困的综合体系。

此外，政府还应将适应气候变化作为绿色投融资体系构建的重要组成部分，设立适应基金或气候变化基金，开发与气候适应有关的创新型金融产品，探索通过市场机构发行巨灾债券等创新型融资手段，建立健全风险分担机制，支持适应气候变化重点领域保险产品的试点和推广工作。

第三节　气候变化与收入不平等

一　气候变化与收入不平等总体概述

近年来，人类活动的增加使全球气候发生明显变化，对经济活动所依赖的资源产生剧烈影响。2007年联合国政府间气候变化专门委员会（IPCC）研究表明：全球年平均气温在100年内（1906~2005年）上升了0.74℃，由此带来的干旱、洪涝、低温、暴雪等灾害使经济活动面临巨大挑战。在全

球气候变化的背景下，热带地区及气候敏感地区面临更高的气候灾害风险，主要包括非洲、南亚和东南亚国家、小岛屿发展中国家，以及收入严重依赖农业、渔业和林业等对气候敏感的自然资源的国家。同时，气候变化影响严重的地区或国家经常遭受泥石流、异常炎热的天气、水污染、洪水和其他气候灾害。对气候敏感的自然资源地区则面临着土地退化、水资源短缺、景观破坏、生态系统恶化和其他灾害的风险。气候变化扩大了社会经济系统中的现有风险，然而这些风险分布与影响效果并非均匀对称，对不同地区不同人群影响也不一致，例如相对贫困人口是受气候变化影响最大的人群，但他们应对气候风险能力却最为薄弱，显示出不同类型国家应对气候变化能力的不一，使这类国家与发达国家的收入差距不断扩大。因此，气候变化已成为收入不平等的重要成因之一。

（一）各国收入不平等现状

尽管关于收入不平等的相关研究和有关政策的执行由来已久，但是世界各国之间及国家内部之间收入不平等的现状仍未得到有效缓解，收入差距反而随着经济发展逐渐拉大。以巴西为例，作为金砖五国之一，其大力建设基础设施和发展经济，并执行"零饥饿"政策，2003～2008 年全国贫困人口减少了 2400 多万人，其中农村地区贫困人口减少 480 万人，特别是经营家庭农业的农户贫困和饥饿明显减少；2002 年以来全国正规就业人口增长 42%，工人实际收入平均增长 14.3%；基尼（Gini）系数从 2003 年的 0.51 下降到 2016 年的 0.46，在一定程度上缓解了国内收入不平等。但是随着温室效应逐渐显露，巴西因气候变化每年约损失 40 亿美元，各行业受损严重，贫困反弹，基尼系数居高不下（见图 4 - 26）。德国也正在遭受气候变化之苦，据英国《卫报》报道，气候变化导致德国现在发生致命洪水的概率是原来的 10 倍，但是德国工业基础雄厚，同时德国政府采取措施积极应对气候变化导致的收入不平等，如采取政府补助、差额拨款等，相对缓解了德国收入不平等情况。

虽说各国积极采取措施应对收入不平等问题，但是各国间收入差距仍在持续拉大。图 4 - 26 中基尼系数最小的国家为德国，每年基本维持在 0.3 之下，基尼系数最大的国家为巴西，在 0.5 上下波动，几乎是德国的 1.5 倍；其他国家如俄罗斯、中国、美国等，由于气候、经济形势等变化收入不平等现状近些年仍在持续恶化。

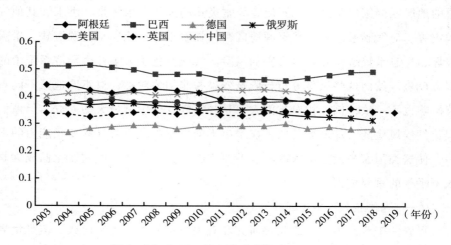

图 4-26 2003~2019 年各国历年 Gini 系数

资料来源：Solt，Frederick，"Measuring Income Inequality Across Countries and Over Time：The Standardized World Income Inequality Database，" *Social Science Quarterly* 101 (2020)：pp. 1183-1199。

（二）气候变化影响收入不平等途径

气候与人类生产生活息息相关，而气候变化可以造成各国、各地区间生产资料、生产活动、收入等的不均匀变化。例如：适当的温度、充沛的降雨量和较为适宜的气候环境必然促进地区的收入增长；而在极端高温、干旱等气候恶劣的地区，人类生产活动必然受到极大影响。因此，气候变化同生产过程中的收入分配有着直接或者间接的联系。

首先，气候变化直接影响农民收入。农作物产量受温度、湿度、降雨等气候的影响，价格则受农作物产量、种植面积及运输等因素影响。高温、强降雨或干旱均会导致农作物减产、农户收入降低，进而影响农户对于农作物种植的选择，以适应或应对气候条件变化。在自由贸易背景下，气候变化对农作物价格波动的影响更为显著。一方面，气候冲击通过影响农作物产量进而影响农作物价格。例如，过高的温度会降低农业产量，致使粮食价格上涨。另一方面，气候冲击引发区域间的价格差异会诱发贸易，从而形成新的农作物价格。为了削减气候冲击对农作物价格的影响，低价进口其他国家农作物产品，致使当地农作物无法提价和交易，加剧了国家间收入不平等。

其次，气候变化通过劳动市场结构变化加剧收入不平等。气候变化对农业的影响较为直接，而对劳动市场的影响则相对间接隐晦。劳动市场对气候变化直接反映在人口流动、劳动生产力和劳动力结构上。气候变化不仅能引发区域间的劳动力转移，而且会导致国家间的劳动力流动。诸如降水、温度以及极端气候等因素的变化会引发劳动力在地区间、产业间、部门间、就业状态间乃至工作间的转移，造成地区间、产业间收入不平等。此外，天气的好坏也会影响工作效率。在不适宜休闲的时间里，职工具有更高的生产效率；在适宜气候下，工人会因外部环境宜于休闲而降低劳动生产率；极端天气下工人无法劳作，甚至于极端天气会通过降低健康水平来影响其他时间段内的劳动生产率。

最后，收入不平等反过来影响气候变化的应对情况。财政能力较差的地区无法有效应对气候变化带来的影响，这将对其自身经济发展和收入水平造成更为严重的影响。此外，向绿色经济过渡和执行有效应对气候变化政策也急需大量资金。

二　气候变化与收入不平等相关机制研究

气候变化是世界各国各地区面临的重要环境问题，特别是近年来更频繁、更持久且更加强烈的气候变化，它对不同地区不同程度的影响将进一步加剧经济社会的不平等。关于气候变化引致收入不平等的相关研究主要是从农业角度和劳动市场角度来进行分析；同时，收入不平等也会反作用于气候变化，相关研究主要是从碳排放和适应性角度进行阐述。

（一）气候变化与农业

气候与农业生产之间具有天然联系，也最为直接。气候变化主要通过影响农作物的产量进而对农业经济产生影响。农作物产量的变化不仅取决于温度、降水、风速、湿度等直接气候因素，也与作物的种类、所在的地理位置密切相关。进一步的研究表明，气候变化不仅影响农业产量，而且也会影响农作物价格、农作物贸易水平和农民收入水平。

1. 对农作物的影响

学者研究发现农作物产量与气候变化直接相关[34]，例如极端天气会使农作物产量下降，而丰富的降水在一定程度上会增加农作物产量。此外，也有众多学者研究了温室气体排放对农作物产量的影响，并形成两种截然不同的观点。一种观点认为 CO_2 等气体对农作物有施肥作用，这种效应会使产量增加；另一种则主张温室气体排放增多会引发全球升温，进而会使农作物产量下降[35]。

在自由贸易体系中，气候变化对收入不平等的作用主要是通过农作物产量和区域间价格差异实现的。研究发现贫穷国家温度升高1℃，会使出口减少2.0~5.7个百分点，但是富裕国家并未受到影响[36]。在细分行业后研究发现这种效应对农业出口和轻工业出口的负面影响更大，而对重工业或原材料生产则几乎没有明显影响[37]。在贸易全球化背景下，这无疑是对以农业为主的国家经济发展的重大打击，将进一步拉大与富裕国家之间的收入差距[38]。

近年来，有关气候变化影响农作物分布的研究逐渐增多，众多研究也证实气候变化直接或间接地影响收入不平等。Rahman（2016）分析了气候变化、农业生态和社会经济因素对农业土地利用多样性的影响，研究结果表明，在气候因素中，降水量会增加土地利用多样性进而增加农民收入，降低居民间收入不平等[38]。Habtemariam 等（2017）研究发现小麦等农作物会从寒冷地区的气候变化中受益，而在温暖地区，气候变化会导致小麦等农作物会受损而玉米受益，也就是说不同农作物对于气候的敏感性不同，当农作物从气候变化中受益时，农民收入能够提高[38][39]。

气候变化通过影响农作物生产来影响个体、区域收入的相关机制已经十分丰富。总体来说，气候变化对农作物的影响可能会因区域、人群、地理位置等因素而不同，进而对个体、群体和区域的收入影响也不尽相同，不可一概而论。

2. 对农业收入的影响

气候变化可通过影响农作物产量、价格等方面影响农民收入。农民一般分为灌溉类农民和非灌溉类农民，其中非灌溉类农民的收入由自然降水决定。Wang 等（2009）的证据表明，在全球变暖背景下，灌溉类农民可通过灌溉降低气候对农业收入的影响，但是非灌溉农民无法通过灌溉为农作物浇水，这将直接造成两类农民收入不平等[36]。此外，当区分季节时，秋季和春季的高温对灌溉类农场有害，其他季节则相反；非灌溉类农民只能受益于寒冷的冬季，其他季节的高温会造成净收入的下降。春、秋季更多的降水量将伤害两类农民，但夏季的降水会增加灌溉类农民的收入，减少非灌溉类农民的收入。

此外，气候变化对于种植不同农作物的农民收入影响也是不同的。Nyuor 等（2016）将农作物分类进行研究，发现农作物生长早期降水对高粱有益，对玉米有害，但中期降水则能够促进玉米生产，而其他时期的升温对两种作物的净收入都会产生负面影响[39][40]。

（二）气候变化与劳动力市场

1. 劳动生产率

早在 1915 年，地理学家 Ellaworth 在其"Civilization and Climate"一文中第一次明确地阐述了气候与劳动生产率之间存在联系。作者选取不同类型的工人作为对象进行研究，结果表明：在气候温和的春季和夏季，工人的劳动生产率最高；在极端高温的夏季和极端低温的冬季，劳动生产率最低。随后，一些专家学者开始从各个角度分析气候变化对劳动生产率的影响，总结起来主要分为两类：第一类文献研究的是气候变化对劳动生产率的直接影响；第二类文献主要通过分析气候变化对人类健康的影响，进而得出气候变化与一个国家或地区的劳动效率之间的关联。例如，Jones & Olken（2010）在考察气候变化对产业产出的影响时发现，高温对于制造业劳动力生产效率产生了极大负面影响，但是对于轻工业或原材料生产几乎没有影响[37]。

此外，人类的健康状况与劳动生产率密切相关，而气候变化会降低人的健康程度。迄今为止，许多学者选取死亡率、出生率、婴儿体重以及平均寿命等指标来衡量人类的健康水平，进而分析气候对劳动生产率的影响。Deryugina & Hsiang（2014）通过整理温度、健康与适应行为的经典文献发现，多数文献采用死亡率来衡量健康水平，研究结论也均表明极端温度会通过降低健康水平来影响劳动生产[41]。Hasegawa 等（2016）认为天气冲击会影响粮食产量，进而增加营养不良的人口比例，最终会加大人类患病和死亡的风险，降低一个国家或地区的劳动生产率，加剧国家间收入不平等[42]。

2. 劳动力流动

从一般意义上讲，劳动力流动是为了获取更高的报酬。气候变化对劳动力市场产生影响的第二个层面主要体现在对劳动力流动的影响方面。气候变化不仅能引发区域之间的劳动力转移，而且会导致国与国之间的劳动力流动。Deschênes & Moretti（2009）研究发现，极端热和极端冷的天气状况都会导致死亡率提高，且美国死于寒冷的人数是总死亡人数的 1.3%，为此，部分人会从寒冷的地区迁移到温暖的地区，以提高预期寿命[43]。Fenga 等（2010）的估计结果显示，气候变化会导致玉米和大豆产区的产量和收入下降，故而这两个产区发生了大量农民向外迁移的现象，进一步降低这两个产区的农业收入，加剧各部门之间的收入不平等[44]。

极端气候变化导致贫困陷阱，为此劳动力更倾向于流向边际收益更高的产业，这引发了产业间收入不平等。Kirchberger（2016）利用印度尼西亚家庭生活调查数据，研究了自然灾害对劳动力市场的影响，发现在自然灾害发生后劳动力会从边际收益较低的农业部门流向边际收益较高的建筑业部门[45]。

（三）收入不平等反过来影响人类气候变化适应性

众多学者对收入不平等与气候变化之间的关系进行了广泛研究，发现碳排放与收入不平等之间存在一种非线性相关关系，当碳排放超过特定的阈值之后，收入不平等升高，反之则降低。

根据几位学者的观点，收入不平等的加剧与碳排放的减少有关[46]～[48]。经济增长、收入不平等和碳排放之间的关系取决于低收入群体是更喜欢收入分配还是环境保护。通常来说，低收入群体更关心的是经济增长，而不是减缓气候变化的政策，而高收入群体通常对环境保护更为偏好[49]。关于这一主题的另一项经典研究指出，环境退化对收入不平等的影响主要体现在两个方面[50]。第一，环境退化中的受益者和非受益者之间的权力不平衡可能导致这种关系的恶化，这取决于哪一方处于最有利的地位（如果受益者仍然掌权，那么环境污染就会进一步恶化）。第二，如果收入不平等加剧，富人和穷人的收益偏好将更为偏颇，从而加剧环境恶化。

有学者从碳排放的边际倾向出发，发现较高的收入不平等有利于改善环境质量[51]。也有证据表明减少碳排放以适应气候变化与减少收入不平等之间存在一种权衡关系[52]。

三　气候变化与农民收入不平等——以马来西亚为例

由于农业产量、收入等取决于气候条件，气候变化导致农作物产量随时间和地区变化，在很大程度上影响到农民收入的可持续性。脆弱的农业可持续性可能导致总产量、作物利润率、最终产品利润率、生产和进口利润率、农业和非农业工资率等方面的不一致。因此，不利的气候变化将导致农民收入下降。此外，气候变化导致频繁的自然灾害，这使得全职农民大部分时间处于失业状态，极端气候也可能对农民健康造成危害，导致农民长期失业。

马来西亚作为较大的农业生产国之一，拥有领先的棕榈油行业和高效的畜牧业，且是水稻生产大国。其位于赤道附近，属于典型的热带雨林气候和热带季风气候，无明显四季之分，且年温差变化极小。但近些年，随着气候变暖，马来西亚面临的天气越发异常，如厄尔尼诺效应造成的持续高温、干旱等极端天气。这种典型性气候变化对其他国家农业生产、收入不平等及应对政策具有借鉴意义。

气候变化对马来西亚的农业可持续性产生了负面影响。从社会经济角度看，马来西亚依赖农业收入的群体比其他社会群体更加脆弱。气候变化对农业的影响因地区和国家的经济、社会、政治和环境条件的不同而不同。像其他国家一样，气候变化以各种方式对农业产生不利影响，如渔业、林业、畜牧业和农作物种植都受到气候变化的严重影响。由于大量温室气体排放，马来西亚的气温预计将上升 0.3℃~4.5℃。气温升高将导致海平面在 100 年内上升约 95 厘米。降雨量的变化可能在 −30%~+30% 波动。这些气候因素的变化使马来西亚农业系统变得更加脆弱。

预测显示（见图 4−27），到 2040 年，任何超过 0.7% 的降雨量变化都将导致农民收入进一步减少。在生产水稻的农民中，约 68.2% 的人认为由于生产率低，水稻生产利润不高。然而，67.2% 的农民认为，由于政府的大量补贴和激励措施，种植水稻仍然比种植其他作物更好，更有利可图。为了保持这种盈利能力，农民除了提高农业生产力之外别无选择。与其他国家相同，气候因素的变化对水稻种植具有负面影响，大多数农民认为气候变化已经导致水稻种植的利润率下降，并正试图减少农业参与。因此，56.6% 的人倾向于选择兼职而不是全职从事水稻种植。

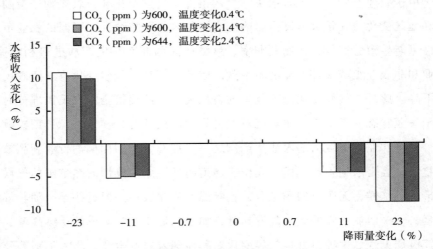

图 4−27　不同温度和降雨量的水稻产量收入变化预测（2040 年）

资料来源：Md. Mahmudul Alam, Khan Md. Raziuddin Taufique, Azizullah Sayal, "Do climate changes lead to income inequality? Empirical study on the farming community in Malaysia," *International Journal of Environment and Sustainable Development* 16（2017）: pp. 43−59。

由于气候变化的不确定性，气温和降雨量对马来西亚农业收入产生了深远的影响，加剧了农民间收入不平等。马来西亚当局也认识到该现状，并采取了巨额补贴和激励措施，其中补贴、灌溉设施等按比例分配给农民，以提升农业生产率，降低农民间收入不平等。但与高效率生产者相比，低效率生产者收入提高比例更低，因此政府这种补贴政策与激励措施并不合适。

与此同时，众多学者针对马来西亚现状，为提高该国农民适应性提供了相应的政策指导。首先，不仅农业生产率应得到关注，其他如农业工资、土地租赁制度和租金率都应得到更多关注，这些因素对于提高小农户的持续性和降低收入不平等是十分重要的。其次，还应从技术层面适应气候变化，从而保障农户的收入可持续性，如借鉴中国进行人工降雨、加强农民基础技术培训等。最后，需要让每个人了解到气候变化对自身的影响，鼓励每个个体考虑可能的适应性办法，探索建立低碳经济的最佳途径。

四　收入不平等影响气候变化适应性——以欧盟为例

应对气候变化必须采取紧急行动降低碳排放水平。从社会和经济角度看，探讨收入不平等与气候变化关系具有特别重要的意义，对国家有长期的影响。因为应对气候变化对经济发展和人民福祉具有深刻的影响，因此大多数国家将缓解气候变化视为基本政策之一。然而，要找到气候变化与保持经济增长之间的最佳阈值，就需要对经济增长的来源进行深入分析，并找到碳排放与经济发展之间的适当平衡。

环境库兹涅茨曲线假设表明：在贫困地区，收入不平等与环境保护之间的关系更为明显；当国家和个人更加富裕时，环境退化程度就会降低。基于此本节以欧盟为例，分析收入不平等对气候变化适应性的影响。第一，欧盟共有 28 国，但各国之间贫富差距巨大，特别是后期加入的 13 国与较早的 15 国之间。第二，欧盟各国之间发展进程差距巨大，西欧各国已完成工业化进程，但东欧的工业化仍在持续，这种巨大差距使欧盟之间对气候环境的反应不一。第三，由于经济结构和发展程度不同，欧洲联盟需要采取不同的政策和行动，以便根据气候变化应对工业转型的复杂挑战。

应对气候变化和向零碳经济过渡是欧洲联盟发展的战略要求，这对欧洲国家经济发展和人民福祉至关重要。因此，欧洲联盟为减少环境退化而提出到 2050 年向零碳排放过渡的目标。但这需要大量资金，以促进对能源效率的投资，确保更清洁的能源来源以及低碳运输。此外，除了投资于与气候变化相关的研发，欧盟的工业还需大规模转型，以符合环境政策目标。

与地区和国家不同，欧盟由发展进程不同的国家构成，其中包括欧盟发达国家集团——以欧盟 15 国①为代表的集团、欧盟欠发达国家集团——欧盟 13 国②。与欠发达集团相比，发达集团人均收入更高，收入不平等程度更低，人均碳排放量更低。其主要原因是富国有更多的资源投资于清洁能源和技术，以便按照气候变化的要求实现现代化工业生产。这些国家有更多的资金研发可持续能源，并且更具推广性。与此同时，发达国家通常将污染工业转移到发展中国家，确保良好的气候环境。而欠发达国家在气候变化指标和环境保护以及衡量收入不平等的基尼系数方面均表现较差。其主要原因有两个：第一，欠发达国家经济发展工业化进程还在持续，仍需以牺牲环境为代价；第二，欠发达国家环境保护理念未深入人心，同时没有长期遵守环境法规的历史。

分析两个集团关于收入不平等对气候变化的影响，主要使用了以下变量：实际人均 GDP、基尼（Gini）系数、人均温室气体排放量（主要为 CO_2），并结合 Albu & Albu（2020）的估计方法[52]，使用 2000~2018 年数据，拟合了两组国家的收入不平等（Gini 系数）与人均 GDP 以及碳排放量（CO_2）与收入不平等（Gini 系数）之间的非线性关系（见图 4-28 和图 4-29）。数据主要来自欧洲统计局、AMECO（European Commission Annual Macro-Economic Database）数据库、世界发展指数和国际货币基金组织。

如图 4-28 和图 4-29 所示，基尼系数对二氧化碳排放量的影响是非线性的。然而，这种关系对于两组欧盟国家来说是不一样的，表明它们之间存在差异。在发达国家，较低的基尼系数与减少二氧化碳排放量和经济

---

① 欧盟 15 国分别为：德国、法国、意大利、荷兰、比利时、卢森堡、丹麦、英国、爱尔兰、希腊、西班牙、葡萄牙、瑞典、芬兰、奥地利，其中英国于 2019 年正式退出欧盟。

② 欧盟 13 国分别为：塞浦路斯、匈牙利、捷克、爱沙尼亚、拉脱维亚、立陶宛、马耳他、波兰、斯洛伐克、斯洛文尼亚、罗马尼亚、保加利亚和冰岛。

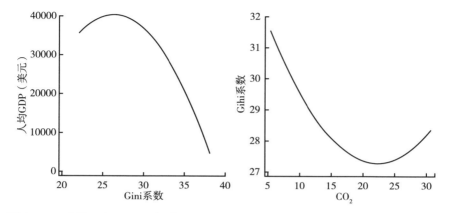

图 4 – 28 欧盟 15 国 Gini 系数-人均 GDP（左图）与 CO_2-Gini 系数（右图）拟合结果

资料来源：Ada-cristina Albl, Lucian-Liviu Albu, "Impact of Climate Change on Income Inequality. Evidence from European Union Countries," Studies in Business and Economics 15 (2020): pp. 223 – 235。

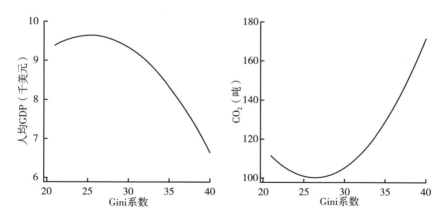

图 4 – 29 欧盟 13 国 Gini 系数-人均 GDP（左图）与 CO_2-Gini 系数（右图）拟合结果

资料来源：Ada-cristina Albl, Lucian-Liviu Albu, "Impact of Climate Change on Income Inequality. Evidence from European Union Countries," Studies in Business and Economics 15 (2020): pp. 223 – 235。

发展有关。欠发达国家仍然面临着减少二氧化碳排放的问题，收入不平等程度也更高。欧盟 15 国的基尼系数较低，二氧化碳排放量较低，原因可能是富裕国家有更多资源投资于清洁能源和技术，以实现工业生产现代化。通常较发达国家对确保良好的气候环境更感兴趣，因为这些国家更关注环境安全和公民的福祉。欠发达国家仍然面临着减少二氧化碳排放的问题，收入不平等程度也更高。证实了收入不平等对国家适应气候变化产生不一致的影响。

该案例的研究结果还表明，减缓气候变化的政策以及减少碳排放和环境退化的必要性与提高国内生产总值和减少收入不平等的目标密切相关。因此，我们应注意增加人均收入作为降低收入不平等的一种方式，是确保向零碳排放和绿色经济过渡的必要条件，还应考虑二次分配政策以减少收入不平等。

五　气温与地区收入不平等——以中国中部地区为例

我国是受自然灾害最为严重的国家之一，在各类自然灾害中，气候变化引起的自然灾害约占 70% 以上。据统计，我国因气候变化造成的经济损失每年平均在 2000 亿元以上，每年平均受损农田面积高达 3400 万公顷，受气候变化影响的人口近 6 亿人次。100 多年以来，我国气候与环境发生了重大变化。气候问题，特别是全球变暖问题，受到社会广泛关注。目前，气候变暖的幅度已大大超出地球本身气温自然变动的范围，这对人类社会的生存及经济的可持续发展构成了非常严重的威胁。农业、工业、交通、旅游、生态、能源等各个行业都对气温变化相当敏感。农业上，气候变化会造成农业生产的波动，如水稻、小麦、玉米三大作物的生产都和气温息息相关；工业上，气候变化可能会导致工程施工的风险增加，例如气候变暖可能会增加长江流域上游的降水量，从而引发诸如滑坡、泥石流等各种灾害；旅游业上，高温天气直接影响出游人数，人们都更偏向于选择在气温较为舒适宜人的季节出行；生态上，气候变暖会直接导致我国湖泊和湿地面积减少、水位下降、草原退化、土地沙漠化等各种问题，同时高温环境下空调等制冷设备的使用会造成大量的环境污染；能源上，气候变暖则直接会对水资源、海洋资源、人力资源等各类资源产生直接的影响。可见，气候变暖问题已逐渐成为保护全球资源环境和实现全世界可持续发展的主要问题之一，是目前整个社会共同面临的严峻挑战。气候变暖温度上升问题已不只是自然科学的范畴，它还跟经济发展问题密切相关。

为分析气温与收入的关系，本章首先使用 2000～2019 年我国的省级数据绘制出平均气温与人均 GDP 的散点图。考虑到气温与人均 GDP 之间可能呈非线性相关关系，使用二次回归曲线，由图 4－30 可以看出，气温与人均 GDP 呈负向相关关系，人均 GDP 较低地区对应的散点都集中位于图像的左侧，即温度较低的地方。当处于平均温度高于 20℃时，人均 GDP 也出现大幅降低。在 5℃～12℃的温度区间，人均 GDP 并没有太大变化，而 12℃之后，曲线下方的散点密度大幅度增加，但各地区间人均 GDP 不平等差距逐渐显露。

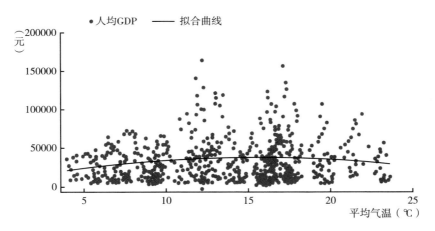

图 4－30　2000～2019 年全国范围人均 GDP 与平均气温散点图

资料来源：《中国城市统计年鉴》，国家气象科学数据中心。

为具体分析省份内及省份间气温与收入的关系，本节以中部地区为例，并使用 2000～2019 年各城市数据绘制散点图。中部地区的人口约占我国总人口的 1/4，并且中部地区是主要的农业产出地，是我国最具代表性的地区。图 4－31 是中部地区各省份气温与人均 GDP 的散点图，从中可以很明显地看出，人均 GDP 与气温之间呈现明显倒 U 形关系，6 个省份散点图都呈现倒 U 的形状。在温度较低时，人均 GDP 与温度正相关，在温度较高时，

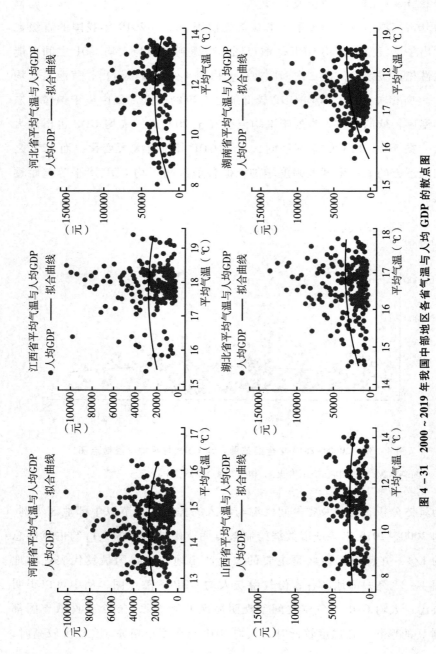

图 4－31　2000～2019 年我国中部地区各省气温与人均 GDP 的散点图

资料来源：《中国城市统计年鉴》，国家气象科学数据中心。

人均 GDP 与温度负相关。河南省散点图较为集中，而且明显呈现倒 U 形结构，最高人均 GDP 在 15℃ 左右。15℃ 之后，温度越高，收入越低。而观察河北省的数据，很明显地可以看到散点大部分位于图片的右下角，即高温低人均 GDP 的区域。在温度为 5℃～10℃ 时，可以很明显地看到人均 GDP 随着温度的升高而上升。同时，河北省最高人均 GDP 对应的温度在 14℃ 左右。山西省的拟合曲线较为缓和，但是能看出人均 GDP 和气温整体呈倒 U 形关系，最高人均 GDP 对应的温度在 11℃ 左右。湖南省的情况也类似，虽然拟合曲线跟假设不符，但大部分高温县市的人均 GDP 还是处于较低的水平。

从分地区研究各省人均 GDP 与气温之间的关系可以看出，绝大部分省份人均 GDP 与气温的关系都与预期的结果相似。可见，从定性上分析，在温度较低时，人均 GDP 和气温成正比关系，在温度较高时，人均 GDP 和气温成反比关系。人均 GDP 和气温之间的关系并非完全线性的。在温度较低时，随着温度的增加人均 GDP 和土地平均人均 GDP 也增加；在温度较高时，随着温度的增加人均 GDP 和土地平均人均 GDP 减少，即气温和人均 GDP 呈现倒 U 形的关系。人均 GDP 越高的地区，人均 GDP 对温度的敏感性越大。

气温是造成我国地区收入差异的原因之一。在研究我国地区发展经济不平衡的主要原因时，主要考查的是地区之间资源禀赋的差异、国家政策的倾斜、市场化程度的不同、产业结构的差异和政府的调节和干预政策等，而忽略了很多其他的非经济性的因素，如地理因素、气象因素等。本节通过研究发现，温度条件也是我国地区之间经济发展存在差异的一个重要原因。这对于我们更好地研究地区之间发展的差异，更好地针对地区差异提供有针对性的经济倾斜政策，消除我国经济发展的不平衡，具有重要的意义。

首先，政府、学者和大众应重视气候变化对我国经济的影响。该案例研究表明，中部地区的经济发展与气候条件的关系是显著的。但现实中，在考虑经济发展不平衡、收入不平等时更多地考虑经济因素，却忽视了诸如气候变化、地理位置等非经济因素。其次，政府应尽快完善并执行环境保护政策。图 4－31 表明，各省份均有一个适宜经济发展的气候条件，但是随着全球变暖，该条件必然发生变化。因此，政府应采取各类环境保护措施维持该气候条件。最后，每个人应身体力行，减少碳排放，保护环境。气候条件与每个人息息相关，而当气候条件发生巨变时，经济发展和收入必然遭受巨大损失。

六　政策启示

气候变化对社会生产生活、自然资源等均会产生剧烈的冲击。由于政府、企业等对气候变化与收入不平等关系认识不足，因而无法有效应对该现象。因此，政府、企业和个人亟须关注气候变化的影响，制定相应政策以适应气候变化，提高低收入群体收入，改善收入不平等现状。减缓气候变化对收入不平等的影响可以从以下几个方面考虑。第一，加强气候变化预警系统建设，以便更好地掌握极端天气情况，为生产工作提供实时指导。如建立健全干旱、强风和暴雨等自然灾害预警系统，当极端天气发生时，政府、企业和个人能够及时采取应对政策和防范措施，降低损失。第二，加快气候适应性基础设施建设，降低气候变化带来的风险，特别在农业产区和气候恶劣等地区，根据气候情况及地理特征种植合适的农作物，并以技术、设施加以辅助，提升气候变化应对水平。第三，企业应根据自身产业优势、地区特征、气候特点合理布局，从最初选址到基础设施建设再到政府产业政策等角度，弱化气候对生产活动的影响。第四，建立健全灾后应急机制，提升灾后重建能力。自然灾害不可避免，但是弱化其影响力、提升灾后应对能力，对于减弱气候变化对收入不平等的影响至关重要。可借鉴美国联邦应急事务管理总署（FEMA）应急管理办法，同时加强灾后金融支持，多方协作降低气候变化对收入不平等的影响。第五，合理布局碳交易市场，促进节能减排，从减少温室效应角度降低极端天气发生的可能性。

参考文献

［1］ Wenjia Cai, Chi Zhang, Hoi Ping Suen, et al. ，"The 2020 China Report of the Lancet Countdown on Health and Climate Change," *The Lancet Public Health* 6 （2021）：pp. 64 – 81.

［2］ Yuming Guo, Antonio Gasparrini, Ben Armstrong, et al. ，"Global Variation in the Effects of Ambient Temperature on Mortality：A Systematic Evaluation," *Epidemiology* 6 （2014）：pp. 781 – 789.

［3］ Prof Qi Zhao, Yuming Guo, Tingting Ye, et al. ，"Global, regional, and National Burden of Mortality Associated with Non-optimal Ambient Temperatures from 2000 to 2019：A Three-Stage Modelling Study," *The Lancet Planet Health* 1 （2021）：pp. 415 – 425.

［4］ Jae Young Leea, Ho Kima, Antonio Gasparrinib, Ben Armstrongb, et al. ，"Predicted Temperature-Increase-Induced Global Health Burden and its Regional Variability," *Environment* 131 （2019）：pp. 1 – 11.

［5］ Wenjuan Maabc, Renjie Chenabc, Haidong Kan. ，"Temperature-Related Mortality in 17 Large Chinese Cities：How Heat and Cold Affect Mortality in China," *Environment Resource* 134 （2014）：pp. 127 – 133.

［6］ Ying Zhang, Peng Bi, Janet E. Hiller. ，"Weather and the Transmission of Bacillary Dysentery in Jinan, Northern China：A Time- Series Analysis," *Public Health Reports* 123 （2008）：pp. 61 – 66.

［7］ 俞善贤、李兆芹、滕卫平等：《冬季气候变暖对海南省登革热流行潜势的影响》，《中华流行病学杂志》2005 年第 1 期，第 25 ~ 28 页。

［8］ Mc Gill Natalie. ，"Vulnerable Populations at Risk from Effects of Climate Change," *American Journal of Public Health* 46 （2016）：pp. 1 – 14.

［9］ Wenjia Cai, Chi Zhang, Hoi Ping Suen. ，"The 2020 China Report of the Lancet Countdown on Health and Climate Change," *The Lancet Public Health* 6 （2021）：pp. 64 – 81.

［10］ Watts Nick, Adger W. Neil, Agnolucci Paolo, Blackstock Jason. ，"Health and Cimate Change：PolicyResponses to Protect Public Health," *Lancet* 386 （2015）：pp. 1861 – 1914.

［11］ Andrés Castañeda, Dung Doan, David Newhouse, et al. ，"A New Profile of The Global Poor," *World Development* 101 （2018）：pp. 250 – 267.

［12］ Christiaensen L. , Scott C. , Wodon Q. , "Poverty Measurement and Analysis," MPRA Paper, 2002.

［13］ Stephane Hallegatte, Mook Bangalore, Laura Bonzanigo. ，"Climate Change and Poverty-An Analytical Framework," *Policy Research Working Papers* （2014）.

［14］ Arild Angelsen, Therese Dokken., "Climate exposure, Vulnerability and Environmental Reliance: A Cross Section Analysis of Structural and Stochastic Poverty," *Environment and Development Economics* 23 (2018).

［15］ John A. Seaman, Gary E. Sawdon, James Acidri, Celia Petty., "The Household Economy Approach. Managing the Impact of Climate Change on Poverty and Food Security in Developing Countries," *Climate Risk Management* 4 (2014): pp. 59 – 68.

［16］ Africa Partnership Forum., "Climate challenges to Africa: A Call for Action," 2008.

［17］ IPCC. "Climate Change 2014: Impacts, Adaptation, and Vulnerability," 2014.

［18］ 程欣、帅传敏、王静、李文静、刘玥:《生态环境和灾害对贫困影响的研究综述》,《资源科学》2018 年第 4 期, 第 676 ~ 697 页。

［19］ Thomas W. Hertel, Marshall B. Burke, David B. Lobell., "The Poverty Implications of Climate-Induced Crop Yield Changes by 2030," *Global Environmental Change* 20 (2010): pp. 577 – 585.

［20］ Gerald C. Nelsona, Hugo Valinb, Ronald D. Sandsc, et al., "Climate Change Effects on Agriculture: Economic Responses to Biophysical Shocks," *Proceedings of the National Academy of Sciences* 9 (2013): pp. 3274 – 3279.

［21］ Fernandes E., Soliman A., Confalonieri R., Donatelli M., Tubiello F., *Climate Change and Agriculture in Latin America, 2020 – 2050: Projected Impacts and Response to Adaptation Strategies* (Washington, DC: World Bank Publications. World Bank, 2012).

［22］ DARA, "Climate Vulnerability Monitor 2012: A Guide to the Cold Calculus of a HotPlanet," 2012.

［23］ Geoffrey Heal, Jisung Park, "Feeling the Heat: Temperature, Physiology the Wealth of Nations," *NBER Working Paper Series* 2013.

［24］ Alderman Harold1, Hoddinott John, Kinsey Bill, "Long Term Consequences of Early Childhood Malnutrition," *Oxford Economic Papers* 3 (2006): pp. 450 – 474.

［25］ Angelsen Arild, Dokken Therese, "Climate Exposure, Vulnerability and Environmental Reliance: A Crosssection Analysis of Structural and Stochastic Poverty," *Environment and Development Economics* 3 (2018).

［26］ M. Barange, G. Merino, J. L. Blanchard, et al., "Impacts of Climate Change on Marine Ecosystem Production in Societies Dependent on Fisheries," *Nature Climate Change* 3 (2014): pp. 211 – 216.

［27］ Mook Bangalore, Andrew Smith, Ted Veldkamp, "Exposure to Floods, Climate Change, and Poverty in Vietnam," *Economics of Disasters and Climate Change* 3 (2019): pp. 79 – 99.

［28］ Giuseppe Scandurra, Antonio Thomas, Renato Passaro, et al., "Does Climate Finance Reduce Vulnerability in Small Island Developing States? An Empirical Investigation," *Journal of Cleaner Production* 1 （2020）: pp. 120330.

［29］ World Bank, "World Bank Annual Report 2019" （Washington, DC: World Bank, 2019）.

［30］ 许吟隆、居辉等:《气候变化与贫困——中国案例研究》,绿色和平与乐施会,2009。

［31］ 居辉、熊伟、马世铭、谢立勇等:《气候变化与中国粮食安全》,学苑出版社,2008。

［32］ 梁誉、韩振燕、陈绍军:《气候变化下的干旱致贫及救助路径研究——以宁夏回族自治区为例》,《西北人口》2015 年第 5 期,第 113 ~ 118 页。

［33］ 李裕瑞、曹智、郑小玉、刘彦随:《我国实施精准扶贫的区域模式与可持续途径》,《中国科学院院刊》2016 年第 3 期,第 279 ~ 288 页。

［34］ Melissa Dell, Benjamin F. Jones, Benjamin A. Olken, "What do We Learn from the Weather? The New Climate-Economy Literature," *Journal of Economic Literature* 3 （2014）: pp. 740 – 798.

［35］ Frances C. Moore1, Uris Lantz C. Baldos, Thomas Hertel, "Economic Impacts of Climate on Agriculture," *Environmental Research Letters* 6 （2017）: pp. 1 – 3.

［36］ Wang Jinxia, Mendelsohn Robert, Dinar Ariel, et al., "The Impact of Climate Change on China's Agriculture," *Agricultural Economics* 3 （2009）: pp. 323 – 337.

［37］ Benjamin F. Jones, Benjamin A. Olken, "Climate Shocks and Exports," *American Economic Review* 2010, 2 （2010）: pp. 454 – 459.

［38］ Rahman, Sanzidur, "Impacts of Climate Change, Agroecology and Socio-Economic Factors on Agricultural Land Use Diversity in Bangladesh （1948 – 2008）," *Land Use Policy* 50 （2016）: pp. 169 – 178.

［39］ Lemlem Teklegiorgis Habtemariam, Getachew Abate Kassa, Markus Gandorfer, "Impact of Climate Change on Farms in Smallholder Farming Systems: Yield Impacts, Economic Implications and Distributional Effects," *Agricultural Systems* 152 （2017）: pp. 58 – 66.

［40］ Anslem Bawayelaazaa Nyuor, Emmanuel Donkor, Robert Aidoo, et al., "Economic Impacts of Climate Change on Cereal Production: Implications for Sustainable Agriculture in Northern Ghana," *Sustainability* （*Switzerland*） 8 （2016）.

［41］ Tatyana Deryugina, Solomon M. Hsiang, "Does the Environment Still Matter? Daily Temperature and Income in the United States," *National Bureau of Economic Research Working Paper Series* 20750 （2014）: pp. 1 – 47.

［42］ Tomoko Hasegawa, Shinichiro Fujimori, Kiyoshi Takahashi, et al., "Economic

Implications of Climate Change Impacts on Human Health Through Undernourishment," *Climatic Change* 2（2016）: pp. 189 – 202.

［43］ Olivier Deschênes, Enrico Moretti, "Extreme Weather Events, Mortality, and Migration," *Review of Economics and Statistics* 4（2009）: pp. 659 – 681.

［44］ Shuaizhang Fenga, Alan B. Kruegera, Michael Oppenheimera, "Linkages Among Climate Change, Crop Yields and Mexico-US Cross-border Migration," *Proceedings of the National Academy of Sciences* 32（2010）: pp. 14257 – 14262.

［45］ Martina Kirchberger, "Natural Disasters and Labor Markets," *Journal of Development Economics* 125（2016）: pp. 40 – 58.

［46］ Heerink Nico, Mulatu Abay, Bulte Erwin, "Income Inequality and the Environment: Aggregation Bias in Environmental Kuznets Curves," *Ecological Economics* 3（2001）: pp. 359 – 367.

［47］ James K. Boyce, "Is Inequality Bad for the Environment?" *Research in Social Problems and Public Policy* 7（2007）: pp. 267 – 288.

［48］ Lin Guo, "CO2 Emissions and Regional Income Disparity: Evidence from China," *Singapore Economic Review* 1（2014）.

［49］ Lyle A. Scruggs, "Political and Economic Inequality and the Environment," *Ecological Economics* 3（1998）: pp. 259 – 275.

［50］ James K. Boyce, "Inequality as a Cause of Environmental Degradation," *Ecological Economics* 11（1994）: pp. 169 – 178.

［51］ Martin Ravallion, Mark Heil and Jyotsna Jalan, "Carbon Emissions and Income Inequality," *Oxford Economic Papers* 52（2000）: pp. 651 – 669.

［52］ Ada-Cristina Albu, Lucian-Liviu Albu, "The Impact of Climate Change on Income Inequality. Evidence from European Union Countries," *Studies in Business and Economics* 15（2020）: pp. 223 – 235.

第五章　气候变化与城市可持续发展

仵程宽　颜　宇　唐　湘[*]

第一节　气候变化和人口流动

近年来，气候已成为影响人口流动的一个关键因素。世界银行报告显示，到 2050 年，气候变化将导致 2 亿多人的气候移民。为了减少气候变化所引发的人口流动对全球经济可持续发展造成的负面影响，充分理解气候变化和人口流动之间的关系和机制是必要的。本节首先总结了我国流动人口的相关政策，以及我国流动人口的特征和失业状况。然后，本节讨论了气候变化和人口流动的关系，具体分析了气候变化对人口流动的影响机制。气候变化对人口流动的影响造成的直接后果就是"气候移民"的出现，最后本节分析了气候移民的出现对迁入地和迁出地的影响，并提出了应对气候移民的措施。不仅国内存在大量的气候移民，跨国的气候移民也广泛存在，因此跨地区和跨国家之间的合作在解决气候移民问题中就显得尤为重要，本节在文末提出了跨国合作的相关政策建议。

一　我国流动人口的政策发展阶段、特征及失业状况

（一）我国流动人口政策的发展阶段

改革开放以来，我国流动人口政策调整经历了如下三个阶段。

---

* 仵程宽，西南财经大学经济学院博士研究生，主要研究方向为产业经济学、能源经济学、企业效率；颜宇，西南财经大学经济学院博士研究生，主要研究方向为城市经济学、消费经济学；唐湘，西南财经大学经济学院硕士研究生，主要研究方向为数字经济、收入分配。

1. 逐渐放开阶段（1984~2002年）

1984年开始，允许农民进入县城以下的城镇、集镇务工经商，公民身份管理和粮食供给体制的改革也方便了人口流动。20世纪90年代后，流动人口数量快速增长。在这个阶段，人口流动政策有一定程度的放宽，但程度十分有限，且主要由中央政府自上而下推动，地方政府对于支持人口流动的积极性不高。

2. 公平理念的提出及贯彻阶段（2003~2012年）

进入21世纪，公平对待流动人口的理念在这一时期被提出并加以贯彻，相关政策发生了一系列重要的变化。2006年，国务院出台第一个关于农民工问题的系统性文件《关于解决农民工问题的若干意见》，提出"公平对待、一视同仁"的基本原则。2012年5月，国务院印发《国家基本公共服务体系"十二五"规划》，流动人口享受均等化的基本公共服务有了制度保障。

3. 全面推进市民化阶段（党的十八大以来）

党的十八大报告提出"加快改革户籍制度，有序推进农业转移人口市民化，努力实现城镇基本公共服务常住人口全覆盖"。2014年3月，中共中央、国务院印发《国家新型城镇化规划（2014—2020年）》。随后国务院印发《关于进一步做好为农民工服务工作的意见》和《关于进一步推进户籍制度改革的意见》，解决流动人口问题的政策框架越发清晰，流动人口的获得感、幸福感日益增强。党的十九大报告进一步强调破除阻碍人口流动的壁垒，促进市民化的发展，特别要求"破除妨碍劳动力、人才社会性流动的体制机制弊端，使人人都有通过辛勤劳动实现自身发展的机会"。

（二）我国流动人口的特征

流动人口包括寄居人口、暂住人口、旅客登记人口和在途人口。在建筑、运输等部门做临时工的外地民工，进城经商、办企业、就学或从事各种第三产业劳动的外地人口，探亲访友人员，以及来自外地参加各种会议、展览、购货、旅游的人员，都构成了流动人口。我国流动人口具有以下五大特征。

1. 流动人口规模在经历长期快速增长后开始进入调整期

在 20 世纪 80 年代初期至 90 年代初期，随着《关于农民进入集镇落户问题的通知》的发布，国家放宽了对农村人口进入中小城镇就业生活的限制，促进了农村人口的乡城转移，我国流动人口规模从 1982 年的 657 万人增加至 1990 年的 2135 万人，年均增长约 16%。在 1990~2010 年，流动人口规模以更快的速度增长，从 1990 年的 2135 万人增加至 2010 年的 22143 万人，年均增长约 12%。2010~2015 年的流动人口增长速度明显下降，年均增长约 2%。从 2015 年开始，流动人口规模出现新的变化，全国流动人口规模从此前的持续上升转为缓慢下降。2015 年国家统计局公布全国流动人口总量为 2.47 亿人，比 2014 年下降了约 600 万人；2016 年全国流动人口规模比 2015 年减少了 171 万人，2017 年继续减少了 82 万人（见图 5 - 1）。

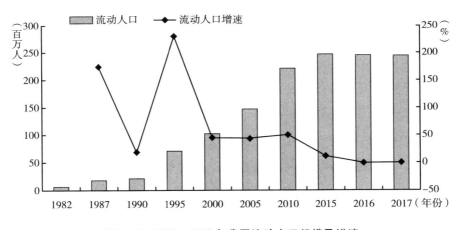

图 5 - 1　1982~2017 年我国流动人口规模及增速

资料来源：国家统计局。

2. 东部地区依然是流动人口最集中的地方

东部地区依然是流动人口最集中的地方，其中上海、广州、深圳、北京等经济最发达城市是流动人口最多的城市。在 2019 年，全国各大城市人口流动量较大，北上广深依旧位居前列，其中以上海最为突出，为 972.69 万人，排名第一，广州（967.33 万人）排名第二，深圳（818.11 万人）排名第三，之后依次是北京、苏州、天津、杭州、成都、宁波、东莞（见图 5-2）。按流动人口的区域分布可以看出，在 2015 年，东部流动人口占据总流动人口的74.70%，西部地区次之，占比为 16.60%，中部和东北的比例为 8.70%，占比最低（见图 5-3）。

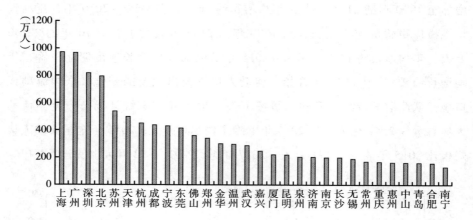

图 5-2　2019 年我国流动人口规模排名前 30 城市

资料来源：国家统计局。

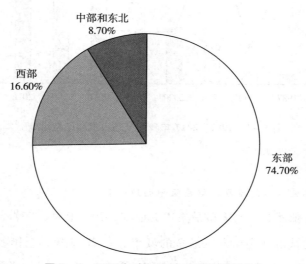

图 5-3　2015 年我国流动人口的区域分布

资料来源：国家统计局。

3. 流动人口内部结构发生了明显的变化

流动人口内部结构在 10 年内发生了明显的变化，但随着我国城镇化进程的不断推进，人口从农村到城市的流动仍是主要流动趋势。按照户口性质和居住地城乡类型，可以将流动人口分为乡城流动人口、乡乡流动人口、城城流动人口和城乡流动人口。统计结果显示：2010 年在全部流动人口中，乡城流动人口所占比例最高，占到全部流动人口的 63.30%，是流动人口的主体；其次为城城流动人口，占 21.16%；此外，乡乡流动人口占 12.69%，城乡流动人口占 2.85%（见图 5 - 4）。与 2000 年第五次全国人口普查数据进行比较，我们可以发现，10 年来乡城流动人口占全部流动人口的比例上升了 11 个百分点左右，城城流动人口所占比例保持平衡，乡乡流动和城乡流动人口则有明显下降，都降低了 6 个百分点左右。这样的比例变化说明流动人口内部结构在 10 年内发生了明显的变化。

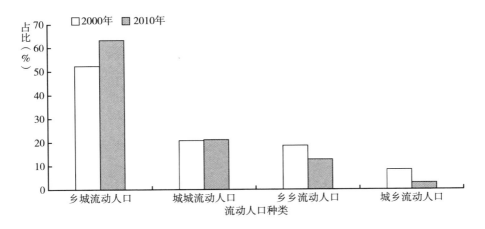

图 5 - 4　2000 年和 2010 年我国四类流动人口构成变化

资料来源：第五次和第六次全国人口普查数据。

4. 省内流动人口是流动人口的主力人群

省内流动人口是流动人口的主力人群，跨省流动的人群主要选择东部地区作为流入地。第七次全国人口普查数据显示：省内流动人口为 2.51 亿人，比 2010 年增加 1.16 亿人，增长 85.93%；跨省流动人口为 1.25 亿人，比 2010

年增加 3896 万人，增长 45.28%，其中东部地区吸纳跨省流动人口 9181 万人，占比达到 73.45%，中部地区吸纳 955 万人，占比是 7.64%，西部地区吸纳 1880 万人，占比为 15.04%，东北地区吸纳 468 万人，占比为 3.74%。

5. 流动人口平均年龄呈持续上升趋势

我国流动人口平均年龄呈持续上升趋势，其中老年流动人口占总流动人口的比例增加，儿童流动人口占比降低。我国流动人口的平均年龄从 2011 年的 27.3 岁升至 2016 年的 29.8 岁。近年来我国新生代流动人口的比重不断上升，2016 年已达 64.7%，新生代流动人口成为流动人口中的主力军。其中"80 后"流动人口比重由 2011 年的不足 50% 升至 2016 年的 56.5%；"90 后"流动人口的比重由 2013 年的 14.5% 升至 2016 年的 18.7%。老年流动人口占总流动人口的比例从 2000 年的 4.92% 增加至 2015 年的 5.28%，而儿童流动人口比例从 2000 年的 19.37% 下降至 2015 年的 13.87%。老年流动人口规模从 2000 年的 503 万人增加至 2015 年的 1304 万人，年均增长 6.6%。流动儿童人口 2000~2010 年继续快速增加，2010 年增加至 3581 万人，增幅高达 40% 以上，全国儿童中流动儿童的占比上升至 12.8%。而 2015 年流动儿童规模较 2010 年下降了 155 万人，降幅为 4.3%，但全国儿童中流动儿童的占比基本保持不变（见图 5-5）。

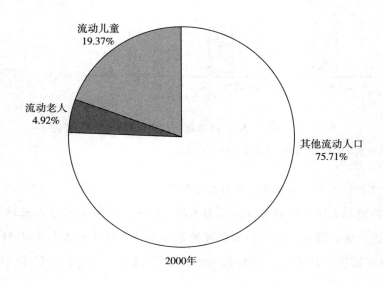

2000年

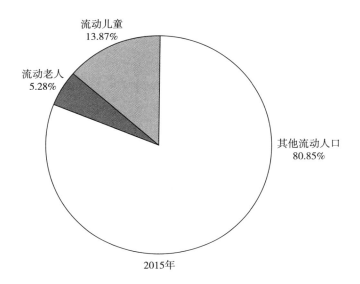

流动儿童
13.87%

流动老人
5.28%

其他流动人口
80.85%

2015年

图 5-5 2000 年和 2015 年我国流动老人、儿童和其他流动人口比例

资料来源：国家统计局。

（三）我国流动人口的失业状况

我国流动人口的规模在持续增长，特别是流动劳动力已经成为城市就业市场上非常重要的组成部分。寻求更好的职业和发展机会、获得更高的收入和生活质量，是我国人口流动的最重要的动因[1]。但近年来，流动人口的失业现象日益增多。

1. 流动人口的失业率低于户籍人口的失业率

根据国家统计局的 2015 年全国 1% 人口抽样调查数据，2015 年全国流动人口的失业率为 4.94%，就业率为 95.06%。横向比较而言，流动人口的失业率要低于户籍人口，后者的失业率为 7.47%，就业率为 92.53%。这可能存在以下三个原因：一是流动的选择性，流动人口本身年龄、受教育程度和技能方面都有着明显的选择性，拥有较高人力资本的人口更容易流动，所以这个群体的整体失业率会相对较低；二是劳动力的流动性，对流动人口而言，如果出现失业的状况，就会有部分人返回流出地，结束流动状态；三是劳动力市场的分割，许多流动人口所从事的工作都是次级劳动力市场上的工作，这是许多户籍人口不愿从事的工作，所以流动人口的失业率会低于户籍人口。

2. 不同个体特征下的流动人口失业率差异

根据国家统计局的 2015 年全国 1% 人口抽样调查数据，流动人口失业率的个体特征如表 5-1 所示。在个人特征方面，相较于男性流动人口，女性流动人口失业的风险更高。失业率与年龄呈现出 "U形" 关系，拐点在 40 岁左右。并且，在婚状态的流动人口要比其他状态下的失业率更低，提高受教育水平也会降低流动人口失业的概率。相较于其他学历的流动人口，大学及以上学历流动劳动力的失业率更低。

表 5-1　不同个体特征下的流动劳动力失业率

个体特征	分类	流动劳动力的失业率（%）
性别	男	3.65
	女	6.88
年龄	16~29 岁	5.94
	30~49 岁	4.33
	50 岁及以上	6.88
民族	汉族	4.86
	少数民族	5.92
婚姻状况	在婚者	4.86
	未婚、离婚或丧偶者	5.34
受教育程度	小学及以下	6.03
	初中	4.83
	中职	4.58
	高中	5.35
	大学及以上	4.30

资料来源：国家统计局的 2015 年全国 1% 人口抽样调查数据。

3. 不同流出地和流入地特征下的流动人口失业率差异

在流出地的特征方面，流出地的城乡类型和流动者在流出地是否还有土地承包权，都会造成人口失业率的差异。流出地是农村的流动人口的失业率要比流出地是城镇的流动人口低 36 个百分点，造成这一结果的原因可能有两种。一是城镇流动者对就业条件的要求比较高，二是农村流动者可以通过回到流出地从事农业劳动而结束失业状态。在流出地拥有土地承包权的流动劳动力，他们的失业率比其他劳动力低 18 个百分点。这可能是因为那些在流出地没有土地承包权或者失去土地承包权的流动人口没有土地作为最后的保障，很难再通过回到流出地而结束失业状态。

在流入地的特征方面，流入地的区域位置和城市级别都会造成流动人口失业率的差异。与流入地位于东部地区的流动人口相比，流入地位于中部地区的流动人口失业率要高 17 个百分点，流入地位于西部地区的劳动力的失业率则要高出 20 个百分点。东部地区的经济发展程度比较高，经济活力更强，经济形式较为丰富，所提供岗位的数量和种类也更多，所以流动人口的失业率更低。与流入地位于县级市的流动人口失业率相比，流入地位于东部地区的流动人口失业率要低 36 个百分点，而流入地为地级市的流动人口与流入地为直辖市或副省级城市的流动人口失业率基本没有差异。经济发达、城市规模大，都能形成巨大的拉力因素，吸引流动人口流入就业，都能有效降低流动人口的失业率。

4. 不同流动特征下的流动人口失业率差异

在流动特征方面，流动距离、流动原因和流动时间都对流动人口的失业率造成影响。相较于跨省流动的流动人口，省内跨市流动、市内跨区县流动和区县内流动的劳动力的失业率要分别高出 7 个百分点、7 个百分点和 15 个百分点。这可能与迁移的成本有关，由于长距离的迁移需要付出更多的成本，劳动力在迁移前都会做出慎重的考虑，往往在有确定的工作机会和一定的工作规划的前提下，才会做出长距离迁移的决策，因此他们迁移后的失业率会比较低。而短距离迁移的随机性和盲目性更大一些，往往失业率更高。与因经济原因产生流动的劳动力相比，因工作原因、住房原因和家庭原因发生流动的人口失业率分别高出 194 个百分点、390 个百分点和 530 个百分点。流动原因是工作原因的人群，往往人力资本更高且各项条件更符合就业的要求，就业的意愿也更强烈，因此他们的失业率也更低。在流动时间方面，与流动半年到一年的流动人口相比，流动时间为 3～5 年的迁移人口表现出较高的失业率。

二 气候变化对人口流动的影响及机制分析

（一）气候变化和人口流动的相关关系

根据人口分布模型[2]，本节论述了气候变化和人口流动的相关关系，如表 5-2 所示①。可以发现，目标年由于气候变化冲击而流动的总人口约为 1.9 亿人，占全国总人口的 14% 左右。人口迁出地区有 4 个，分别是环渤海地区、长三角地区、成熟工业基地地区和新型工业化地区。其中环渤海地区、成熟工业基地地区和新型工业化地区是主要的人口迁出省，迁出人口占全国总迁出的 99%。其余 4 个区域为人口迁入地区，其中东南沿海地区、能源基地和环境脆弱地区是主要的人口迁入地，迁入人口占到全国总迁入的 97%。从迁出迁入人口与区域人口的比例来看，东南沿海地区迁入的人口比例超过了本地区人口总量的 30%，而长三角地区和经典工业基地地区迁移的人口占本地区人口的比例很小，均不到 3%。其中长三角地区的比例最低，迁出人口只占到本地区人口的 0.36%。

表 5-2 分区域气候变化和人口流动的关系[3]

地区	基准年人口：2001~2012 年（万人）	目标年人口：2041~2060 年（万人）	目标年迁入人口（万人）	目标年迁移后人口（万人）	迁移比例（%）
环渤海地区	19133.48	18940.15	-2278.80	16661.35	-12.03
长三角地区	14802.82	14653.25	-53.90	14599.35	-0.37
东南沿海地区	14063.85	13921.74	4272.90	18194.64	30.69
能源基地地区	11606.82	11489.54	1333.50	12823.04	11.61
经典工业基地地区	10832.01	10722.55	249.30	10971.85	2.33
成熟工业基地	16678.36	16509.83	-2539.10	13970.73	-15.38
新型工业化地区	26453.28	26185.98	-4269.30	21916.68	-16.30
环境脆弱地区	16620.20	16452.26	3285.50	19737.76	19.97

资料来源：刘卫东、陈杰、唐志鹏等：《中国 2007 年 30 省区市区域间投入产出表编制理论与实践》，中国统计出版社，2012。

---

① 环渤海地区包括北京、天津、河北、山东；长三角地区包括上海、江苏、浙江；东南沿海地区包括福建、广东、海南；能源基地地区包括山西、内蒙古、陕西、新疆；经典工业基地地区包括辽宁、吉林、黑龙江；成熟工业基地地区包括湖北、重庆、四川；新型工业化地区包括安徽、江西、河南、湖南；环境脆弱地区包括广西、贵州、云南、甘肃、青海、宁夏。

气候变化不可避免地产生了人口流动，但这种由气候变化引起的跨地区人口流动会对社会及经济造成严重影响。虽然人们为了适应气候变化，离开环境恶化和农业不可持续发展地区是一种减缓环境压力的积极措施，但也不可避免地造成劳动力和资本的流失，阻碍了迁出地经济发展。同时，迁移人口不仅增加迁入地自然资源和环境压力，也会对当地的经济增长方式、基础设施、医疗条件等带来严重挑战，从而影响居民收入水平和福利状况[4]。更为严重的是，大规模人口迁移很可能显著地改变区域生态状况和经济水平，破坏区域均衡，引发新的社会问题，这部分社会问题也应得到重视。

（二）气候变化对人口流动的影响

近年来，气候变化导致的高温热浪、极端降水、持续干旱、台风等极端天气事件发生频率提高、灾害强度增加（见图 5-6），对人类行为特别是人口流动造成了极大影响。这一观点已得到多位学者的证实。早期关于气候变化对人类活动影响的研究主要是自然灾害和极端气候变化引发的人口流动，如地震、海啸、飓风、山洪、旱灾、雹灾、火灾、核辐射等[5]。然而，当前学界开始研究"气候移民"问题，即气候变化引发的人口流动[6]，相对于早期的极端天气变化而引起人口流动，缓慢、渐变式的气候变化对人类行为的影响是不同的，因此气候移民逐渐成为近来的研究重点。如气温变化对不同收入水平国家人口流动的影响[7]、降水量变化对国际人口流动的影响等[8]。

1. 气温变化对人口流动的影响

已有文献表明气温变化与人口流动存在紧密联系，但学者们的研究结果存在差异。绝大部分学者认为气温变化与人口流动存在线性关系。董文丽和李王鸣（2017）认为严寒地区的人们更有向城市地区流动的趋势，即气温条件好的城市地区吸引着更多的人口[9]。卢洪友等（2017）研究表明，气温变化与人口流动具有线性正相关关系，气温每上升 1℃，流动人口占比平均上涨 0.46%[10]。类似的，Mueller 等（2014）在研究非洲东部人口流动问题时发现，气温偏离平均气温每增加 1 个标准单位，人口净迁出率平均下降 10%[11]。部分学者则认为气温变化存在线性负相关关系。王春超和王志文（2018）研究结果表明，气温变化与城市人口流动的关系取决于城市是否为

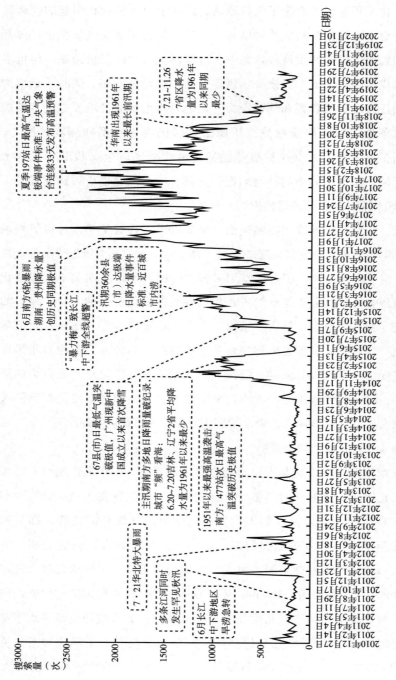

图5-6 我国极端天气事件百度搜索指数（2010~2020年）

粮食主产区。具体来说，粮食主产区的气温变化与流动人口占比呈显著负相关关系，而在非粮食主产区呈显著正相关关系[12]。这一结论与 Cai 等（2016）研究结果基本吻合，在农业为主的国家，气温上升会导致人口流出，流动人口占比下降[13]。还有部分国外学者认为气温变化对人口流动的影响不是简单的线性关系，而是非线性的，如 Bohra-Mishra 等（2014）发现在印度尼西亚，气候变化与人口流动间存在非线性负相关关系，当气温超过25℃时，气温的上升会导致人口流出的显著增加[14]。

2. 降水量变化对人口流动的影响

降水量变化对人口流动也存在重要影响。部分学者认为降水量与人口流动紧密相关，其中部分学者认为降水量变化与人口流动呈正相关关系，如：温小洁等（2018）指出，降水条件良好的地区植被生长及修复能力较强，会促进人口聚集[15]；Abel 等（2019）则认为降水量的增加会减少社会冲突，减少城市人口的流出[16]。但部分学者却得出降水量变化与人口流动呈负相关关系的结论，如：Barrios 等（2006）发现在撒哈拉以南的非洲，降水量的增加不利于人口向城市的流入[17]；Mueller 等（2020）同样发现，在非洲东部降水量平均每增加 1 个标准单位，城市人口净迁出率平均上涨10%[18]。此外，降水量变化与人口流动间存在非线性关系的假设也被学者提出并印证。鄢姣和胡必亮（2018）在研究降雨量与城镇化率的关系中发现，降雨量变化与人口流动间并非简单的线性关系，而是 U 形非线性关系：随着降雨量的增加，城镇人口流动呈现先减后增的趋势[19]。

（三）气候变化对人口流动影响的机制分析

在我国，气候移民是融合了扶贫、防灾、生态环境保护等的多目标行动。一方面，迁移可以规避气候变化对生命财产的危害。另一方面，迁移改善了受影响人口的生产生活条件与发展。研究发现，实施气候变化相关移民工程后，移民生活条件和生活环境都得到较大改善，并且迁出地的环境压力也得到有效减缓，实现了经济、环境和社会效益的增加[20]。减缓或适应气候变化工程措施引起的非自愿移民同样可以实现经济发展[21]。气候变化可以通过多种机制对人们的迁移行为产生影响，以往文献大多从以下几个角度进行讨论。

1. 气候变化对健康的影响

世界卫生组织（WHO）2014 年的报告指出，2030~2050 年气候变化对全球健康造成的直接经济损失预计为每年 20 亿~40 亿美元，引致的超额死亡人数预计可达 25 万人[22]。我国特殊的地理条件和经济发展阶段决定了将受到较大的气候变化对人体健康的影响。1951~2017 年我国地面平均气温升高约为 0.24℃/年，超过了全球平均变暖的速度；2017 年我国的平均降水量为 641.3 毫米，比往年增多 1.8%[23]。除温度升高、降水异常之外，气候变化还导致了中国北方和西南干旱加剧、登陆台风增强、南方寒潮雪灾增多以及空气污染加重等问题。

随着气候变暖不断加剧，气候变化对人体健康的影响受到越来越广泛的关注。气候变化对健康的直接影响指的是气候变化直接造成风暴、干旱、洪水和热浪等灾害所造成的健康影响，间接影响则指气候变化通过影响水质、空气质量、土地利用、生态环境等因素间接造成的健康影响[24]。上述气候变化的表现形式都将通过人群不同的社会状况（如年龄、性别、健康状况等）对人群产生不同的健康影响，如心理疾病、健康不良、过敏、心血管疾病、传染病、伤病、呼吸系统疾病和中毒等。Graff 等（2018）研究发现温度的变化会造成儿童的数学认知能力和潜在成就下降[25]。李树生等（2013）发现人口死亡率与温度变化的关系曲线呈 U 形，进一步说明了极端天气会提高当地居民的死亡率[26]。气候变化会使部分疾病蔓延，对人体健康造成伤害[27]。人们往往会选择迁往极端天气更少的地区，来降低对身体健康的影响。Roback（1982）认为阴雨气候多的地区会造成风湿等疾病，购房者普遍愿意为了迁移到阴雨天气少的地段支付更多的费用[28]。并且，收入水平较高的人们比贫困群体对气候变化更为敏感，因为贫困限制了低收入群体的迁移能力。

2. 气候变化对粮食安全的影响

粮食系统是一个集粮食生产、消费、流通和贸易等各个环节于一体的链状组织体系，也是受气候变化影响最为敏感和脆弱的系统。以气候趋暖性、气候波动性、气候极端性和气候治理复杂性为主要特征的气候变化过程，提高了农业资源分布的不均衡性、粮食增产的不稳定性、粮食生产的高风险性以及粮食安全的不确定性，对粮食生产、消费、流通和贸易全产业链构成威胁，气候变化对粮食安全带来了严峻的挑战。

气候变化引发的水资源短缺以及极端天气现象的发生，对于农业的稳定发展有着不利的影响。而我国的东北以及华北地区部分农作物的产量由于气候在气温、降水以及太阳辐射上面的改变而有着明显的下降。首先，气候变暖的趋向提高了农业资源的不均衡性。气候变暖加剧了区域热量资源分布不均衡，使喜温作物的种植界限北移东扩，增加了晚熟农作物的种植面积，改变了区域农作物的种植结构[29]。其次，气候变化的波动提高了粮食产量的不稳定性。预计到 2030 年，气候变化的波动会造成水稻、小麦和玉米的产量分别减少5.6%、5.0% 和 5.1%[30]。最后，极端的气候变化提高了粮食生产的高风险性。气候变暖的非均匀很容易引起温度、降水等气象因素在一定时间尺度上发生的不同于气候系统平均状态的气候突变，这种区域异质性的极化现象，往往会导致极端气候事件发生，形成旱时更旱、涝时更涝的不利局面。仅长江流域在2003 年的水稻热害发生年，经济损失就达近百亿元[31]。

气候变化已导致我国水资源短缺和粮食产量降低，甚至还会导致病虫害恶化，西部一些干旱地区的特定社区甚至可能会面临饥饿问题，这些问题加剧了该地区的粮食安全问题，会使人们选择迁至粮食安全有所保障的地区[32]。并且，气候变化会导致农业耕作环境恶化，使粮食产量大不如前，从而使当地人民为保障基本生活和收入水平，做出迁移的决策[33]。

3. 气候变化对经济发展的影响

随着我国工业化水平的不断提高和城市化建设的极速推进，以及煤炭资源的大量消耗，气候持续变暖、极端天气频繁出现。一方面，我国作为碳排放大国，积极进行能源转型、产业结构升级和低碳经济的发展，这会导致劳动力从第二产业向第三产业的大规模流动，从经济衰弱地区向经济发达地区流动。当居民暴露在极高温度下时，居民的幸福感急剧下降[34]，人们为了维持效用水平也会选择向温度舒适的地区迁移。气候变化可能导致社会隔阂、竞争、争执等，或是造成瘟疫快速传播，使社会陷入混乱，从而导致人口迁移，往往这种迁移都是由政府主导推动的[35]。另一方面，长期的气候变化对于原生地区的产业会造成破坏性的影响，对当地居民的收入水平造成影响，迫使居民通过迁移来规避收入下降的风险[36]。并且，气温变化会影响生产率，当一个国家或地区的气温超过历史平均气温时，其生产率就会随着气温的上升而下降，使该地区人们的收入水平下降[37]。Zhang 等（2018）基于中国 50万家制造业企业的数据，发现气温和企业生产率之间存在倒 U 形关系，预计气候变化将使中国制造业产出每年减少 12%，相当于仅 2007 年由于气候变化造成的损失就达到 395 亿美元[38]。Burke 等（2015）研究发现气温变化会对生产率造成非线性影响，且在经济富裕国家和贫穷国家有所差异[39]。

三　气候移民的影响及应对措施

（一）气候移民的形成及分布

气候变化对人口流动的影响造成了气候移民的产生。2011 年 3 月，亚洲开发银行在《亚洲和太平洋地区气候变化与移民》中指出，未来亚太地区将大量出现"气候移民"，这是"气候移民"这个概念第一次出现在大众视野[40]。毛颖洁（2014）将其定义为由海平面上升、极端天气事件频发、旱灾和水资源短缺引起的环境缓慢性或突发性的变化导致原居住地不再适合人类生存，自愿或者被迫暂时性或永久性离开原居住地的人[41]。Kalin（2010）按气候变化类型将气候移民分为突发气候变化（洪涝、台风）导致的移民与渐进气候变化（干旱、海平面上升）导致的移民[42]。

在气候移民的产生过程中，有很多非气候因素也在发挥作用，多种因素的叠加驱使人们迁移。其中经济因素和政治因素也是造成气候移民的重要原因。一方面，地区发展和收入差距吸引移民迁出。迁入目的地的经济发展水平较高，基础设施相对完善，劳动力市场受气候变化影响较小且更稳定，能够提供更多的工作机会和更高的薪酬水平，这是吸引人口迁移的动力。另一方面，国家政府的政策支持移民迁出。由于气候的突然或渐进性变化，生态环境遭到破坏，无法支撑人类生存发展，使人们难以维持生计。为抵御这些不利影响，保卫人们的生命财产安全，需要保护生态环境，由政府主导出台政策进行移民，比如我国西部地区已经实施了 20 余年的生态移民工程。

尽管气候变化引起的人口流动形成一种新的迁移类别——气候移民，并且气候变化在其中发挥越来越重要的作用，但气候因素无法从经济因素和政治因素中被完全分离出来。然而，在突发性气候变化（如自然灾害）导致的迁移中，气候驱动因素更容易被分离出来，可以用来评估气候移民的数量和占比。

联合国数据显示国际移民人数约为 2.14 亿人，占世界人口的 3.1%。并且，《2009 年人类发展报告》指出约有 7.4 亿人选择在国内流动，几乎占世界人口的 11%。在 2010 ~ 2011 年，亚洲极端天气造成超过 4200 万人的流动人口，远远超过全球任何其他区域。并且，因为亚洲沿海特大城市将承受气候变化带来的周期性洪水，这类气候移民可能会随着时间的推移而增长。在 2011 年，东亚、东南亚、南亚、中亚和西亚的气候移民数量分别为 380 万、340 万、350 万和 9000 人，其中东亚，东南亚，南亚、中亚和西亚各约占亚洲气候移民数量的 1/3（见图 5 - 7）。与此同时，由于降水量变化或海平面上升等缓慢的气候变化因素，流动人口大幅增加。

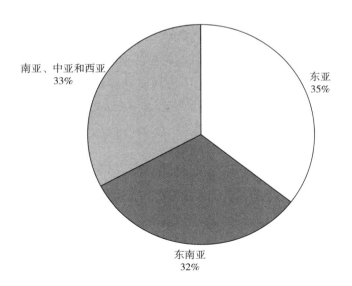

图 5 - 7　2011 年亚洲由极端天气造成的气候移民分布

资料来源：流离失所监测中心数据。

（二）气候移民对迁入地和迁出地的影响

人口迁移带来了一系列的社会管理等问题，对移民迁入地与迁出地有错综复杂的影响。一方面，气候移民为迁入地提供了丰富廉价的劳动力，弥补了劳动力的不足，有利于促进迁入地的经济发展，不同地区的人带来了不同的生活习惯和文化背景，迁移人口具有文化优势，有利于文化的交流与传播，促进城市化的进程。另一方面，Findlay（2011）的研究指出，与气候有关乡－城移民的增加可能超过大城市提供基本服务如医疗、教育、公共安全的能力[43]。大量移民涌入对迁入地社会治安造成威胁，给迁入地人口、资源、环境带来巨大压力。人口密度增加可能减少迁入地的就业机会，并且给迁入地的交通和教育等各种基础设施建设带来巨大挑战。此外，还会加剧社会矛盾冲突，造成迁入地生态环境的恶化循环，加大环境治理的压力，可能导致二次移民。

气候移民大多会给迁出地的环境带来正面影响，人口的外迁减轻了对环境的压力，有助于环境的恢复。并且，Stanley 等（2016）研究发现，来自移民家庭成员的汇款可能放松资本限制，而且汇款是一种重要的将移民和农业适应性相连接的机制[44]。移民家庭能采用更多的适应性措施来应对气候变化。Raphael 等（2015）认为，家庭和社区层面的社交网络抑制了气候变化对于农村墨西哥国际移民的影响[45]。其通过研究 1986~1999 年气候变化对国际移民的影响，发现在社区层面，有移民经验的成年人比例越高，越能减缓气候引发的迁移可能性，这表明有经验的成年人移民可以促进当地适应气候变化。

（三）我国应对气候移民的政策建议

为应对气候移民这一新兴问题，2012 年以来，我国制定并公布了《国家应对气候变化规划（2014—2020 年）》《国家适应气候变化战略》《"十三五"控制温室气体排放工作方案》等重大战略性文件，同时在党的十九大报告中系统地阐述了我国应对气候变化的任务，即要在经济社会发展、环境保护和生态文明建设中着重关注和应对气候变化问题。

随着我国人口和经济总量的不断增长，人口、基础设施、农作物、工厂等承灾体的暴露度不断增大。虽然我国经济发展迅速，但作为发展中国家，与发达国家相比，整个社会的防灾减灾意识和基础仍较为薄弱，再加上人口的快速老龄化、产业结构不断升级以及高速的城镇化，气候移民对经济发展和社会公平造成的影响更加显著，亟待制定科学系统的应对措施。

第一，社会经济活动排放温室气体导致大气中温室气体浓度增加，引起了以气温升高为主要特征的气候变化，城市人口和产业聚集加剧了温室气体的排放，导致城市局部气温的明显升高。为减缓气温升高对人口流动的抑制作用，应建立覆盖所有地区的温室气体排放监测和统计制度，因地制宜地建设温室气体排放管控和预警机制。基于东部和中部地区气温升高对人口流动抑制作用大于其他地区的结论，东部和中部地区城市更需要强化温室气体排放控制，实施低碳绿色经济发展战略，平衡好经济发展速度与环境质量改善之间的关系，从而推动经济高质量发展。

第二，中国是严重缺水的国家之一，不少地区存在资源性、工程性、水质性等缺水问题。中国西部地区荒漠化引发的缺水问题较为突出，降水量的不足抑制了西部地区的人口流入，严重制约西部地区经济发展。西部地区应着力提高沙漠科学治理水平，选取耐寒、耐旱、耐盐碱的植物种子开展人工造林种草，建设绿色沙漠屏障，改善土壤吸水蓄水能力，树立绿色发展理念，增强西部地区人口流入意愿，探索西部地区"生态和扶贫"双驱动的可持续发展之路。同时东部地区也应做好生态保护和修复工作，避免以牺牲生态环境为代价的经济发展。

第三，加大对西部地区生态环境治理的政策、资金支持力度，以减轻不利气候变化对西部地区人口流动的抑制作用，以防止大量"气候移民"现象的出现，创造条件承接东、中部地区产业转移，大力发展劳动密集型产业和资源密集型产业，实现劳动力资源的合理配置与回流，促进西部地区经济社会发展。

（四）应对气候移民中的国际合作

近年来，气候变化对人口流动影响所带来的后果，已经渗透到生活和生产的方方面面，严重影响了国民经济的平稳运行。气候变化对人口流动的影响会造成农业发展滞后、产业结构的调整和劳动力的流失等问题。并且，人口流动作为应对气候变化的适应性行为，如何降低或避免其对社会、经济和环境造成的不利影响，而起到福利改善作用，是各国都急需解决的问题。因此，各国需基于各自国情，展开国际合作，统一制定并切实执行污染国、受害国、地缘国及其他国家之间有差别的气候移民应对方案。

第一，继续推进新技术和可再生能源的使用，健全清洁发展机制，实现各国低碳运转模式。经济发展较好的国家不仅应基于自身地理情况、技术实力和经济发展水平，改善本国农业、工业、交通及废弃物处理等；还应在条件允许的情况下援助其他国家和地区转变经济增长方式，从而在全世界范围内实现低碳运转模式，从根本上减缓气候变化，改善生态环境。

第二，相关法律法规应加强对气候移民的保护。在现有的国际法律体系下，针对气候移民问题，无论是《国际难民多边条约》、《国际人权法》还是《联合国气候变化框架公约》等，都存在一定的适用障碍和缺陷，严重影响了气候移民的生存和发展。各国应重视气候移民问题，明确其法律地位。此外，各国应通过构建多边合作机制和双边合作机制，在全球范围和地区范围内寻求共同应对气候移民问题的方案。

第三，明确气候移民的保障范围，提高来源地或来源国的就地安置能力。气候移民保障范围的明确化与规范化，是有效开展移民安置与后续援助的重要前提。一定规模的气候移民有助于缓和来源地或来源国潜在的粮食、饮水及其他各类危险，但过度的气候移民可能造成来源地或来源国政治经济体系的全面崩溃。借助宣传气候灾害知识和构建技术教育抗灾文化，帮助居民掌握极端情况下的应对与逃离途径，尽可能预备与受气候变化影响人数一致的灾害预备资金和备用撤离地点等，建立由能够在气候灾害中迅速做出正确反应的诸多专家组成的紧急救助与灾害管理队伍，以便能够高效应对突发灾害，减少居民流动需求，改善过度移民的现状。

第四，提升接收移民区域或国家的应对能力。接收国应当通过建设基础设施与公共服务机制、发展信息技术、完善法规政策及储备相应建设性资源等，提供高密度人口维系基本生活条件的生态环境，全方位提高灾害救助能力，使迁入的人力资源充分发挥推进国民经济发展的积极效用。各地区需要逐步补充人口流动渠道和落实落户政策，以适应不断增多的气候移民。各国之间也应增加人口流动渠道，这符合合作共赢的目标，因为人力流动可以填补亚洲劳动力市场中的技能缺口。并且，各国还应促进移民汇款，这些汇款可以大大降低家庭脆弱性并增加生活保障，还可以为流动者提供很好的社会福利，来增强流动人口的幸福感。

第二节　气温与城市人口增长

自政府间气候变化专门委员会（IPCC）2007 年发布第四次评估报告以来，新的观测证据进一步证明，全球气候系统变暖是毋庸置疑的事实[46]。全球气候变暖也成为各界学者竞相关注的热点[47][48]。全球气候变化对自然生态系统和经济社会的影响正在加速，气温条件也越来越被认为是影响人类当前活动和未来决策的重要因素。同时，中国城市人口规模不断扩大带来的集聚效应是现代经济增长的动力[49]。城市人口规模与气温条件是否存在相关关系？气温是不是城市吸引外来人口的因素？人们会不会因为偏好更宜人的气温条件而选择来到城市居住？本节将关注气温与城市人口增长的关系，并利用工资、房价和人口增长的数据对两者之间的关系进行分解，评估生产力、宜居性和住房供给的相对贡献。

一　气温与城市人口增长的简单关系

中国由于地理因素关系，南北方气温差距较大，南方气温偏高而北方气温较低。图5－8对比了南方和北方在 2001～2018 年的平均城市人口①，可以看到，南北方城市人口差距明显。具体来说：南方的平均城市人口从

---

① 在本节的分析中，南方地区包括江苏省、安徽省、湖北省、重庆市、四川省、云南省、贵州省、湖南省、江西省、广西壮族自治区、广东省、福建省、浙江省、上海市、海南省，北方地区包括山东省、河南省、山西省、陕西省、甘肃省、青海省、新疆维吾尔自治区、河北省、天津市、北京市、内蒙古自治区、辽宁省、吉林省、黑龙江省、宁夏回族自治区。其余省份由于数据缺失，不在本节的讨论范围内。

2001 年的 421 万人增长至 2018 年的 485 万人，共增长 64 万人，增长率达 15.2%；北方的平均城市人口从 2001 年的 382 万人增长至 2018 年的 422 万人，共增长 40 万人，增长率达 10.5%。大体上而言，南方和北方的平均城市人口呈现稳定的增长态势，但南方平均城市人口的规模和增长量均大于北方。①

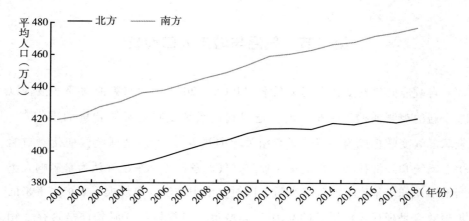

图 5 - 8   2001～2018 年中国南方和北方的平均城市人口数

为进一步展示南北城市的人口变动差异，图 5 - 9 显示了 2001～2017 年南方和北方的平均城市人口的增长率变动情况。可以发现，中国城市人口的增长率总体上正在缓慢下降②，但南北方城市人口变动趋势仍存在较大的差异。在大多数年份，南方平均城市人口的增长率都高于北方。具体来说，在

①　城市人口采用城市常住人口数量来衡量，而没有采用户籍人口。主要是因为对于某些大城市而言，户籍人口只能代表一部分长期居住的居民，例如 2015 年深圳市的户籍人口只占常住人口的 31%。因此，城市人口的理想测度变量是常住人口。现有人口资料来源于 2000 年第五次全国人口普查数据、2011～2014 年《中国区域经济统计年鉴》（对应的常住人口数据年份为 2010～2013 年）。为了满足本节的分析需要，参考雷潇雨和龚六堂（2014）[51] 的做法，首先计算出 2000 年、2010～2013 年的常住人口数与户籍人口数的比例（户籍人口资料来源于历年《中国城市统计年鉴》），其次对这一比例在 2001～2018 年做线性推算，由此计算得到每年的常住人口数与户籍人口数的比例，再乘以每年真实的户籍人口数，即得到构造的常住人口数据。后续若无特殊说明，有关城市人口的图表数据均与上述一致。需要说明的是，受限于数据可得性，本节的数据分析限定于 2001～2018 年这一时段。
②　需要注意的是，图 5 - 8 和图 5 - 9 显示人口变动的拐点大致在 2010 年。

2001～2017 年，南方城市人口的平均增长率为 0.833%，北方城市人口的平均增长率为 0.593%，二者之差达到 0.24 个百分点。更为重要的是，南方的平均城市人口增长率一直为正，尽管增长率从 2002 年城市人口增长高峰的 1.518% 一度下降至 2014 年的 0.321%。相比之下，北方平均城市人口的增长率也存在持续下降的趋势，且在 2012 年首次达到负值（ -0.122%），此后增长率围绕零值不断波动，在 2014 年、2016 年也出现过人口下降的情况。这一情况表明，在南方城市人口数量持续扩张的同时，北方城市人口增长几乎已经陷入了停滞。当然，这背后可能的解释是，在中国人口出生率持续走低的背景下，北方人口有向南迁出的倾向[50]。①

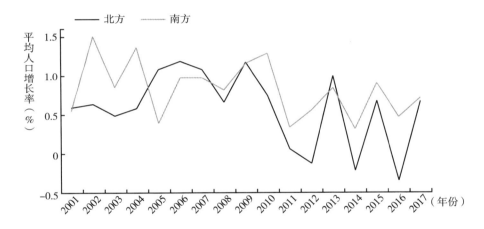

图 5 - 9　2001～2017 年中国南方和北方的平均城市人口增长率

　　南方城市的崛起是气温与城市人口增长之间存在普遍关联的重要表现。本节将考虑三种不同的气温指标：一是年度气温，表示全年的平均气温；二是 1 月气温，表示冬季的平均气温；三是 7 月气温，表示夏季的平均气温。三种气温指标都能在某种程度上捕捉城市的气温条件，为分析气温与城市人口增长的关系提供了丰富的证据。

---

　　①　值得一提的是，随着改革开放，尤其是随着中国在 20 世纪 90 年代加入了全球化的进程，中国的经济中心也由北方转向了南方。

　　图5-10展示了中国南方城市和北方城市在2001~2018年的年度气温。一方面，南方城市的年度气温明显高于北方城市。另一方面，南方城市和北方城市年度气温的变化趋势较为一致，两者差距相对稳定。南方城市在2001~2018年的平均年度气温为17.7℃，而北方城市在2001~2018年的平均年度气温为10.4℃，两者的平均年度气温差为7.3℃。

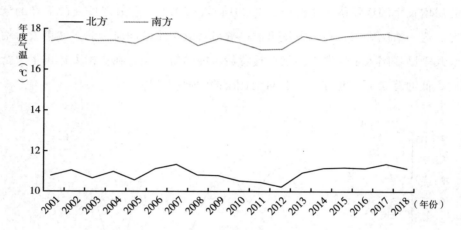

图5-10　2001~2018年中国南方城市和北方城市的年度气温

　　资料来源：国家气象科学数据共享服务平台-中国地面气候资料日值数据集（V3.0）。

　　后续若无特殊说明，有关城市气温的图表数据均来源于国家气象科学数据共享服务平台-中国地面气候资料日值数据集（V3.0）。

　　图5-11展示了南方城市和北方城市在2001~2018年的1月气温。南方城市与北方城市在冬季的气温差明显高于两者的年度气温差。南方城市在2001~2018年的平均1月气温为6.5℃，而北方城市在2001~2018年的平均1月气温为-6.1℃，两者之差达到12.6℃。北方城市更加寒冷的特性不仅表现于其年度气温显著低于南方城市，更为重要的是，北方城市1月气温与年度气温的差距同样远高于南方城市。具体来说，北方城市在2001~2018年的平均1月气温为-6.1℃，低于其平均年度气温16.5℃。相较之下，南方城市在2001~2018年的平均1月气温为6.5℃，低于其平均年度气温11.2℃。

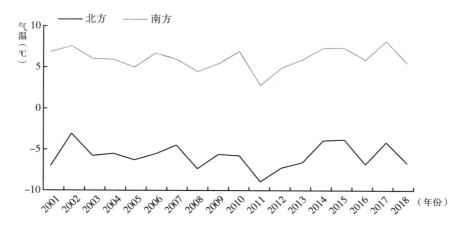

图 5 – 11　2001～2018 年中国南方城市和北方城市的 1 月气温

图 5 – 12 展示了南方城市和北方城市在 2001～2018 年的 7 月气温。与南北方城市在年度气温和 7 月气温上表现不同的是，南方城市与北方城市在 7 月气温这一指标上并没有表现出很大的差别。尽管南方城市的 7 月气温仍持续高于北方城市，但这一差距相对较小。具体来说，南方城市在 2001～2018 年的平均 7 月气温为 27.4℃，而北方城市在这一期间的平均 7 月气温为 24.4℃，两者之差仅为 3℃，远小于南北方在年度气温和 1 月气温上的差距。南北方冬季温差大而夏季的气温差异不大的原因主要跟我国的地理位置和南北不同气候特点有关。[①]

综合图 5 – 10、图 5 – 11 和图 5 – 12 的结果，可以看到，对于气温的任一指标，南方城市的平均气温均明显高于北方城市，其中南北方城市的 1 月气温差距最大，达到 12.6℃。与北方的冬天相比，南方的暖冬可能是南方城市人口快速增长的重要原因。上述关于南北方城市人口和气温条件的讨论为理解气温与城市人口增长的关系提供了初步证据。

---

① 在冬季，我国南方比北方的光照强度大，光照时间又长，盛行的偏北气流影响很小，这就造成北方和南方的气温相差很大；在夏季，虽然南方的光照强度比北方大，但是光照时间比北方短，而且盛行的东南季风，可以源源不断地吹到北方，这也就减小了两者的温差。因此夏天南方的气温差异很小。

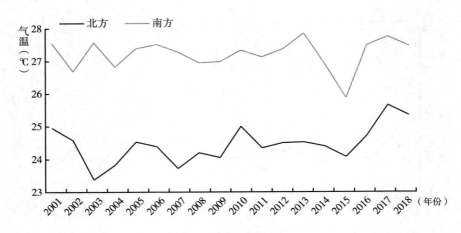

图 5-12　2001~2018 年中国南方城市和北方城市的 7 月气温

接下来以中国 283 个地级及以上城市①作为关注对象，进一步考察气温与城市人口增长的关系。图 5-13 显示了中国各城市于 2001~2018 年的人口增长与平均年度气温。在图 5-13 中，每一个空心圆均代表了一个城市，直线代表了平均年度气温与城市人口增长关系的拟合线。可以看到，拟合线向右上方倾斜，这意味着城市在 2001~2018 年的平均年度气温越高，其人口增长速度越快。图 5-14 显示了中国各城市于 2001~2018 年的人口增长与平均 1 月气温的关系。可以看到，拟合线向右上方倾斜，这意味着城市平均 1 月气温越高，其人口增长速度越快。图 5-15 显示了中国各城市于 2001~2018 年的人口增长与平均 7 月气温的关系。可以看到，拟合线向右上方倾斜，这意味着城市平均 7 月气温越高，其人口增长速度越快。由图 5-13~图 5-15 的结果可知，城市气温越高，其人口增长速度越快。尽管这种关系一定程度上归因于城市人口的自然增长②，但气温与城市人口增长的相关性仍是相当稳健的。

---

① 截至 2018 年底，中国有 338 个地级及以上城市（包括地级市、副省级市、直辖市）。本节使用的城市数据主要来源于《中国城市统计年鉴》，而《中国城市统计年鉴》的有效城市样本在本节具体的研究分析中仅为 283 个。因此，本节以 283 个地级及以上城市作为研究对象。
② 城市人口的自然增长指的是城市人口由出生和死亡因素的消长所导致的人口数量的绝对增长。

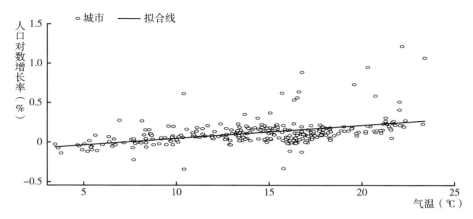

图 5 – 13   中国各城市平均年度气温与城市人口增长

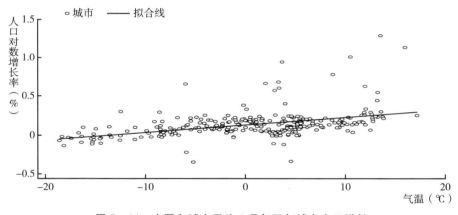

图 5 – 14   中国各城市平均 1 月气温与城市人口增长

综上而言，气温越高的城市，人口增长速度越快。但导致这种快速增长的原因却不清楚。根据城市经济学关于人口增长的经典模型[52]可知关于城市的人口增长有三种自然的解释。第一，城市可能更具备经济上的生产力。第二，城市可能成为一个更具吸引力的居住地。第三，城市可能提供更多的新住房。也就是说，城市人口的快速增长可以分解为三个因素：不断增长的生产力、对宜居要素需求的增加和更加灵活的住房供给。为了达到这一目的，后续的章节首先使用计量经济学的实证分析方法，探讨气温与城市人口、工资和房价变化的关系；然后根据实证分析得到的影响系数对气温与城市人口变化

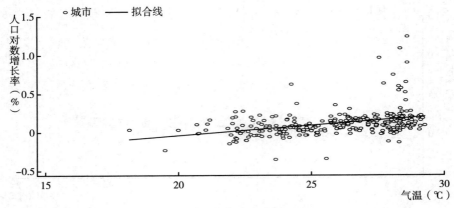

图 5-15　中国各城市平均 7 月气温与城市人口增长

的关系进行分析，估计气温对生产力、宜居要素和住房供给的影响；最后评估生产力、宜居要素和住房供给对城市人口增长的相对贡献。[①]

二　气温与城市人口、工资和房价变化

本节将讨论气温与城市人口、工资和房价变化的关系。因此，本小节使用回归分析，分别考察三种气温指标对城市人口变化、工资变化和房价变化的影响。在实证方法的选择上，考虑到城市人口、工资和房价之间存在某种联系，使用似不相关回归[②]气温对城市人口、工资和房价变化的影响进行联合估计，以有效提高回归分析的效率和精确性。在实证模型的设定上，将回归样本限定在 283 个地级及以上城市，以城市在 2001~2018 年的人口、工资和房价的对数变化作为被解释变量，以三种不同的气温指标（使用2001~2018 年的平均值表示）作为解释变量进行分析。[③]

表 5-3 报告了气温对城市人口、工资和房价变化的影响。表 5-3 包含

---

① 这一方法的详细说明参见 Glaeser 和 Tobio（2008）。

② 似不相关回归，即各方程的变量之间没有内在联系，但各方程的扰动项之间存在相关性（刘超等，2021）[53]。

③ 城市工资资料来源于历年《中国城市统计年鉴》，使用职工平均工资来衡量。城市房价资料来源于 CEIC 中国经济数据库，根据地级市的住宅销售总额和住宅销售总面积两个指标，计算得到住房平均价格作为房价的代理变量。

四部分的回归结果，每一部分都代表了一个单独的回归，前三个回归分别考察了三种不同的气温指标对城市人口、工资和房价对数变化的影响，第四个回归同时考察了三种不同的气温指标对城市人口、工资和房价对数变化的影响。回归分析重点关注的是前三个回归的实证结果，也就是单变量的回归结果，而不是第四个回归部分中同时包含三个变量的回归结果。[①]

表 5 - 3　2001 ~ 2018 年气温对城市人口、工资和房价增长的影响

项目	对数变化		
	（1）人口	（2）工资	（3）房价
回归结果 1（考虑平均年度气温）			
影响系数	0.0170 ***	- 0.00959 ***	0.0438 ***
可决系数	0.2011	0.0493	0.2513
样本数（个）	283	283	283
回归结果 2（考虑平均 1 月气温）			
影响系数	0.00790 ***	- 0.00427 ***	0.0229 ***
可决系数	0.1789	0.0402	0.2819
样本数（个）	283	283	283
回归结果 3（考虑平均 7 月气温）			
影响系数	0.0235 ***	- 0.00733	0.0681 ***
可决系数	0.0964	0.0072	0.1520
样本数（个）	283	283	283
回归结果 4（同时考虑三种气温指标）			
影响系数（平均年度气温）	0.0409 ***	- 0.0698 ***	- 0.129 ***
影响系数（平均 1 月气温）	- 0.00999 *	0.0238 ***	0.0730 ***
影响系数（平均 7 月气温）	- 0.0120	0.0368 ***	0.0804 ***
可决系数	0.2101	0.0987	0.3381
样本数（个）	283	283	283

注：*** 、** 、* 分别表示该影响系数在 1% 、5% 、10% 的统计水平上是显著的。

　　首先，分析不同气温指标对城市人口变化的影响，表 5 - 3 第（1）列报告了相应的估计结果。回归结果 1 显示，城市在 2001 ~ 2018 年的平均年

---

① 当同时包含三种不同的气温指标时，由于各指标高度相关，多重共线性会导致系数的估计缺乏精度。

度气温每增加1℃，城市人口增长速度变快0.0170个对数点，影响系数为正且在1%的统计水平上显著。城市在2001~2018年的平均年度气温对城市人口增长率变化的解释作用超过了1/5。第二部分的回归结果显示，城市在2001~2018年的平均1月气温每增加1℃，城市人口增长速度变快0.00790个对数点。同样，影响系数为正且在1%的统计水平上显著。城市在2001~2018年的平均1月气温能够解释城市人口增长率变化的17.89%。第三部分的回归结果显示，城市在2001~2018年的平均7月气温每增加1℃，城市人口增长速度变快0.0235个对数点。这种关系在统计上显著，但只能解释9.64%的城市人口增长变化。综合前三个回归的结果可知，平均年度气温对城市人口增长的解释作用最大，但平均7月气温对城市人口增长的影响程度最大。第四部分的实证分析同时考虑了三种不同的气温指标，三个气温变量对城市人口变化的共同解释力达到21.01%。从影响系数来看，平均年度气温对城市人口增长的影响系数增加至0.0409，依然在1%的统计水平上显著。而平均1月气温和平均7月气温的影响系数的符号发生了改变，且显著性有所下降。具体来说，平均1月气温的影响系数变为-0.00999，仅在10%的统计水平上显著。平均7月气温的影响系数变为-0.0120，且在10%的统计水平上不显著。这个回归结果表明，在同时分析三种气温指标对城市人口变化的影响时，城市人口的增长主要与平均年度气温有关。

其次，分析不同气温指标对城市工资变化的影响，表5-3第（2）列给出了估计结果。回归结果1显示，城市在2001~2018年的平均年度气温每增加1℃，城市工资变化速度下降0.00959个对数点，影响系数为负且在1%的统计水平上显著。城市在2001~2018年的平均年度气温对城市工资率变化的解释作用仅为4.93%。回归结果2显示，城市在2001~2018年的平均1月气温每增加1℃，城市工资变动率下降0.427%，影响系数为负且在1%的统计水平上显著，平均1月气温仅能解释约4.02%的城市工资变化。第三部分回归结果表明，城市在2001~2018年的平均7月气温每增加1℃，城市工资下降0.733%，影响系数为负，但在10%的统计水平上不显著。平均 7 月气温对城市工资变化的解释作用不足 1% ，两者之间几乎没有相关性。综合前三个回归的结果可知，平均年度气温对城市工资的预测作用最强。在最后一部分的回归结果中，平均年度气温对城市工资变化的影响系数变大超过 7 倍，达到 - 0.0698，依然在 1% 的统计水平上显著。而平均 1 月气温和平均 7 月气温的影响系数的符号发生了改变，且显著性有所不同。具体来说，平均 1 月气温的影响系数变为 0.0238，在 1% 的统计水平上显著。平均 7 月气温的影响系数变为 0.0368，仍然在 1% 的统计水平上显著。这个回归结果表明，在多元分析中，平均年度气温是决定城市工资变化的主要力量，但三个气温变量对城市工资变化的解释力仅有 9.87%。值得一提的是，气温指标对城市工资变化的影响模式与城市人口变化几乎完全相反。一方面，在单变量回归中，不同气温指标对城市人口变化都呈现出正向的影响，而不同气温指标对城市工资变化则呈现出负向的影响。另一方面，在多变量回归中，平均年度气温与平均 1 (7) 月气温对城市人口、工资变化的影响呈现截然不同的方向。

最后，分析不同气温指标与城市房价变化的相关性，表 5 - 3 第 (3)列汇报了回归结果。第一个回归的结果显示，城市在 2001 ~ 2018 年的平均年度气温每增加 1℃，城市房价增长变快 0.0438 个对数点，影响系数为正且在 1% 的统计水平上显著。城市在 2001 ~ 2018 年的平均年度气温对城市房价变化的解释作用为 25.13%。第二个回归的结果显示，城市在 2001 ~ 2018 年的平均 1 月气温每增加 1℃，城市房价增长 2.29%，影响系数为正且在 1% 的统计水平上显著，平均 1 月气温能解释 28.19% 的城市间的房价变化差异。第三个回归的结果表明，城市在 2001 ~ 2018 年的平均 1 月气温每增加 1℃，城市房价增长 6.81%，影响系数依然为正且在 1% 的统计水平上显著。平均 7 月气温可以解释 15.20% 的城市工资变化。最后一个回归的结果显示，平均年度气温对城市房价变化的影响变为 - 0.129，仍在 1% 的统计水平显著。平均 1 月气温和平均 7 月气温的影响系数分别增加至 0.0730、0.0804，且依然在 1% 的统计水平上显著。同时，三个气温变量对城市间房价变化差异的解释力高达 33.81%。在多元分析中，平均 1 月气温和平均 7

月气温是导致城市房价快速上涨的主要因素。对比表5-3第（1）列和第（3）列的结果，可以发现：第一，在单变量回归中，气温升高与城市人口增长、房价增长均呈正相关；第二，在单变量回归中，平均7月气温的影响系数最大，平均年度气温次之，最后是平均1月气温；第三，在多变量回归中，平均年度气温对城市人口增长、房价增长的影响与平均1（7）月气温截然相反。

综合而言，从表5-3中可以发现，一方面，不同气温指标对城市人口、工资、房价变化的影响存在差异。进一步说，平均7月气温对城市人口和房价变化的影响最大，平均年度气温次之，平均1月气温的影响最小。而工资变化受到平均年度气温的影响最大，平均7月气温次之，平均1月气温最小。另一方面，不同气温指标对城市人口和房价变化均存在正面影响，而对城市工资变化均存在负面影响。这一结论进一步说明，不同气温指标捕捉的城市气温特征有所不同，导致得到的估计系数也不一致。具体而言：平均年度气温考虑的是一个城市全年的气温平均条件，不能反映某个时间节点上气温的独特条件；而平均1（7）月气温直接衡量一个城市冬（夏）季的气温条件，具有季节代表性。

三 生产力、宜居要素和住房供给变化

本节利用上一节中得到的回归系数[①]，估计气温对城市生产力、宜居要素和住房供给的影响，表5-4给出了结果。首先，分析平均年度气温与城市生产力、宜居要素和住房供给的关系。城市在2001~2018年的平均年度气温每增加1℃，城市生产力下降0.199%，但不显著。而平均年度气温越高的城市，宜居要素和住房供给的变化非常显著。具体来说，城市平均年度气温每增加1℃，宜居要素水平增加2.05%，住房供给水平下降12.4%。平均年度气温对城市住房供给的冲击明显大于生产力和宜居要素。

---

① 本小节使用的是表5-3单变量回归的估计结果，与 Glaeser 和 Tobio（2008）的理论方法保持一致。

表5-4 气温对城市生产力、宜居要素和住房供给的影响

气温指标	生产力	宜居要素	住房供给
平均年度气温	-0.00199	0.0205 ***	-0.124 ***
平均1月气温	-0.000802	0.0100 ***	-0.0651 ***
平均7月气温	0.00110	0.0244 ***	-0.188 ***

注：表中后三列数据分别代表气温冲击下城市生产力、宜居要素和住房供给的变化，由作者计算得到。具体计算方法和参数选择详见 Glaeser 和 Tobio（2008）。

其次，分析平均1月气温对城市生产力、宜居要素和住房供给的影响。同样可以发现，城市在2001~2018年的平均1月气温的增加并不会导致城市间的生产力存在显著差异。而平均1月气温越高的城市，宜居要素水平增长更快，住房供给水平增长则更慢。具体而言，城市平均1月气温每增加1℃，宜居要素水平增加1.00%，住房供给水平下降6.51%。与平均年度气温相比，平均1月气温对城市生产力、宜居要素和住房供给的影响力度明显下降，下降幅度达2倍左右，但其对住房供给的冲击作用仍然最大。

最后，讨论平均7月气温与城市生产力、宜居要素和住房供给的联系。与之前略有不同的是，城市在2001~2018年的平均7月气温每增加1℃，城市生产力变化增加0.00110个对数点，但仍然不显著。而不同平均7月气温的城市就宜居要素和住房供给的变化而言存在显著差异。具体来说，城市平均7月气温每增加1℃，宜居要素水平增加2.44%，住房供给水平下降18.8%。住房供给变化仍是受到城市平均7月气温冲击最大的方面。

综合表5-4的结果可知，一方面，气温条件不会导致城市间的生产力变化形成显著差异，另一方面，无论是哪种气温指标，气温越高的城市其宜居要素水平越高，住房供给水平越低，特别是，相较于平均年度气温和平均1月气温，平均7月气温对城市宜居要素和住房供给变化水平的冲击作用最为明显。

四 生产力、宜居要素和住房供给的相对贡献

前文通过实证发现三种不同的气温指标对城市人口增长均具有显著的正

向影响，平均年度气温、平均 1 月气温和平均 7 月气温的影响系数分别为
0.0170、0.00790 和 0.0235。本节将讨论生产力、宜居要素和住房供给在解
释城市人口增长方面的相对重要性，抑或是说，生产力、宜居要素和住房供
给对于解释气温条件导致的城市人口变化的相对贡献。相应的计算结果见表
5－5。需要说明的是，表 5－5 中每一格仅能代表相对意义上的贡献，即只
能判断生产力、宜居要素和住房供给哪一个更重要，其系数的绝对值并无实
际的意义。①

表 5－5　城市生产力、宜居要素和住房供给的相对贡献

气温指标	生产力（相对贡献）	宜居要素（相对贡献）	住房供给（相对贡献）
平均年度气温	－0.00199	0.0205	－0.124
平均 1 月气温	－0.000802	0.0100	－0.0651
平均 7 月气温	0.00110	0.0244	－0.188

注：表中系数值均由作者计算得到，具体计算方法详见 Glaeser 和 Tobio（2008）。

首先，讨论平均年度气温升高导致城市人口增加的情况。如表 5－5 第
1 行所示，生产力和住房供给的相对贡献的系数值均为负（－0.00199 和
－0.124），宜居要素相对贡献的系数值则为正（0.0205）。一方面，尽管住
房供给水平的变化对城市人口增长起到主要的阻碍作用，但宜居要素效应仍
然推动了城市人口的增加。这一结论表明，相较于住房供给，宜居要素在推
动城市人口变化方面起到主要的作用。另一方面，相较于住房供给和宜居要
素，生产力水平的变化对城市人口的作用微不足道。

其次，讨论平均 1 月气温与城市人口的关系。平均 1 月气温的分解模式
与平均年度气温类似。在表 5－5 第 2 行，生产力和住房供给的相对贡献的
系数值同样均为负（－0.000802 和 －0.0651），宜居要素相对贡献的系数值
则为正（0.0100）。同理，宜居要素水平的增长是平均 1 月气温冲击下城市

---

① 更具体地说，在表 5－5 的每一行中，我们分析的目的仅在于比较生产力相对贡献、宜居要
素相对贡献和住房供给相对贡献的大小，对其具体的系数值并不做分析。也就是说，我们
将表 5－5 的系数同时变化某一个乘数，并不会影响我们的分析。

人口增加的唯一原因。也就是说，宜居要素对城市人口增长的正面贡献超过了住房供给水平为城市人口变化带来的负面贡献。而生产力的相对贡献甚至不足住房供给的 1/80。

最后，再对平均 7 月气温与城市人口变化的关系进行分解。与平均年度气温和平均 1 月气温略有不同的是，生产力的提高推动了城市人口的增加，系数值为 0.00110。相较于生产力的相对贡献，宜居要素的系数值大约是生产力的 22 倍。这意味着宜居要素的增长比生产力的增长更为重要。值得注意的是，住房供给相对贡献的系数值为 - 0.188，对城市人口增长是阻碍作用。

总体而言，在考虑不同的气温指标时，生产力、宜居要素和住房供给的相对贡献呈现类似的模式。在气温相对温暖的城市，生产力的提高对城市人口增长的解释作用总是很小，而宜居要素效应和住房供给效应是城市人口变化的重要原因。进一步来说，宜居要素对城市人口变化的正面贡献超过了住房供给对城市人口变化的负面贡献，从而使温暖城市的人口数量得以增加。

五　城市人口增长的含义

本部分探究了气温与城市人口变化的关系。主要发现表明，更温暖的城市，人口增长速度更快。城市人口数量的增减变化，往往关联着这座城市的城市化进程速度和经济发展动向，更决定着一座城市在未来竞争中的造血能力与更新动力[54]。然而，人口快速增长的背后究竟传递着怎样的城市发展信息呢？总体来说，人口增量扩大是一座城市未来发展的核心要素条件之一[55]，人口增长对城市未来的发展，所形成的机遇是全面性的、综合性的。城市发展的关键在于人口的集聚和发展，人口增长能从三个层面带动城市经济发展。

首先，人口的增加意味着城市消费能力的增强和市场规模的扩大。过去特别强调城市对外市场占有率，即向外输出能力对城市发展具有决定意义，但随着国家城市化和城市大型化以及人均收入水平提高，当地化消费对城市发展发挥了越来越重要的积极作用，具有全球影响力的城市既是全球生产、贸易中心，也是全球消费中心。

其次，人口增长也意味着城市劳动力的供给增多，甚至高素质劳动力得到及时补充。在当前人口资源逐渐稀缺的背景下，一座城市能聚集更多人口，就意味着更多劳动力的补充并且这些新增人口总体在年龄和素质上存在优势。因此，从供给层面来看，人口大幅增长会为城市扩大再生产提供动力和条件。

最后，从预期角度看，实现大规模人口增加，意味着城市以人为中心的社会经济发展处在供、需两旺的茂盛状态，城市蕴含着巨大的潜在机会，非常有助于城市内外形成更加乐观的良好发展预期，更多人会更加坚信城市未来在全球和国家坐标上的地位更高、价值更大、机会更多。基于这样的预期，城市在人才吸引、资金吸引、产业吸引上也都将形成良性循环。

第三节　城市化和气候变化的关系

城市化是当前社会发展的必然趋势，不管是国际还是国内，当前城市化水平都得到极大的发展与提升，农村人口不断流向城市、城市迅速蔓延、工业与商业蓬勃发展等，城市化进程的推进已成为实现现代化发展与社会进步的必由之路。然而随着城市化的进一步发展，其对气候变化的负面影响逐渐显现，城市化深刻地影响着城市地区的大气环境、气温和降水等气候现象，导致了一系列气候异常，同时这些异常的气候变化也会反过来对城市的基础设施建设、能源供求、交通系统和产业发展等各方面产生作用，影响城市的日常生活与经济社会发展。气候变化成为城市可持续发展中不可忽视的因素。总之，城市化与气候变化之间相互作用、相互影响，处理二者之间的问题必须综合考虑二者之间的关系和作用机制。本节从这个角度出发，综合梳理了相关文献，得出二者之间的关系，并进一步对如何处理城市化造成的影响提出建议。

一　引言

城市化是当今人类社会发生的最为显著的变化之一，是人类经济社会发展的必然趋势和实现现代化的必由之路。城市化是一个长期发展的过程，在整个世界范围内，城市化进程仍然在持续推进，城市化水平得到极大进步。

从世界角度而言，城市化演进过程中主要表现出两个特征。

其一，当前世界整体城市化发展水平较高，推进城市化的实现成为国际发展趋势。多年来，世界各国一直致力于推进实现城市化进程，工业革命之后，经济的迅速增长推动着城市化实现飞跃发展，如今世界整体的城市化发展水平较高，城市化成为世界范围内发展的共同趋势。图 5-16 将世界银行的数据处理为图形之后从中可以明显发现，2019 年世界各国之间的城市化发展水平差异巨大，但总体而言发展水平较高且多数国家一直致力于进一步发展其城市化水平。联合国人居署发布的《2020 年世界城市报告》显示：未来 10 年，世界将进一步城市化，城市人口占全球人口的比例将从目前的 56.2% 发展到 2030 年的 60.4%[①]，世界城市化的持续推进是未来发展的必然趋势。

其二，世界城市化还具有很大的发展潜力。图 5-16 反映出世界各地的城市化发展水平存在显著的地区差异，非洲和部分亚洲地区的城市化水平不高，但其人口众多、经济体量大，城市化进程还有很大的发展空间，未来城市化率有待进一步提高。《2020 年世界城市报告》显示，未来 10 年，每个地区的城市化程度都将进一步加深，不过，已高度城市化地区的人口增长速度将放缓。96% 的城市增长将发生在东亚、南亚和非洲的欠发达地区，其中，印度、中国和尼日利亚这三个国家将占 2018～2050 年全球城市人口增长总数的 35%[②]。未来世界进一步发展城市化也会集中在这些发展中国家，其城市增长具有极大的活力与空间，城市化也具有很强的发展潜力。

从中国的状况而言，改革开放后，中国经济与工业化生产的极大发展，推动了城市化的迅速发展。从图 5-17 可以看到，中国常住人口城市化率水平快速发展并呈现不断上升的趋势，且已经超过城市化的世界平均标准。

[①]　中国城市规划学会：《重磅 | 2020 年世界城市报告出炉》，http：//www. planning. org. cn/news/view？id = 111，最后访问日期：2022 年 2 月 10 日。

[②]　中国城市规划学会：《重磅 | 2020 年世界城市报告出炉》，http：//www. planning. org. cn/news/view？id = 11142，最后访问日期：2022 年 2 月 10 日。

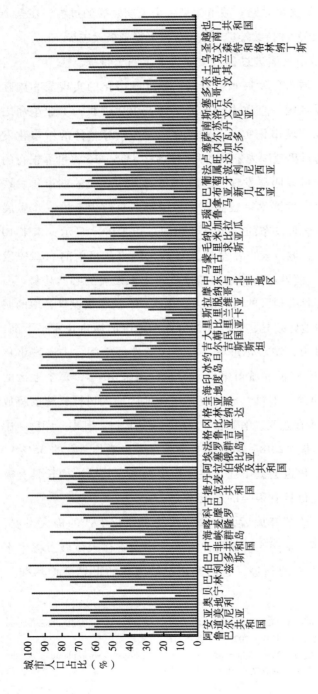

图 5-16 2019 年世界各国（地区）城市化水平

注：图中所示的数据为 2019 年世界主要国家城市人口占总人口的比重。

资料来源：World Bank。

根据第七次全国人口普查发布的数据，居住在城市的人口为 9.02 亿人，占 63.89%，与 2010 年相比，城市人口增加 2.36 亿人，城市人口比重上升 14.21 个百分点。就人口流动而言，2020 年，流向城市的人口为 3.31 亿人，占整个流动人口的比重达到 88.12%，比 2010 年提高了 3.85 个百分点①，中国的城市化水平得到极大的发展与进步并继续呈现上升的趋势。

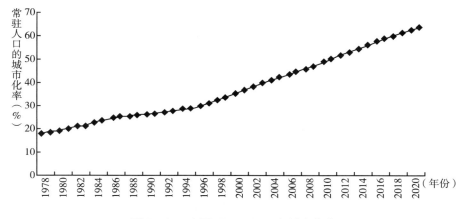

图 5 – 17　中国 1978 ~ 2020 年城市化率

资料来源：中国统计公报。

　　城市化是世界发展的必然趋势，也是中国发展的必然选择，当前世界城市化进程的不断推进、城市的蓬勃发展为各国经济的发展和社会的进步注入了源源不断的活力，然而城市化的全面推进也引发了一系列气候变化问题，对城市持续发展有着不可忽视的影响。近 100 年来，全球气候变化问题一直是国际社会的重点关注，也是各国学者的研究热点。联合国政府间气候变化专门委员会（IPCC）第三次评估报告指出，近 50 年来的全球气候变暖主要是由人类活动大量排放的二氧化碳等温室气体带来的增温效应造成的，城市化带动的城市大发展和城市人口大规模集聚，以及现代化生产生活方式对以传统农业为主的生产生活方式的替代，导致温室气体和污染物排放量快速增

---

① 国家统计局：《第七次全国人口普查公报》，国家统计局官网，http：//www.stats.gov.cn/tjsj/tjgb/rkpcgb/qgrkpcgb/202106/t20210628_ 1818826.html，最后访问日期：2022 年 2 月 10 日。

加、下垫面性质改变等都对气候变化产生了很大的影响。同时气候的变化也反过来影响城市居民的日常生产与生活以及城市的可持续发展。温度、降水、大气等气候要素的变化及变化引发的灾害对城市的经济发展以及社会生活都产生重要的作用，如何合理解决气候变化问题对于城市的长久发展有着举足轻重的影响。

总之，城市化的进一步推进与气候变化之间相互影响、相互作用，最终对城市整体的可持续发展有着重要影响，城市化与气候变化的关系对人类生存和发展至关重要。因此，回顾总结相关研究，探索二者之间的关系、内在的作用机制以及如何处理好二者之间的矛盾是本节研究的重点问题。同时，本文也希望通过厘清城市化与气候变化相互作用的影响机理，为进一步的研究工作和现实指导提供帮助。

二　城市化对气候变化的影响

20世纪50年代以来世界经历了快速的城市化，其大规模的城市增长是人类历史上前所未有的。然而城市化的迅速发展在推进城市经济发展与产业进步的同时，也带来了一系列的环境问题，对气候状况和人们的生产生活产生了重大影响。城市人口越聚集的地方，发生与气候相关的灾害风险的可能性就越高。东亚、南亚以及南非等人口众多的区域的灾害风险分数几乎接近最高水平，这初步证明了城市化发展与气候相关灾害之间的正向关系。下面将城市化引起的气候变化拆解为大气污染、气温上升以及对降水的影响等几个方面，从理论角度进一步分析城市化对气候变化的具体影响。

（一）大气污染

大气是人类赖以生存与发展的必要环境要素，近些年来随着我国经济快速发展与城市化进程的推进，过多的人类活动导致大量的污染物排入大气中，造成了严重的大气污染现象。图5-18和表5-6的结果统计了2018～2021年共38次观测的数据。数据结果显示，观测的PM2.5月平均浓度均值为40.37μg/m³，证明就中国整体而言，空气污染程度不高。但根据图5-18以及表5-6中方差、标准差以及极值的情况结合原数据可以知道：

在不同月份之间、城市之间的污染程度差异大，空气污染程度呈现出明显的异质性特征；在统计期限内共出现三次高峰，分别出现在 2018 年、2019 年以及 2020 年的 12 月，这显示出大气污染也受到一定的季节影响，污染最强的时候为 2019 年 12 月份，85μg/m³ 的浓度也说明了当前我国城市污染问题的严重性和急迫性。

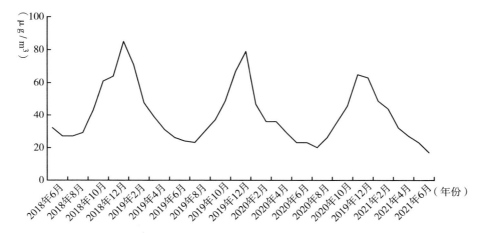

图 5 - 18　2018 ~ 2021 年中国 168 个重点城市月平均 PM2.5 浓度

资料来源：中国环境监测总站。

表 5 - 6　2018 ~ 2021 年中国 168 个重点城市月平均 PM2.5 浓度统计性数据

[空气质量：PM2.5 浓度：月平均：168 个城市（μg/m³）]

项目	数据
平均	40.36842105
方差	313.1578947
标准差	17.69626782
最小	17
最大	85
中位数	36
观测次数（次）	38

注：从 2019 年起，山东省原莱芜市划归济南市管辖，原莱芜市国家环境空气质量监测站点纳入济南市进行评价，169 个重点城市减少为 168 个，因此表 5 - 6 和图 5 - 18 用的中国 168 个重点城市月平均 PM2.5 浓度的数据进行分析。

资料来源：中国环境监测总站。

大气污染的产生，比起受自然要素变化的影响，与社会经济条件有更为密切的关系，城市化推进过程中人为产生的污染物对大气造成的破坏更大[56]，这些人为污染物主要来源于化石燃料燃烧、汽车尾气与工业生产排放。

城市化进程中污染物排放量的增加是空气质量恶化的主要原因，城市化和城市扩张增加了碳排放量[57]。一方面，城市化的发展导致土地利用类型转变，城市地面不透水材料使用的增加和植被覆盖率的下降改变了能量和水分平衡，也进一步影响了碳排放与碳固存。针对欧洲碳循环影响的研究表明，城市化是导致欧洲碳固存量增加的重要原因[58]，城市化发展过程中增加的碳排放是推动大气污染持续恶化的重要因素。另一方面，城市扩张导致的城市蔓延又进一步加剧了大气污染。城市蔓延使通勤成本与出行成本上升，导致污染物排放量增加[59][60]。其具体表现为交通工具需求尤其是私家车数量增加导致的以石油等化石燃料为主的能源需求增加，加之其燃烧不充分，进一步加剧了污染物的排放。

除此之外，交通、建筑和能源生产的排放增加了城市化大气环境中的金属负荷，人口分布、能源结构、油价变动等对空气质量也有重要影响[61]。就中国而言，技术进步、工业化与能源消耗是城市大气污染的重要因素[62]。总之，大气污染的产生是多种要素共同作用的结果，但其发展与城市化进程的推进有着密不可分的关系。

（二）气温上升

不可否认，全球气温正逐渐上升，而这种温度变化与人类活动也联系紧密。IPCC公布的《气候变化2021：自然科学基础》报告数据显示，1970年以来的50年是过去2000年以来最暖的50年，2011~2020年全球地表温度比工业革命时期上升了1.09℃，其中约1.07℃的增温是人类活动造成的。①城市化作为其中的关键因素，是在这个逐渐升温的过程中造成大气中温室气

① 《气候变化前所未有　灾害防御未雨绸缪》，中国新闻网，http：//www.chinanews.com/gn/2021/08 - 20/9547633.shtml，最后访问日期：2022年2月10日。

体积聚的主要成因。从国际上来说，Fall S. 等[63]的研究结果表明美国大陆的森林转变为城市用地后地表温度升高了 0.066°C，而农用地转变为城市用地使地表温度升高 0.103°C。Morris 等通过对墨尔本市的城市化效应研究发现，即便墨尔本处于云量较多、风速较大的环境下，该地区依然存在热岛效应[64]。同样，日本也出现了类似的相关关系[65]。就中国而言，在对比分析了 614 个国家站和 138 个乡村站的气温资料之后，发现在中国大陆气温序列中，城市化影响贡献率高达27.33%[66]。其中中国东部地区的城市化影响贡献率为 24.2%[67]，华北区域在 1955～2004 年和 1975～2004 年的城市化影响贡献率分别为 19% 和 23%[68][69]。

本节收集了中国地级及以上城市（剔除缺失值）2001～2018 年的年平均气温、1 月平均气温和 7 月平均气温以及城市化率的数据，首先对其进行描述性统计分析（见表 5－7）。

表 5－7　2001～2018 年中国地级及以上城市气温与城市化率数据描述性统计

变量	样本量（个）	均值	标准差	最小值	最大值
城市化率	3960	0.352	0.194	0.061	1
年平均气温（℃）	3960	14.08	4.739	2.641	24.888
1 月平均气温（℃）	3960	0.617	8.249	－22.313	19.933
7 月平均气温（℃）	3960	25.328	2.953	14.037	30.904

由表 5－7 的结果可以看到，我国地级及以上城市气温变化差异大，年平均气温差值接近 20℃，该现象与城市的地理位置和城市化建设息息相关。除此之外，也存在季节差异大的现象。夏、冬季的气温变化率体现出显著不同，热岛效应在不同季节的强度有所差别。有学者认为，热岛效应在夏季强于冬季，且由于夏季对流更强，夏季热岛效应在空间上的衰减也更快[70]。同时，从表 5－7 中还可以看出，城市化率差异大，地区之间发展不平衡现象突出。为进一步验证二者之间的关系，本节进行了回归分析，在豪斯曼检验结果不显著的情况下，本节采取了随机效应模型，回归结果如下（见表 5－8）。

表 5 - 8 2001~2018 年中国地级及以上城市气温与城市化率回归分析

项目	年平均气温	1 月气温	7 月气温
城市化率	0.623 ***	- 1.317 ***	1 ***
	(0.094)	(0.384)	(0.163)
截距项	13.813 ***	0.884 **	25.054 ***
	(0.259)	(0.447)	(0.171)
样本量（个）	3960	3960	3960
城市数量（个）	323	323	323

注：括号里为标准误差 $*** p < 0.01$，$** p < 0.05$，$* p < 0.1$

由表 5 - 8 中所示的回归结果可以看到，中国地级及以上城市呈现城市化率与气温变化的正向影响，且这种影响在 1% 的水平上显著，也就是说随着城市化的不断发展，其气温确实会有显著的上升。因此，结合之前的文献分析结果可以发现，不管是国内还是国际数据都表明了城市化对气温上升的正向影响，而这种影响的主要表现为城市热岛效应。表 5 - 8 中也可以看到，不管是 1 月为代表的冬季，还是 7 月为代表的夏季的回归结果都在 1% 的水平上显著，一方面进一步印证了城市化率与气温变化之间的关系，另一方面也展现了城市化对不同季节温度的异质性影响。

城市化给环境带来的影响是多方面的，其中最为重要的影响之一便是改变了下垫面的土地利用类型。与由土壤和植被等组成的自然下垫面相比，城市中由混凝土和柏油等构成的人工下垫面所储存的热量大大增加，加上由城市居民日常生活、工业、交通等活动带来的人为热排放，又进一步加热了城市大气。故城市化对气候最直接的影响便是城市地区局部气温的改变，通常被称为城市热岛效应。严重的热岛效应不但影响了人们正常的生活和工作，还成为人们生活质量进一步提高和城市进一步发展的制约。

本节结合联合国人类住所规划署发布的《城市与气候变化：政策方向》报告以及国家温室气体清单对于温室气体主要来源的划分，在简单阐述温室气体来源的同时，借此分析城市化发展如何导致温室气体排放量的增加和大气的增温效用。

从图 5 - 19 中可以看出，中国温室气体排放主要是由能源活动、工业生产过程、农业活动以及废弃物的处理产生，土地利用、土地利用变化和林业起到吸收温室气体的作用。多年来，各种种类的排放量有所变化，但能源活动始终占据主要地位且影响越发显著，2014 年其排放量更是高达 95.6 亿吨二氧化碳当量。能源供给对温室气体排放的影响主要源于化石燃料的燃烧，全世界各地的生产与生活主要依赖于燃烧化石燃料进行。英国石油公司（BP）发布的《2020 年世界能源统计报告》指出，2019 年全球一次能源消费增长1.3%，从消费总量上看，化石燃料仍占全球一次能源消费的 84%，石油仍占全部能源消耗的 33% 以上[①]。城市地区严重依赖能源开展日常的生活与生产活动，特别是在当前新能源相对发展较弱、使用程度降低的情况下，城市对这种一次能源消费的依赖是导致温室气体排放量增加和气温上升的重要原因。

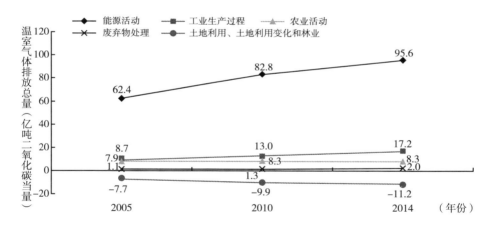

图 5 - 19　2005 ~ 2014 年中国各领域温室气体排放和吸收量

资料来源：中华人民共和国生态环境部。

其中，城市居民的生产生活需要是导致能源需求增加的重要因素。

首先是交通，城市的发展对地理交通位置依赖程度极高，城市居民的

---

① 《2020 年世界能源统计报告：可再生能源消费增长 41%》，中国产业经济信息网，http：//www. cinic. org. cn/hy/ny/856381. html？from = singlemessage，最后访问日期：2022 年 2 月 10 日。

日常出行以及产业的发展都依赖于便利的交通情况，人们的日常出行需要导致了私家车数量的快速增加以及温室气体排放量的激增。2017 年，我国汽车销量达到 2888 万辆，同比增长 3%，其中乘用车销量为 2472 万辆，同比增长 1.4%。同时，我国汽车保有量也不断增加，截至 2016 年底，全国汽车保有量为 1.94 亿辆，同比增长 13%，其中私家车保有量达到 1.46 亿辆，同比增长 18%，占全部汽车保有量的75%①。到2018 年，公安部交通管理局发布的数据显示，全国机动车保有量高达 3.19 亿辆。私家车出行产生的尾气是温室气体排放的一个较大来源，也是一种能源消耗的重要方式。当前我国新能源汽车产业还正在发展阶段，机动车占比大、污染强，是致使温室气体排放量增加的一个重要因素，控制汽车尾气已经迫在眉睫。交通需求之外，城市居民日常生活中也会因为电力使用、采暖或者制冷对能源的使用产生需求。这类需求受城市居民行为习惯以及人口密度和城市发展水平等多方面的影响，也是考察温室气体排放量增加中不可或缺的因素。

其次，工业生产活动也是温室气体排放种类中必不可少的组成部分，工业部门生产能耗巨大，工业生产方式极大地影响着能源需求结构，是温室气体排放的重要影响因素。当前全球产业结构不断进行调整与升级，尽管对于发达国家而言，中低端制造业无论是占比还是对经济的贡献都已经不那么显著，但是随着产业的转移与承接，部分发展中国家接受大量制造业生产的职能，其生产能耗仍然严重；除了国家之间，在国家内部，不同地区之间的产业转移与承接也呈现相同的趋势，工业制造业的能源耗费依旧是造成温室气体排放的重要原因。

除了产品的生产，难以被二次使用的废弃物的处理对气候变化产生的影响也越来越大。中国城市废弃物生成量和处理量处于全球领先地位，废弃物处理所产生的温室气体排放总量也在逐年递增。城市化的快速发展带来了大

---

① 《节能减排背景下，轻量化汽车材料面临新发展》，搜狐网，https://www.sohu.com/a/353177527_100093760，最后访问日期：2022 年 2 月 10 日。

量废弃物的产生，而当前对于城市废弃物处理的方式简单，所产生的温室气体排放量也迅速增加，成为气温上升的重要影响因素而被纳入考虑。

最后是林业与农业活动，这个层次更多是由城市本身的特点导致的，随着城市化进程的快速推进，土地的利用类型产生了变化，原有土地上的农作物或者森林与植被变成钢筋水泥等不透水材料，且随着城市的不断蔓延，植被覆盖率越来越低，不透水材料使用的增加也使城市吸收处理二氧化碳等温室气体的能力也逐渐下降，这也是加剧城市热岛效应的重要因素。

（三）对降水的影响

降水是气候变化的重要变量，也是影响地表径流的重要因素，是在考虑城市供水、城市内涝等问题时必须分析的要点。城市化的发展通过气温影响降水，随着城市化的推进，工业、交通、化石能源的燃烧都使温室气体排放量增加，产生城市热岛效应。在城市热岛效应下，城市的中心地带温度高，形成上升气流，郊区等地区温度低，形成下沉气流，两地之间的气流交换使之形成对流性降水，城市降水强度增加，具体机制如图 5 - 20 所示。

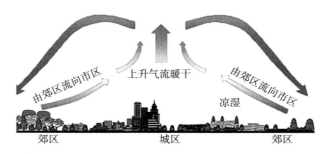

图 5 - 20　热岛环流示意

资料来源：胡庆芳等，2018。[71]

由图 5 - 21 可以看出，我国 2014～2019 年的降水量明显呈现出季节性的特征，这跟我国的季风型气候有关，降水主要集中在夏秋季，一般集中在 5～9 月，其降水量占全年降水量的 40% 左右。一方面，东部沿海等城市在夏季受到陆地气压高的影响，风从海洋吹向陆地，形成东南季风，带来降水；另一方面，城市内部气温高，地面水分蒸发量大，形成的云量多，空气湿润，也容易形成降雨。城市的增温效应加剧了夏季强降雨现象，加上其不渗水地表材料的使用以及植被覆盖率的下降，极易出现城市内涝等灾害。

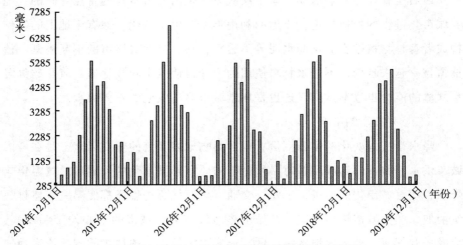

图5-21　2014~2019年我国的降水量观察数据

资料来源：中国气象局。

除此之外，从图5-21中还可以看到，不同年份之间的降水差异也很大。2016年，我国最高降水量高达6745.8毫米。国家气候中心气候服务首席艾婉秀表示，在降水方面，2016年全国平均年降水量为729.7毫米，较常年的628.0毫米增加了16.2%，为1951年以来历史同期最多，也超过了1954年的717.2毫米、1998年的711.8毫米。全国共有420个气象观测站发生极端日降水量事件，89站日降水量突破历史纪录；全国共有350站发生极端连续降水日数事件，25站连续降水日数突破历史纪录。[①]

水分循环主要包括径流、降水与蒸发这三个主要环节，三个环节之间相互影响。城市化的快速发展会对水循环这三个环节都产生作用，从而对城市降水造成影响。城市发展变化的重点在于下垫面性质的变化。从径流层面而

---

① 《中国气象局公布2016年全国天气气候特征平均降水量为65年来最多，气温较常年偏高，出现"最暖12月"》，中国气象局官网，http://www.cma.gov.cn/2011xwzx/2011xqxxw/2011xqxyw/201612/t20161230_364144.html，最后访问日期：2022年2月10日。

言，乡村农业或者林业用地转换为工业、城市道路或者建筑之后，其对于地表径流的拦截力度下降，地表径流流速加快，不利于水分储存的同时容易导致城市内涝等问题的出现。从降水层面而言，对比于乡村以土壤或者植物为主的下垫面性质，城市坚硬的路面并不利于水分的渗透和储存，降水之后，水分难以下渗，这是导致城市内涝现象形成的重要原因，同时地下水难以得到充分的补充，地下水资源储蓄下降，也会直接影响到城市降水量。同样，城市下垫面的改变也会影响水分的蒸发情况，不同下垫面的蒸发能力不一样，蒸发的强度会直接影响到空气中的湿润度，从而影响到城市的降水情况，植被覆盖率的下降会使植物蒸腾作用下降，热岛效应一方面会加热大气加速蒸发，形成对流性降雨，另一方面也使气温上升，空气湿润度下降，其对于降水的具体影响则要根据城市情况去分析。除此之外，城市化的发展还会影响降水的性质，工业化等发展造成的大气污染是酸雨等现象出现的重要因素。总之，城市化的发展直接和间接都会对城市降水造成影响，也是导致城市内涝、酸雨等衍生灾害的重要因素。

三 气候变化对城市化的影响

同样，气候反过来也对城市化发展进程和城市居民生产生活造成了一系列影响。

一方面，城市高温现象突出，不管是高温天气的天数还是其程度都有显著增加并影响越发深远。2021 年夏天，国内多个城市橙色高温预警高挂，据《自然》杂志网站报道，来自世界气候归因组织（WWA）项目分析结果显示，19 世纪末以来，全球平均气温较工业化以前升高了 1.2℃，全球高温纪录接连被刷新：北美连续出现 45℃～50℃ 的高温，科威特首都科威特城的最高温度更是高达 74℃，就连极寒之地的北极也出现了 30℃ 以上的盛夏景象①。高温酷热天气不仅直接对城市居民日常生活、身体健康以及能源需

---

① 《74℃！全球高温纪录接连破防，"热穹顶"致罕见热浪，幕后推手竟是它》，文汇网，https://www.whb.cn/zhuzhan/kjwz/20210715/414080.html，最后访问日期：2022 年 2 月 10 日。

求造成更大的压力，也可能衍生出干旱问题，增加供水负担，间接威胁人们的生活与安全。

另一方面，城市强降雨现象以及城市内涝现象也影响显著，引发的洪涝灾害多年来持续对城市经济造成影响。图5－22为中国1949~1999年的洪涝灾害造成的损失统计。中国属于季风性气候，强降雨、洪涝灾害等现象出现的可能性高，这50年间更是频繁出现，成灾面积和受灾面积规模扩大，其带来的经济与社会损失也日益增长。

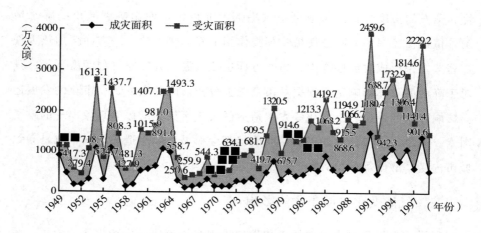

图5－22　1949~1999中国洪涝灾害损失统计

资料来源：国家气象科学数据中心。

洪涝灾害作为造成财产损失和人员伤亡的重要因素，影响范围深远、影响程度巨大，近年来，随着经济的发展，其造成的损失更是进一步增加。2012年7月北京市遭遇特大暴雨，造成79人死亡，经济损失达到116.4亿元①。2021年夏天河南的暴雨频发，截至7月22日，此轮强降雨造成全省103个县（市、区）877个乡镇300.4万人受灾，因灾死亡33人，失踪8人。河南省紧急避险转移37.6万人，紧急转移安置25.6万人，农作物受灾

---

① 《北京"7·21"特大暴雨造成经济损失116.4亿元》，搜狐网，http://news.sohu.com/20120726/n349117614.shtml，最后访问日期：2022年2月10日。

面积达215.2千公顷，直接经济损失达12.2亿元①。更加频繁的强降水事件会对城市环境中的经济和社会产生深远影响，尤其是洪水和山体滑坡等气候灾难。洪灾作为一种能造成严重财产损失的毁灭性灾害，在过去的10年里，其频率和严重程度都大有增加，对人民的生产生活都造成了极大影响。

气候变化在受到城市化迅速发展影响的同时，也在影响着城市的发展和城市化的推进，气候变化以及不断增长的人口给城市带来了前所未有的挑战。如果城市无视目前和未来对资源的需求以及气候变化对未来的影响而快速扩张，城市中的居民及其财产将遭遇具有广泛的破坏性和损害性的灾害风险，从而对城市各方面的持续发展产生不良影响。具体表现为以下几个方面。

（一）经济影响

气候变化首先会对城市的基础设施建设产生影响。城市系统在各种基础设施的基础上运作起来，城市居民生产生活是建立在基本建筑群、能源系统、交通系统和排水系统等各方面的有机结合基础之上的。气候变化会直接对基础设施产生影响，从而间接影响城市的发展。沿海地区交通便利，经济发达，大量的城市群和城市人口聚集在此。洪水频发、台风、海水倒灌、海平面上升等由气候变化衍生而来的自然灾害直接摧毁或者侵蚀城市的基础设施建筑，从而影响城市发展的基础。其中，交通系统是经济正常运转的重中之重，而气候变化对交通的影响尤为显著。沿海地区海平面的上升可能会侵蚀交通基础设施，即使不是直接摧毁，也会严重影响其使用寿命；暴雨导致的洪灾或者泥石流、山体滑坡等现象也会直接阻挡交通道路，致使其损坏或者较长时间的服务中断；高温现象会加速道路等基础设施的磨损，增加维修成本，加速老化。这些都会使交通系统发生中断。

除此之外，气候变化对能源的影响也是十分显著的。暴雨、连续高温等极端天气会造成电力系统问题和使能源运输管道遭到破坏，同时降水模式的变化使地表径流发生改变，下渗减少也使地下水位下降，在沿海地区容易出

① 《检验一个城市的智慧程度，一场暴雨足矣》，https：//www.360kuai.com/pc/9eb327d410619bc3b？cota＝3&kuai_ so＝1&sign＝360_ 57c3bbd1&refer_ scene＝so_ 1，最后访问日期：2022年2月10日。

现海水倒灌等现象，从而影响城市供水，这些因素共同作用可能会对城市能源供给造成压力。而为缓解气候变化带来的影响，往往需要更多的能源提供支持。高温酷暑天气使人们对电力制冷的需求增加，对用水的需求也会增加；为解决洪涝、山体滑坡等问题，需要机器与人力共同作用，加强救援，完善排水系统以及清理路面等；对于基础设施建设损坏等问题，也需要更多的资源与能源的支撑。因此气候变化不仅加大能源供给的压力还使能源需求增加，对于城市经济的可持续发展具有显著的影响。

对于工业生产来说，基础设施的破损、交通系统的中断、电力运输问题以及可能的能源相对价格的上升会使工业生产活动暂时停止或者出现成本增加和额外支出等问题。其中，对以服务业、旅游业等为主的第三产业影响尤为显著。交通与电力系统受损使部分服务业产业链条受损严重，难以及时运送，也极大地加大了企业成本，同时极端的天气情况也会减少人们的休闲娱乐消费，在成本增加而需求下降的情况下，行业发展必将受挫。旅游业本身更是极大地受到天气变化的影响。航班延误甚至取消、旅游场所破坏加之暴雨高温等天气使居民对娱乐的偏好下降都会直接影响旅游业的盈利状况，以旅游业为主的地方经济可能也会遭受极大损失。

（二）社会生活影响

气候变化与居民生活直接挂钩。气候变化对城市经济发展带来的不良影响，最终也会导致城市居民资产缩水，从而影响其生活质量与生活水平。气候变化更为重要的是会影响到人们的生命与健康，高温、强降水等极端天气以及衍生的灾害会直接对居民的健康甚至是生命安全造成威胁。加之气候变化对基础设施的影响也可能会出现医疗设备遭到破坏、电力中断扰乱医院服务以及水处理设备遭到结构性损坏致使清洁水的供应不足等问题，这些都会导致医疗处理过程中产生麻烦从而间接影响居民健康与生命安全。同时，气候变化也会直接对疾病传播造成影响：空气污染大范围对人们的身体健康造成威胁；温度、湿度等会改变传染病传播的范围与环境；洪水会将污染物和病原带入供水系统之中，从而增加发病的概率。

从社会的角度出发，针对不同群体，气候变化的影响具有差异性。特别是对于本就处于较为贫困的阶层而言，这种影响表现得更为突出。一方面由于其生活居住地本身就处于自然灾难易发区和受灾严重区域，加之该区域建筑设施抗灾能力相对较弱，较低收入人群更容易受到灾害的影响。另一方面，由于其资产形式较为单一，财产安全保障较低，灾害发生后其所面临的损失也会更大，而这种损害又会进一步影响其之后的发展前景和未来抵御灾害的能力。长此以往便形成恶性循环，贫困使之在面临灾害的时候具有更高的风险和相对而言更大的预期损失，预期更大的损失又加重其贫困。所以气候变化对于社会阶层和社会不平等现象也具有助长作用。

气候变化对于社会的影响还表现在促使了移民潮的形成。极端天气，暴雨频发、高温酷热以及其衍生的洪涝灾害、连续干旱和海平面上升等现象都可能使原本居住地不再适合居住，因此推动了国内国际的移民潮，这种现象被称作气候移民，目前在国际国内社会引发了广泛的思考。1990 年联合国政府间气候变化专门委员会在其发布的第一次评价报告中就指出"气候变化的最严重影响可能是产生数百万计的移民"。CHRISTIAN A. 预计到 2050 年，在全球范围内由于气候变化而被迫迁移的人数将为 2 亿 ~ 10 亿人[72]。极端气候变化引起的自然灾害带来的不仅是简单的迁居问题，迁居行为本身是具有成本的，自然灾害的发生使人们不得不迁居。然而贫困人口抗灾能力弱，也缺乏移动的资源，没有足够财产资本在迁居后及时地安顿下来，这就要借助政府和社会的力量。基于灾难而引发的大规模人口迁居往往会带来很多的社会问题。人口迁移过程中可能会造成的混乱和管理困难及其引发的冲突事件、迁入人口的住房问题、就业问题、社会保障问题等都需要巨大的成本投入。如何合理管理移民人口以及协调他们与城市原居民之间的关系，都是必须加以考虑的问题。

四　应对措施

城市的建筑是基础设施的基本，国家的建筑业占最终能源消耗比重较大，在进行减少一次性能源消耗的分析中必须综合考虑建筑性质。城市的主要类型建筑为政府办公建筑、一般的办公建筑、旅游饭店建筑、商场建筑以及综合建筑，以上海的数据为例，在 2015 年这些主要类型建筑每平方米每年的能耗分别为 68.3 千瓦时、86 千瓦时、120 千瓦时、139 千瓦时和 101 千瓦时[73]。城市的建筑能耗是能源消耗的重要组成部分，城市发展绿色建筑是应对气候变化的重要举措，在建造过程中使用节能材料或者其他替代性能源技术以及在建筑物中安装节能设备等措施都可以有效减少城市能耗，推动城市绿色发展。除了发展绿色建筑以减少城市能耗之外，建筑物的建设还应考虑到应对气候变化。建筑物的排水措施、抗侵蚀和防灾害能力等都要进一步加强，以保证在出现极端天气及其衍生的自然灾害的时候能够充分应对，减少损失。

城市的能源消耗不仅取决于其建筑物本身的能耗还与建筑物的布局以及城市的设计息息相关。为了寻求应对这些挑战的措施，政府及相关部门采取了各种土地利用规划策略，包括土地利用分区、制定总体规划、增加城市密度、混合发展和制定城市设计标准，以限制城市扩张，减少人们长途跋涉的需要，进而提高现有城市形式的能源效率等。然而，在当前诸多通过城市设计和发展来缓解气候变化的方案中，由于需要综合考虑各种利益和物质条件，这变得非常复杂，难以管理。如市政当局在制定和实施"低碳"规划原则时可能会遇到政治上的反对，使其在实施过程中缺乏执行力，政策结果对个人行为的影响有限。此外，还可能造成社会分裂，进而加深城市的不平等，忽视大多数城市居民的基本需求等问题。这些都是城市发展设计进一步改革中需要更加重视的问题。

交通系统是城市基础设施重要的一环，也是气候变化对城市经济、社会以及居民生活产生影响的重要途径。20 世纪 90 年代提出了发展低碳交通的概念理论，到现在发展低碳交通已经成为交通行业节能减排的优先选择。发展低碳交通、缓解交通领域气候变化的最常见措施是发展公共交通、采用清洁能源技术、鼓励使用非机动车、培养公众意识和采用清洁技术等。对其进一步地贯彻落实对于节能减排、减少大气污染、减缓气温上升等现象起着不可或缺的作用。

能源系统对于气候变化的影响至关重要，也是气候变化反过来影响城市发展的渠道之一，在处理二者之间所产生的问题时，解决能源供给问题、发展清洁能源对减少温室气体排放和污染必不可少。发展城市低碳能源供应主要有三条途径。首先，减少现有供应网络的碳足迹。其次，加大购买与发展可再生能源的力度，可再生能源不仅可以用于城市自身的建筑和日常运营，也是向消费者提供低成本绿色能源的一种方式。最后，发展建立城市低碳可再生能源新体系。但是，在城市实际发展过程中，除了一些小规模的示范项目外，大多数城市发展低碳能源体系的优先性仍然很低。为了在基础设施方面实现减缓气候变化的目标，我们不仅要改造现有的基础设施体系，建立新的经济和政治网络，还要满足城市社区特别是非正式居民区的基本需求。然而，在这方面仍然存在巨大的障碍。而且，这些项目中很少有能够明确解决社会包容问题的，也很少有针对低收入群体和落后地区的项目。因此，在此层面还需要进一步研究改进。

　　当然，除了防范新的污染的产生，也可以采取一定的方法对已经产生的温室气体等进行处理。其中固碳技术和碳封存技术是目前两种重要方式。固碳指通过加强大气中的"碳储存池"和开发新的"碳储存池"，或者通过捕获和储存城市产生的温室气体，消除大气中的碳排放。就区域而言，碳封存项目在发展中国家更为普遍，往往与获得碳信用或发展项目有关。不过，发达国家的城市也可以实施诸如促进城市植树和恢复、维护和保护碳储存池等措施，以保护环境或维护城市绿地，而不是将其与减缓气候变化的目标具体挂钩。碳封存项目在大多数城市仍处于起步阶段，碳捕获和储存技术也仍在开发中，同时碳补偿项目很少，而且通常都超出了城市的范围。因此目前大多数城市碳汇计划都与植树计划以及碳储存池的恢复和维护有关，之后需要更加重视处理技术的发展。

　　简言之，城市化和气候变化是相互作用的。一方面，城市化的推进造成了空气污染、气温升高和降水量的变化。另一方面，气候变化的多重因素反过来又会对城市基础设施建设、人民生活、身体健康等方面产生影响。因此，要进一步推进城市化进程，就必须充分考虑它们之间的关系，处理气候变化带来的相应问题，实现绿色和可持续发展。

参考文献

［1］ 刘爽、李文珍：《流动人口就业是北京市人口规模控制的全局性问题》，《北京行政学院学报》2006 年第 6 期，第 1～4 页。

［2］ 孙翊、徐程瑾、王铮：《气候变化下的中国区域间人口迁移及其影响》，《中国科学院院刊》2016 年第 12 期，第 1403～1412 页。

［3］ 刘卫东、陈杰、唐志鹏等：《中国 2007 年 30 省区市区域间投入产出表编制理论与实践》，中国统计出版社，2012。

［4］ KoKo Warner, Olivia Dun, Marc Stal, "Field Observations and Empirical Research: Climate Change and Displacement," *Forced Migration Review* 31 (2008): pp. 13 - 15.

［5］ Clark L. Gray, Valerie Mueller, "Natural Disasters and Population Mobility in Bangladesh," *Proceedings of the National Academy of Sciences* 106 (2012): pp. 6000 - 6005.

［6］ 郭剑平、施国庆：《环境移民的理论研究述评》，《西北人口》2013 年第 4 期，第 34～38 页。

［7］ Cristina Cattaneo, Giovanni Peri, "The Migration Response to Increasing Temperatures," *Journal of Development Economics* 122 (2016): pp. 127 - 146.

［8］ Clark Gray, Erika Wise, "Country-specific Effect of Climate Variability on Human Migration," *Climatic Change* 135 (2016): pp. 555 - 568.

［9］ 董文丽、李王鸣：《气候与城市人口密度的关联性研究》，《城市规划》2017 年第 7 期，第 34～41 页。

［10］ 卢洪友、文洁、许文立：《气候变化对中国人口流动的效应研究》，《湖北社会科学》2017 年第 2 期，第 77～84 页。

［11］ Valerie Mueller, Clark Gray, Katrina Kosec, "Heat Stress Increases Long-term Human Migration in Rural Pakistan," *Nature Climate Change* 4 (2014): pp. 182 - 185.

［12］ 王春超、王志文：《气候变化与人口迁移——粮食主产区和非粮食主产区城市净移民率分析》，《社会科学战线》2018 年第 10 期，第 74～83 页。

［13］ Ruohong Cai, Shuaizhang Feng, Michael Oppenheimer, Mariola Pytlikova, "Climate Variability and International Migration: The Importance of the Agricultural Linkage," *Journal of Environmental Economics and Management* 8 (2016): pp. 135 - 151.

［14］ Pratikshya Bohra-Mishra, Michael Oppenheimer, Solomon M. Hsiang, "Nonlinear Permanent Migration Response to Climatic Variations but Minimal Response to Disasters," *Proceedings of the National Academy of Sciences* 27 (2014): p. 9780.

［15］温小洁、姚顺波、赵敏娟：《基于降水条件的城镇化与植被覆盖协调发展研究》，《地理科学进展》2018年第10期，第52~61页。

［16］Guy J. Abel, Michael Brottrager, Jesus Crespo Cuaresma, Raya Muttarak, "Climate Conflict and Forced Migrations," *Global Environmental Change* 54（2019）: pp. 239 – 249.

［17］Salvador Barrios, Luisito Bertinelli, Eric Strobl, "Climatic Change and Rural-urban Migration: The Case of Sub-Saharan Africa," *Journal of Urban Economics* 3 （2006）: pp. 357 – 371.

［18］Valerie Mueller, Glenn Sheriff, Xiaoya Dou, Clark Gray, "Temporary Migration and Climate Variation in Eastern Africa," *World Development* 126（2020）: 104704.

［19］鄢姣、胡必亮：《降雨量对城镇化的影响机制研究》，《区域经济评论》2018年第2期，第81~90页。

［20］李培林、王晓毅：《移民、扶贫与生态文明建设——宁夏生态移民调研报告》，《宁夏社会科学》2013年第3期，第54~62页。

［21］《新疆生态移民情况调研》课题组：《新疆生态移民情况调研报告》，《决策咨询通讯》2008年第5期，第46~49页。

［22］World Health Organization（WHO）, "Quantitative Risk Assessment of the Effects of Climate Change on Selected Causes of Death, 2030s and 2050s," accessed February 10th, 2022, https: //apps. who. int/iris/handle/ 10665/134014.

［23］Andy Haines, Kristie Ebi, "The Imperative for Climate Action to Protect Health," *New England Journal of Medicine* 3（2019）: pp. 263 – 273.

［24］Nick Watts, W. Neil Adger, Paolo Agnolucci, et al., "Health and Climate Change: Policy Responses to Protect Public Health," *The Lancet* 10006（2015）: 1861 – 1914.

［25］Joshua Graff Zivin, Solomon M. Hsiang, Matthew Neidell, "Temperature and Human Capital in the Short and Long Run," *Journal of the Association of Environmental and Resource Economists* 1（2018）: pp. 77 – 105.

［26］李树生、田阳霞：《区域气候变化对中国人口死亡率的影响——基于面板数据的研究》，《人口与经济》2013年第3期，第20~25页。

［27］文青：《气候变化与人体健康》，《生态经济》2003年第6期，第44~47页。

［28］Jennifer Roback, "Wages Rents, and the Quality of Life," *Journal of Public Economics* 6（1982）: pp. 1257 – 1278.

［29］谢立勇、李悦、钱凤魁等：《粮食生产系统对气候变化的响应：敏感性与脆弱性》，《中国人口·资源与环境》2014年第5期，第25~30页。

［30］周曙东、周文魁、林光华等：《未来气候变化对我国粮食安全的影响》，《南京农业大学学报》（社会科学版）2013年第1期，第61~70页。

［31］张强、韩兰英、张立阳等：《论气候变暖背景下干旱和干旱灾害风险特征与管

理策略》，《地球科学进展》2014 年第 1 期，第 80~91 页。

［32］孙悦、于潇：《人类命运共同体视域下中国推动全球气候治理转型的研究》，《东北亚论坛》2019 年第 6 期，第 114~125 页。

［33］李伯重：《气候变化与中国历史上人口的几次大起大落》，《人口研究》1999 年第 1 期，第 15~19 页。

［34］Patrick Baylis, "Temperature and temperament: Evidence from Twitter," *Journal of Public Economics* 184 (2020): pp. 1 – 59.

［35］严登才、施国庆：《人口迁移与适应气候变化：西方争议与中国实践》，《成都理工大学学报》（社会科学版）2017 年第 1 期，第 69~76 页。

［36］方金琪：《气候变化对我国历史时期人口迁移的影响》，《地理环境研究》1989 年第 3 期，第 230~236 页。

［37］Cattaneo Cristina, Peri Giovanni, "The Migration Resporse to Incrensing Temperatures," National Bureau of Economic Research (2015): pp. 1 – 51.

［38］Peng Zhang, Olivier Deschenes, Kyle Meng, Junjie Zhang, "Temperature Effects on Productivity and Factor Reallocation: Evidence from a Half Million Chinese Manufacturing Plants," *Journal of Environmental Economics & Management* 88 (2017): pp. 1 – 17.

［39］Marshall Burke, Solomon M. Hsiang, Edward Miguel, "Global Non-linear Effect of Temperature on Economic Production," *Nature* 7577 (2015): pp. 235 – 239.

［40］潘家华、郑艳、薄旭：《拉响新警报：气候移民》，《世界知识》2011 年第 9 期，第 61 页。

［41］毛颖洁：《论气候难民保护面临的国际法问题及其对策》，华东政法大学，硕士学位论文，2014。

［42］Walter Kaelin, "Conceptualizing Climate-induced Displacement: Multidisciplinary Perspectives," *Progress in Human Geography* 2010: pp. 81 – 103.

［43］Allan M. Findlay, "Migrant Destinations in an Era of Environmental Change," *Global Environmental Change* 21 (2011): pp. S50 – S58.

［44］Stanley Karanja Ng' ang'a, Erwin H. Bulte, Ken E. Giller, John M. McIntire, Mariana C. Rufino, "Migration and Self-Protection Against Climate Change: A Case Study of Samburu County, Kenya," *World Development* (2016): pp. 55 – 68.

［45］Raphael J. Nawrotzkia, Fernando Riosmenab, Lori M. Hunterc, Daniel M. Runfola, "Amplification or Suppression: Social Networks and the Climate Change-migration Association in Rural Mexico," *Global Environmental Change: Human and Policy Dimensions* 35 (2015): pp. 463 – 474.

［46］秦大河：《气候变化科学与人类可持续发展》，《地理科学进展》2014 年第 7 期，第 874~883 页。

［47］ 薄凡、庄贵阳、禹湘、陈湘艳：《气候变化经济学学科建设及全球气候治理——首届气候变化经济学学术研讨会综述》，《经济研究》2017 年第 10 期，第 200 ~ 203 页。

［48］ Chuanqi Chen, Dongyang Pan, Zhigang Huang, Raimund Bleischwitz, "Engaging Central Banks in Climate Change? The Mix of Monetary and Climate Policy," *Energy Economics* 103 （2021）: 105531.

［49］ 邓仲良、张可云：《中国经济增长的空间分异为何存在？——一个空间经济学的解释》，《经济研究》2020 年第 4 期，第 20 ~ 36 页。

［50］ 陆铭、李鹏飞、钟辉勇：《发展与平衡的新时代——新中国 70 年的空间政治经济学》，《管理世界》2019 年第 10 期，第 11 ~ 23、63、219 页。

［51］ 雷潇雨、龚六堂：《城镇化对于居民消费率的影响：理论模型与实证分析》，《经济研究》2014 年第 6 期，第 44 ~ 57 页。

［52］ Edward L. Glaeser, Kristina Tobio, "The Rise of the Sunbelt," *Southern Economic Journal* 74 （2008）: pp. 610 – 643.

［53］ 刘超、孙晓华、罗润东：《相对价格效应，还是收入效应——论中国产业结构调整的驱动因素》，《中国经济问题》2021 年第 3 期，第 51 ~ 61 页。

［54］ 姚常成、宋冬林、范欣：《城市"规模"偏小不利于经济增长吗？——两种借用规模视角下的再审视》，《中国人口·资源与环境》2020 年第 8 期，第 62 ~ 71 页。

［55］ 苏红键、魏后凯：《迁入潜能与城市增长》，《中国软科学》2020 年第 8 期，第 78 ~ 90 页。

［56］ 施亚菁：《浅谈关于大气污染及大气污染物》，《中外企业家》2019 年第 27 期，第 204 页。

［57］ Jeremy E. Diem, Catherine E. Ricketts, John R. Dean, "Impacts of Urbanization on Land-atmosphere Carbon Exchange within a Metropolitan Area in the USA," *Climate Research* 30 （2006）: pp. 201 – 213.

［58］ Kristina Trusilova, Galina Churkina, "The Response of the Terrestrial Biosphere to Urbanization: Land Cover Conversion, Climate, and Urban Pollution," *Biogeosciences* 5 （2008）: pp. 1505 – 1515.

［59］ 秦蒙、刘修岩、全怡婷：《蔓延的城市空间是否加重了雾霾污染？——来自中国 PM2.5 数据的经验分析》，《财贸经济》2016 年第 11 期，第 146 ~ 160 页。

［60］ 刘晓红：《城市蔓延对雾霾污染的影响研究》，《城市问题》2020 年第 4 期，第 90 ~ 96 页。

［61］ Allison Patton, Jessica Perkins, Wig Zamore, Jonathan I. Levy, Doug Brugge, John LDurant, "Spatial and Temporal Differences in Traffic-related Air Pollution in Three Urban Neighborhoods Near an Interstate Highway," *Atmospheric Environment* 99 （2014）: pp. 309 – 321.

［62］蔺雪芹、王岱：《中国城市空气质量时空演化特征及社会经济驱动力》，《地理学报》2016 年第 8 期，第 1357～1371 页。

［63］Souleymane Fall, Dev Niyogi, Alexander Gluhovsky, Roger Pielke , Eugenia Kalnay, Gilbert Rochon, "Impacts of Land Use Land Cover on Temperature Trends over the Continental United States: Assessment Using the North American Regional Reanalysis," *International Journal of Climatology* 30（2010）: pp. 1980 – 1993.

［64］Jon Morris, Ian Simmonds, "Quantification of the Influence of Wind and Cloud on the Nocturnal Urban Heat Island of a Large City," *Applied Meteorology* 40（2001）: pp. 169 – 182.

［65］Fumiaki Fujibe, "Detection of Urban Warming in Recent Temperature Trends in Japan," *International Journal of Climatology* 29（2009）: pp. 1811 – 1822.

［66］张爱英、任国玉、周江兴、初子莹、任玉玉、唐国利：《中国地面气温变化趋势中的城市化影响偏差》，《气象学报》2010 年第 6 期，第 957～966 页。

［67］Xuchao Yang, Yiling Hou, Baode Chen, "Observed Surface Warming Induced by Urbanization in East China," *Journal of Geophysical Research Atmospheres* 116（2011）.

［68］任国玉、张雷、卞韬等：《城市化对石家庄站日气温变化的影响》，《地球物理学报》2015 年第 2 期，第 398～410 页。

［69］金凯、王飞、夏磊、穆兴民：《华北地区均一化地面气温序列中的城市化影响检测》，《地球环境学报》2015 年第 3 期，第 180～187 页。

［70］Decheng Zhou, Shuqing Zhao, Liangxia Zhang, Ge Sun, Yongqiang Liu, "The Footprint of Urban Heat Island Effect in China," *Scientific Reports* 5（2015）: pp. 11 – 160.

［71］胡庆芳、张建云、王银堂、黄勇、刘勇、李伶杰：《城市化对降水影响的研究综述》，《水科学进展》2018 年第 1 期，第 138～150 页。

［72］CHRISTIAN A. Human tide: the real migration crisis: a christian aid report ［R］. London: Christian Aid, 2007.

［73］《发展绿色建筑是面对气候变化的重要措施——中国绿色建筑委员会住房和城乡建设部科技委委员，中国城市科学研究会绿色建筑评审专家委员会主任委员王有为》，《住宅与房产》2019 年第 2 期，第 61～62 页。

后 记

《新时代绿色经济与可持续发展报告（2021～2022）——气候变化的影响与应对》的编写，得到了社会各界的支持、启发、帮助和指导，首先要感谢西南财经大学党委书记赵德武与校长卓志、副校长史代敏对发展研究院工作的大力支持，感谢西南财经大学能源经济与环境政策研究所与全球化智库（CGG）对本书出版的支持与帮助。

本书得以顺利推出，离不开西南财经大学能源经济与环境政策研究所同事的支持与配合，同时要感谢参与本书编写的所有研究人员和工作人员。最后，我们还要感谢社会科学文献出版社的王利民社长，皮书出版分社邓泳红社长、陈颖编辑、侯曦轩编辑对本书的顺利完成所提供的积极支持。

本书第一章由李丁统筹，姜景、何春燕、秦金磊、李丁等共同撰写；第二章由余津娴统筹，李星皓、吴秀琴、陈雨诗、余津娴等共同撰写；第三章由吴戈统筹撰写；第四章由李起铨统筹，张健、何佩霖、李欣芮、李起铨等共同撰写；第五章由编委会统筹，颜宇、仵程宽、唐湘等共同撰写。

由于本书撰写时间匆促，加之水平能力有限，书中难免出现纰漏。欢迎社会各界批评指正，以便我们在未来的研究中改进。衷心希望本书能为社会大众、学者专家和政策制定者对了解气候变化影响与应对起到一定的帮助作用，对政府建言献策有所参考，以促进我国对此领域进行深入研究，推动中国经济的可持续发展。

图书在版编目（CIP）数据

新时代绿色经济与可持续发展报告. 2021~2022：
气候变化的影响与应对/王辉耀主编. -- 北京：社会
科学文献出版社，2022.5
ISBN 978 - 7 - 5201 - 9772 - 4

Ⅰ.①新… Ⅱ.①王… Ⅲ.①绿色经济 - 经济可持续
发展 - 研究报告 - 2021 - 2022 Ⅳ.①F062.2
中国版本图书馆 CIP 数据核字（2022）第 027804 号

新时代绿色经济与可持续发展报告（2021~2022）
——气候变化的影响与应对

主　　编 / 王辉耀
副 主 编 / 余津婳　李起铨

出 版 人 / 王利民
责任编辑 / 陈　颖
文稿编辑 / 侯曦轩
责任印制 / 王京美

出　　版 / 社会科学文献出版社·皮书出版分社（010）59367127
　　　　　　地址：北京市北三环中路甲 29 号院华龙大厦　邮编：100029
　　　　　　网址：www. ssap. com. cn
发　　行 / 社会科学文献出版社（010）59367028
印　　装 / 天津千鹤文化传播有限公司

规　　格 / 开　本：787mm × 1092mm　1/16
　　　　　　印　张：21　字　数：316 千字
版　　次 / 2022 年 5 月第 1 版　2022 年 5 月第 1 次印刷
书　　号 / ISBN 978 - 7 - 5201 - 9772 - 4
定　　价 / 128.00 元

读者服务电话：4008918866